APRENDIZAGEM ATIVA VIA TECNOLOGIAS

CB035141

O selo DIALÓGICA da Editora InterSaberes faz referência às publicações que privilegiam uma linguagem na qual o autor dialoga com o leitor por meio de recursos textuais e visuais, o que torna o conteúdo muito mais dinâmico. São livros que criam um ambiente de interação com o leitor – seu universo cultural, social e de elaboração de conhecimentos –, possibilitando um real processo de interlocução para que a comunicação se efetive.

Antonio Siemsen Munhoz

Aprendizagem ativa via tecnologias

Rua Clara Vendramin, 58 . Mossunguê . CEP 81200-170
Curitiba . PR . Brasil . Fone: (41) 2106-4170
www.intersaberes.com . editora@editoraintersaberes.com.br

Conselho editorial	Dr. Ivo José Both (presidente)
	Drª Elena Godoy
	Dr. Neri dos Santos
	Dr. Ulf Gregor Baranow
Editora-chefe	Lindsay Azambuja
Supervisora editorial	Ariadne Nunes Wenger
Analista editorial	Ariel Martins
Preparação de originais	Cezak Shoji Serviços Editoriais
Edição de texto	Arte e Texto
Capa	Charles L. da Silva (*design*)
	Firsik/Shutterstock (imagem)
Projeto gráfico	Charles L. da Silva
Diagramação	Andreia Rasmussen
Equipe de *design*	Charles L. da Silva
	Mayra Yoshizawa
Iconografia	Celia Kikue Suzuki
	Regina Claudia Cruz Prestes

1ª edição, 2019.
Foi feito o depósito legal.

Informamos que é de inteira responsabilidade do autor a emissão de conceitos.

Nenhuma parte desta publicação poderá ser reproduzida por qualquer meio ou forma sem a prévia autorização da Editora InterSaberes.

A violação dos direitos autorais é crime estabelecido na Lei n. 9.610/1998 e punido pelo art. 184 do Código Penal.

Dados Internacionais de Catalogação na Publicação (CIP)
(Câmara Brasileira do Livro, SP, Brasil)

Munhoz, Antonio Siemsen
  Aprendizagem ativa via tecnologias/Antonio Siemsen Munhoz. Curitiba: InterSaberes, 2019.

  Bibliografia.
  ISBN 978-85-227-0066-0

  1. Aprendizagem 2. Ensino auxiliado por computador 3. Ensino a distância 4. Educação – Recursos de rede de computador 5. Gamificação 6. Internet na educação 7. Pedagogia 8. Prática de ensino 9. Tecnologia educacional I. Título.

19-26829   CDD-371.334

Índices para catálogo sistemático:
1. Ambientes virtuais: Tecnologia: Educação   371.334
Cibele Maria Dias – Bibliotecária – CRB-8/9427

Sumário

Apresentação	9
Como aproveitar ao máximo este livro	43

CAPÍTULO 01
Docência digital — 45
Por que *docência digital*? — 47
Perfil do docente digital — 50

CAPÍTULO 02
Novo olhar sobre Bloom e Gagné — 65
Modelo instrucional de Gagné — 68
Modelo instrucional de Bloom — 81

CAPÍTULO 03
Ambientes semipresenciais (*b-learning*) — 101
Proposta de contexto ideal — 103
Primeiros conceitos — 105

CAPÍTULO 04
Conectivismo: uma teoria em construção para a geração digital   123
Por que *teoria em construção*?   125
Primeiros passos   126
Como estabelecer o conectivismo no ambiente por meio do projeto institucional   133

CAPÍTULO 05
Aprendizagem em grupo   141
Motivação   143

CAPÍTULO 06
Aprendizagem cooperativa e colaborativa   157
Cooperação   159
Colaboração   160
Relação entre cooperação e colaboração   161
Aprendizagem colaborativa   162

CAPÍTULO 07
Aprendizagem baseada em problemas (ABP)   171
Onde tudo começa   173
Primeiros passos   175
Uma proposta de comportamentos e atitudes   182

CAPÍTULO 08
Games em educação   189
Encanto dos jogos   191

CAPÍTULO 09
Gamificação 203
   Processo 205

CAPÍTULO 10
Aprendizagem significativa 217
   Facilitadores 219
   Conceituação 219
   Aplicação nos ambientes de ensino e aprendizagem 221

CAPÍTULO 11
Sala de aula interativa 231
   Conceituação 233
   Abordagem mais recomendada 236

CAPÍTULO 12
Pensamento crítico 245
   Uma primeira visão 247
   Razões de utilização 248
   Formas de utilização 250
   Sugestão de perguntas significativas 252
   Comportamento desejado do aluno (pesquisador) 254

CAPÍTULO 13
Aprendizagem baseada em questionamentos (*Inquired Based Learning* – IBL) 263
   Tema 265
   Categorias de perguntas 266
   Aplicação prática 271
   Exemplo prático 274

CAPÍTULO 14
Design thinking 279
   Definição 281

Características da metodologia	282
Aplicação no setor educacional	285
Empatia	286
Papel dos agentes educacionais	289

CAPÍTULO 15
Aprendizagem pelos pares — 295

Justificativas	297
Definições	299

CAPÍTULO 16
Aprendizagem vestível — 307

Tecnologias vestíveis	309
Weareables na área educacional	311

Considerações finais	319
Referências	325
Sobre o autor	351

Apresentação

O ambiente acadêmico está em ebulição. Não são poucos os analistas e pesquisadores da área educacional que consideram estar a universidade, com sua face atual, a caminho de ter substituídas suas metodologias tradicionais de ensino e aprendizagem. Isso porque elas não levam em consideração as características particulares de cada ser humano, tampouco consideram a utilização extensiva da **tecnologia educacional** em ambientes de ensino e aprendizagem.

Novidades apontam no horizonte

Esse fato é ampliado pela chegada de uma nova geração aos bancos escolares de nossas universidades: a **digital**. Prensky (2001b) e Mattar (2012) anteviram os passos dessa geração e as diferentes formas por meio das quais ela aprende. Entre os locais nos quais a aprendizagem dessas pessoas acontece, não se inclui o ambiente educacional tradicional.

Nos ensino tradicional ainda predominam: o **aspecto coercitivo** efetivado por **relações de poder**; instituições de ensino superior que lutam para se manter como **únicos locais** onde as pessoas podem aprender; professores tidos como **detentores universais do conhecimento**; e muitos outros paradigmas. Todos eles se mostram inalterados devido ao **imobilismo acadêmico**.

Tais posicionamentos não são mais aceitos pelos alunos e também contam com o repúdio de boa parte da sociedade. Mostra-se impertinente a ideia de uma universidade que a tudo conhece e é formada por um conjunto de educadores que sobrepõe interesses didáticos e pedagógicos acima do interesse da sociedade e se considera inatacável em seus conceitos ultrapassados, que conduzem e educam a sociedade como se dela tudo soubesse.

Felizmente, ainda é possível encontrar pesquisadores – citados ao longo deste estudo – que se mantêm isentos desses burburinhos. Eles procuram se distanciar da perplexidade que a sociedade baseada na **era da incerteza** demonstra e estão focados em analisar o que a sociedade atual espera de suas escolas e universidades. Eles devem compor o que está sendo considerado, ainda sem muito alarde, um grupo voltado para efetivar a **docência digital**.

Por meio do trabalho desses pesquisadores está surgindo um conjunto de metodologias apoiadas em um desenvolvimento ímpar das Tecnologias da Informação e da Comunicação (TIC). Essas metodologias se mostram cada vez mais aproximadas de **ideias pragmáticas** que, contrapostas a estudos inúteis, buscam na utilidade do conhecimento adquirido a superação de um estado de quase imobilismo das instituições de ensino.

Novos olhares estão sendo lançados sobre velhas propostas educacionais, readequando-as a um ambiente permeado por tecnologia. Nesse contexto, devido ao valor de sua obra, os educadores Robert M. Gagné e Benjamin S. Bloom retornam a uma cena da qual nunca deveriam ter saído. Suas propostas, revisitadas, são consideradas parte integrante das novas metodologias. Com relação a Bloom, é notório o estudo desenvolvido por Ferraz e Belhot (2010) sobre ele.

Aos poucos, a **educação aberta** começa a se afirmar no contexto atual, eliminando praticamente todas as exigências para que pessoas interessadas aprendam o que desejam, da forma como desejam, nos horários e locais que lhes são mais convenientes.

A evolução da tecnologia e a presença constante de computadores nos ambientes escolares traz a perspectiva da efetivação da **aprendizagem adaptativa**. O mercado corporativo, por sua vez, abre-se para a perspectiva dos *small games* e *good games*, também denominados *jogos de empresas*, que, segundo Santos (2003), podem ser aplicados em atividades educacionais desenvolvidas pelas empresas contemporâneas.

Tal mercado se vê impelido ao desenvolvimento da **aprendizagem rápida** (*rapid learning*, como citada no ambiente corporativo) como forma de aumentar a velocidade de aquisição de novas competências e habilidades, sem resvalar para o **aligeiramento** do processo de ensino e aprendizagem, cujo risco já foi alertado por Soek e Gomes (2008).

Tudo isso pode acontecer sem que toda uma estrutura educacional burocrática seja imposta aos alunos, muitas vezes restringindo a flexibilidade necessária para seu aprendizado. No contexto atual, a educação aberta abre clareiras em meio a um cipoal de regras que dificultam a aprendizagem rápida e livre por estabelecerem um clima de desconfiança no aluno em relação às novas metodologias. Esse fato não deslustra as iniciativas positivas que a educação aberta coloca, como alertado por Santos (2012), que também chama a atenção para mitos e cuidados a serem tomados.

Ao considerar as pessoas incapazes de aprender de forma independente, as Instituições de Ensino Superior (IES) e muitos professores negam a **criatividade**, fogem da **inovação**, eclipsam a capacidade de **iniciativa** do ser humano. Assim, dão veracidade a certificações obtidas sem submissão a avaliações fidedignas. Diante disso, é possível afirmar que "lá fora" existe incontável número de pessoas que não conseguem mostrar as competências e habilidades que essas instituições pretendem desenvolver nos alunos.

Na atualidade, as IES negam valor ao notório saber; ao conhecimento informal que pode ser adquirido no dia a dia das pessoas; à capacidade do ser humano de aprender com outros seres humanos. É uma aprendizagem colaborativa e cooperativa que ocorre com a participação nas **redes sociais.** Dessa forma, as IES parecem se afastar cada vez mais das pessoas que as procuram.

A educação, como dever do Estado, torna-se, então, uma piada ou um "**meme**" na grande rede, como prefere enunciar a nova geração. Afinal, os jovens passam grande parte de sua vida nas redes sociais e nelas adquirem a maior parte de seus conhecimentos.

Diante do grande número de pessoas que hoje aprendem com as mídias sociais, é impossível continuar a acreditar na IES como **local único de aprendizagem**.

Há estudos que apontam para uma nova teoria de aprendizagem, mais especificamente voltada para a atual geração: o **conectivismo**. Este leva em consideração a importância das redes sociais na formação de novos conhecimentos, além de considerar possível efetivar de forma qualitativa a **aprendizagem independente**. O conectivismo é uma realidade visível da qual os educadores parecem querer se afastar por medo de sair de sua **zona de conforto**.

A fuga das salas de aula presenciais é atendida de forma parcial por ambientes semipresenciais (*b-learning*) ou não presenciais (*e-learning*). Ela também pode ocorrer por meio de dispositivos móveis (*m-learning*) e de forma ubíqua (*u-learning*), quando a pessoa desenvolve a aprendizagem de modo concomitante a outras atividades.

Essa fuga se mostra eficiente quando se adota, de forma complementar, a proposta das **salas de aula invertidas**. Tal metodologia leva o aluno à efetivação da aprendizagem independente, agora apresentada como ação efetiva.

Paralelamente a isso, o suporte de problematização de conteúdos ganha cada vez mais adeptos. Trata-se da **aprendizagem baseada em problemas** (ABP). Ela está apoiada em uma série de iniciativas de sucesso e é prova cabal que, diante de desafios ao intelecto, o ser humano pode localizar dentro de si a criatividade e a iniciativa de que precisa para adquirir novos conhecimentos.

Outro fenômeno a que se assiste atualmente é o apelo do **lúdico** (*games*) e o esquema de desafios e premiações (**gamificação**), que são inexplicavelmente negados por grande parte dos pedagogos – que se coloca à margem da utilização da tecnologia.

A dupla lúdico-gamificação é dinâmica e capaz de trazer a união entre o entretenimento e a aprendizagem (*edutainment*). Dessa forma, o ensino e a aprendizagem retornam a suas origens, e bem como a aprendizagem volta a ser uma atividade agradável em todos os sentidos.

Ainda no contexto de modernização da educação, o *peer instruction* ganha destaque como uma proposta de desenvolvimento de trabalhos colaborativos nas salas de aula, como forma de aproximar os alunos do professor e entre si. Campagnolo et al. (2014) registram resultados que apontam a utilização do *peer instruction* como uma metodologia ativa de aprendizagem que traz resultados positivos. Recentemente, o Centro Universitário Internacional Uninter aplicou a metodologia em seus cursos de engenharia, com resultados positivos. Os trabalhos citados apontam que essa metodologia apresenta resultados que surpreendem aqueles que fazem do **fator resistência** uma inútil defesa de posições cada vez menos consolidadas pelo **corporativismo acadêmico**.

Além disso, no âmbito educacional são cada vez mais comuns as **tecnologias vestíveis**, que sensibilizam os adeptos da **mobilidade total**, e já se antevê a criação de **repositórios de aprendizagem vestível** (RAV), com técnicas e procedimentos captáveis por dispositivos móveis. Trata-se de metodologias apoiadas em tecnologias de ponta. A evolução tecnológica chama a **realidade virtual**, a **realidade aumentada**, a **inteligência artificial** e os **sistemas especialistas** para o palco das novas atrações educacionais.

Sabe-se que os alunos não acostumados a desenvolver atividades reflexivas são impedidos de desenvolver o **pensamento crítico**. Nesse contexto, a aprendizagem baseada em questionamentos (*inquired based learning*) assume lugar de destaque.

O **aspecto gregário** do ser humano ressalta, com apoio de aspectos psicológicos, a funcionalidade da **aprendizagem desenvolvida em grupo**, que se torna ainda mais potente quando associada a **atitudes colaborativas e cooperativas**.

As orientações fornecidas nos parágrafos anteriores representam formas mais seguras para a efetivação da **aprendizagem ativa** por parte do aluno. Ela acontece quando se incentiva o aspecto gregário do ser humano, que utiliza fundamentos relacionados a aspectos psicológicos, destacando a funcionalidade da aprendizagem desenvolvida em grupo.

Ambientes que somam tais características, que no próximo momento poderão incorporar novidades, transformam a aprendizagem ativa apoiada pelas tecnologias em um campo que mescla o tecnicismo, o didático e o pedagógico de forma harmônica. Ainda assim, ele é oportunamente criticado por docentes **tecnófobos** que, com sua resistência, em nada colaboram com a educação da nova geração.

Tais profissionais negam, de forma sistemática e incompreensível, o que deveria ser seu dever, conforme estabelecido na Constituição, ou seja, oferecer para os alunos a liberdade de aprender de acordo com sua vontade, sem transformar o ensino em instrumento ideológico a defender essa ou aquela facção política, sem cercear a iniciativa e a criatividade.

Tornar agradável a tarefa de ensinar e aprender e recuperar o prazer dos alunos pela aquisição de novos conhecimentos são propostas possíveis e que atraem muitos educadores. Por meio delas, os ambientes de sala de aula do futuro poderão recuperar o encantamento que os ambientes tradicionais de ensino e aprendizagem perderam em sua caminhada.

Dessa forma, as aprendizagens ativas estão postas como assunto de uma pesquisa que envolve, senão todas, pelo menos as principais inovações que atualmente estão em estudo e aplicação no sistema de ensino brasileiro. Sua efetivação permite atingir os diferentes **estilos de aprendizagem**, que são utilizados como importantes variáveis em diversos contextos educacionais. Para o professor orientador é de vital importância conhecer tais formas, que lhes permitirão flexibilizar o ambiente educativo.

Todas as metodologias inovadoras exigem uma participação mais ativa do aluno – e quando ela acontece, a aprendizagem ganha qualidade. Ao participar de forma ativa da construção do conhecimento, o aluno põe em prática a proposta de **aprender a aprender**, **aprender pelo erro** e **aprender fazendo**, e a soma dessas abordagens resulta na **aprendizagem significativa**.

As tecnologias provêm meios para a oferta de novas alternativas, ampliando a capacidade de comunicação. A evolução dos *smartphones* (celulares inteligentes) e o aumento da potência dos *tablets* elevam o nível de mobilidade dos participantes de iniciativas educacionais.

Como consequência desse aumento da mobilidade, tornam-se cada vez mais efetivas as possibilidades de desenvolvimento de **comunicações síncronas** e **comunicações assíncronas** em **presença conectada**, sem importar a distância entre os interlocutores. Desde que adequadamente utilizada, a tecnologia pode atuar como potente auxiliar da aprendizagem ativa.

Todas as propostas apresentadas até aqui representam estratégias didáticas e pedagógicas aplicadas pelos professores para facilitar e incentivar a utilização das tecnologias emergentes, que podem ocasionar mudanças de atitude e comportamento de todos os envolvidos em iniciativas educacionais.

Manter antigos valores e atitudes é como colocar vinho velho em odre novo. Tentar desenvolver novas metodologias em ambientes sem tecnologia tem o efeito inverso, de colocar vinho novo em odre velho. Esse estado de coisas em nada colabora para a obtenção de maior qualidade no processo de ensino e aprendizagem, com a inserção do **domínio afetivo** no contexto da tecnologia educacional.

A inserção do domínio afetivo pontuada por Bloom (citado por Mello; Almeida Neto e Petrillo, 2017) acontece, entre outras maneiras, pelo aumento da presença social do professor e da instituição na vida do aluno e pela utilização de uma linguagem empática, na qual os orientadores revelem maior preocupação com a evolução de seus orientandos.

O contexto educacional atual mostra professores independentes, alunos como centro do processo de ensino e aprendizagem (**ambiente centrado no aluno**) e liberação das amarras impostas pela burocratização da atividade de ensino e aprendizagem. Tais aspectos permitem a superação do principal problema na atualidade: a continuidade, nos ambientes de ensino e aprendizagem, da **transmissão de conhecimentos acabados**.

Os ambientes assim criados se tornam mais ricos com o retorno do bom relacionamento entre professores e alunos. Em **ambientes centrados no aluno**, é indicada a formação de grupos e o **empoderamento** de seus participantes. Dessa forma, eles podem tomar decisões mais acertadas, de acordo com um consenso interno, sem constrangimentos ou coerções externas. Tudo isso favorece a colaboração e a cooperação, o que resulta na maior participação dos alunos e na obtenção de melhores resultados.

Assim, afigura-se um possível relacionamento – hoje insustentável, nos padrões em que é desenvolvido – entre a tecnologia e a pedagogia. Ele se mostra interessante, inter-relacionado e dependente. Por meio dessa proposta, novas tecnologias incentivam novas pedagogias que, por sua vez, podem estimular novas tecnologias. Essa troca pode se tornar grandemente vantajosa para ambas as partes, embora hoje ainda seja assunto de uma incompreensível e constante contenda.

Como utilizar este material

Cada uma das novas metodologias mencionadas na introdução deste livro será vista em detalhes nos próximos capítulos. A ordem em que são apresentadas não tem nenhum propósito didático. Cada capítulo pode ser estudado de forma independente e está relacionado a um objeto de aprendizagem que consta no ambiente virtual (consulte o autor sobre esta possibilidade no *e-mail* de contato ao final deste capítulo).

Durante a apresentação do texto, as palavras que carregam significado, fazem parte integrante do jargão de áreas específicas ou são pouco utilizadas serão destacadas. Ao final de cada capítulo, elas serão definidas, a fim de evitar a interrupção do fluxo da leitura.

Ao longo desta obra, você encontrará propostas de atividades diversas, como **diálogos**, **pesquisas**, reflexões; **sinopses** e pequenos **artigos de opinião**. Sugerimos ao leitor criar um **diário de bordo** para nele registrar essas atividades. Elas não são obrigatórias, mas recomendadas para quem deseja aprofundar os conhecimentos no assunto. Caso você deseje uma devolutiva de suas respostas, pode enviá-las para o *e-mail* do autor, informado ao final deste capítulo. Outros recursos estão assinalados nos *sites* indicados para a comunidade acadêmica.

Ao final de cada capítulo são apresentadas quatro seções. A primeira delas é o glossário, conforme anteriormente assinalado. Na segunda, intitulada "Saiba mais", são sugeridas leituras complementares, com indicação de bibliografia ou *links* que podem ser utilizados para acessar documentos *on-line*. A terceira é formada por questões para revisão, cujo objetivo é ressaltar algum ponto de estudo interessante. A quarta e última seção apresenta um estudo de caso.

Divisão da obra

A obra está dividida em dezesseis capítulos, que podem ser lidos em qualquer ordem.

O primeiro capítulo trata da docência digital. Ele traz uma série de considerações necessárias para o trabalho do professor, em um contexto complexo, que podem ajudá-lo a suportar toda a enxurrada das novas metodologias assinaladas na introdução deste livro. Isso porque é importante, para construir um novo perfil, que o professor saiba adquirir as competências e habilidades necessárias para desenvolver seu trabalho em **ambientes enriquecidos com a tecnologia**.

O segundo capítulo revisita duas teorias (Gagné e Bloom), que podem dar suporte a muito do que pode ser feito com as novas tecnologias. Tais teorias trazem novas formas de enxergar propostas efetuadas em um tempo no qual as tecnologias não permeavam os ambientes de ensino e aprendizagem.

O terceiro capítulo apresenta um estudo sobre o que foi utilizado como base para o desenvolvimento deste estudo, os ambientes semipresenciais (*b-learning*), nos quais uma nova teoria de aprendizagem e novas metodologias são desenvolvidas. Tais ambientes carregam uma grande responsabilidade, pois existe a expectativa de que farão parte de uma nova forma de educação em um futuro próximo.

O quarto capítulo apresenta, de forma superficial, mas compreensível, os fundamentos do conectivismo, teoria de aprendizagem em construção considerada a mais adequada para atender aos anseios de uma **geração digital** por novas formas de ensinar e aprender.

O quinto capítulo apresenta a visão favorável ao desenvolvimento do estudo em grupos, apresentando considerações importantes sobre a *cooperação* e a *colaboração*, termos que neste estudo são considerados diferentes e não sinônimos, como pensam algumas pessoas.

O sexto capítulo aborda como utilizar a **aprendizagem cooperativa** e a **aprendizagem colaborativa**. Trata-se de propostas que podem ser empregadas como potentes ferramentas de apoio ao aumento da participação do aluno no ambiente.

O sétimo capítulo procura esclarecer por que os pesquisadores escolheram a ABP como a melhor forma de abordagem em ambientes enriquecidos com a tecnologia.

O oitavo capítulo estuda o uso de *games* como alternativa no âmbito acadêmico e como uma realidade no mercado corporativo, revelando como essa proposta é capaz de dar um **diferencial competitivo** para as empresas e motivar os alunos em ambientes de ensino e aprendizagem.

O nono capítulo apresenta a gamificação como uma das metodologias atualmente em discussão, discorrendo sobre sua capacidade de promover nos alunos uma motivação segura, que pode garantir a permanência deles durante todo o processo de ensino e aprendizagem.

O décimo capítulo aborda a aprendizagem significativa e as formas como ela pode ser aplicada em ambientes de ensino e aprendizagem enriquecidos com a tecnologia.

O décimo primeiro capítulo apresenta uma das metodologias inovadoras mais utilizadas no presente momento no contexto educacional: as salas de aula invertidas, que podem mudar a forma como o processo de ensino e aprendizagem é efetivado em ambientes semipresenciais, dando a ele maiores possibilidades de sucesso.

O décimo segundo capítulo traz uma consistente proposta para o aluno desenvolver seu estudo apoiado no incentivo ao pensamento crítico. Trata-se de uma proposta de grande riqueza intelectual.

O décimo terceiro capítulo apresenta uma metodologia ainda em estudo: a aprendizagem baseada em questionamentos. Apesar de ainda ter poucas aplicações, todas tiveram sucesso, o que justifica um olhar mais detido sobre a proposta.

O décimo quarto capítulo aborda o *design thinking*, proposta que coloca o aluno no centro do processo de ensino e aprendizagem, aumentando sua motivação para aprender.

O décimo quinto capítulo revela uma proposta de grande sucesso na área de ciências exatas, a aprendizagem pelos pares, cuja aplicação em outras áreas está em estudos e pode apresentar os mesmos resultados positivos.

O décimo sexto capítulo apresenta um conjunto de novas metodologias voltadas para a aprendizagem ativa, como dispositivos móveis, vestíveis, que darão apoio ao desenvolvimento de atividades voltadas para o ensino e a aprendizagem.

Caso você deseje, poderá contatar o autor desta obra para esclarecimento de dúvidas ou pedido de suporte em: antsmun@outlook.com.

O *site* de apoio a este material, onde poderão ser colocados recursos complementares a esta pesquisa, está no domínio: <www.tecnologiaeducacional.net>.

Cursos existentes e novos cursos poderão ser acessados e desenvolvidos sem custo pelos professores, por meio da criação de uma comunidade de usuários interessados no uso de novas tecnologias, em: <www.antoniosmunhoz.com.br/mo>.

Boa leitura e bons estudos!

Glossário da apresentação

Aligeiramento
A utilização de novas metodologias, algumas delas relacionadas ao uso de tecnologias, podem levar a aprendizagem a acontecer em tempo menor. Algumas linhas de raciocínio consideram que isso pode representar um aligeiramento do ensino e da aprendizagem, com perda da qualidade. Mas isso não acontece em todas as situações, o que exige que tal afirmativa seja bem avaliada, como é feito por Freitas (1999) ao analisar esse risco na formação de professores.

Ambientes centrados no aluno
No ambiente tradicional de ensino e aprendizagem, o professor representa a autoridade máxima e decide tudo. Nos espaços virtuais e presenciais, os ambientes centrados no aluno ocupam lugar de destaque, e as decisões sobre o processo de ensino e aprendizagem são discutidas de forma conjunta entre alunos e professores. Essa perspectiva é trabalhada com propriedade no trabalho de Inocêncio e Cavalcanti (2007).

Ambientes enriquecidos com a tecnologia
Conforme o trabalho desenvolvido por Groff (2013), trata-se de localidades que representam os ambientes presenciais,

semipresenciais e não presenciais nos quais o uso da tecnologia é extensivo. Os ambientes educacionais, por exemplo, são atendidos por um sistema de gerenciamento de conteúdo e aprendizagem, no qual estão presentes diversas ferramentas que propiciam implantar e testar novas metodologias. Neles o aluno desenvolve e acompanha sua vida acadêmica.

Aprender a aprender

Conforme Andersen (2016), nos ambientes nos quais essa linha pedagógica é utilizada, os alunos são orientados a descobrir quais são as formas mais efetivas de atingir seus objetivos, com o objetivo de facilitar a aquisição de novos conhecimentos e a solução de problemas. Para o aluno, saber como ele aprende é um diferencial intelectual de grande impacto. Para o professor, esse conhecimento lhe permite personalizar o ambiente para o aluno.

Aprender fazendo

De acordo com Dufour et al. (2010), nos ambientes em que essa linha pedagógica é utilizada são desenvolvidas práticas para fixar e confirmar a aprendizagem de cada conjunto teórico. Elas devem acontecer no menor tempo possível, para que a fixação dos conhecimentos aconteça de forma mais eficiente.

Aprender pelo erro

Munhoz e Martins (2015) consideram que a ausência dessa orientação representa uma falha nos ambientes tradicionais, pois ela permite aos alunos desenvolver a experimentação por meio de método de tentativas e erros, sem eventuais punições em caso de erro, além da liberação de criatividade, inovação e iniciativa por parte do aluno, maiores em ambientes sem coerção.

Aprendizagem adaptativa

Estudos desenvolvidos por Oliveira et al. (2003) confirmam a exigência do mercado de adaptação a características individuais. Tais autores definem a aprendizagem adaptativa como uma forma de aprender em ambientes flexíveis, ou seja, que apresentam a mesma atividade adaptada às características de cada aluno (ou grupo de alunos). Esses ambientes se adaptam às necessidades dos alunos por meio de uma série de personalizações sucessivas, que os permitem desenvolver seu aprendizado de forma facilitada. Nessa proposta, os computadores são utilizados como estratégia para promover interações extensivas.

Aprendizagem ativa

Em seus estudos, Resende (2014) ressalta a importância dessa abordagem pedagógica, destacando iniciativas em ambientes que ofertam o ensino a distância (EaD). A aprendizagem ativa representa um conjunto de práticas que abordam técnicas, metodologias e estratégias que fogem do ensino tradicional, no qual o aluno é considerado um participante passivo, Essa proposição tem como objetivo aumentar a motivação do aluno e incentivar sua participação no ambiente.

Aprendizagem baseada em problemas (ABP)

Conforme Munhoz (2016a), trata-se de uma estratégia educacional que busca, por meio da problematização do currículo, tornar a aprendizagem mais efetiva e significativa para o aluno, aproximando-o do mercado de trabalho. Ela é considerada a melhor abordagem do processo de ensino e aprendizagem em ambientes semipresenciais e não presenciais.

Aprendizagem colaborativa

Ao analisar o uso da ABP, Munhoz (2016a) destaca a importância de alunos com características particulares trabalharem em grupos para a solução de um problema comum, definido em acordo prévio entre todos os participantes. O autor considera que a responsabilidade compartilhada e a inclusão do aluno em algo maior que ele (o grupo), fazendo-o se sentir parte integrante de um todo, atuam como proposta favorável ao uso extensivo da aprendizagem colaborativa.

Aprendizagem cooperativa

Pinho, Ferreira e Lopes (2013) analisam o desenvolvimento dessa estratégia educacional e definem os ambientes cooperativos como aqueles onde os alunos trabalham em pequenos grupos, nos quais cada um dos participantes desenvolve atividades previamente ajustadas voltadas ao objetivo comum dos componentes. É algo que acontece de forma espontânea no ambiente em rede, sem necessidade de estar ligado a um processo educativo em particular.

Aprendizagem desenvolvida em grupo

Munhoz (2016a) em complemento ao seu trabalho com aprendizagem baseada em problemas, onde aponta para a vantagem do uso de grupos, define essa abordagem pedagógica como aquela obtida pela reunião de pessoas que têm interesse comum em determinado assunto. Juntas, essas pessoas desenvolvem estratégias para que, de forma colaborativa, novos conhecimentos possam ser adquiridos. A aprendizagem desenvolvida em grupo é uma proposta que pode trazer maior motivação ao aluno, uma vez que há uma série de motivadores e possibilidades de suporte entre os elementos do grupo que favorecem uma participação mais ativa dele. Tal abordagem está diretamente ligada a processos educacionais, o que a difere da aprendizagem cooperativa.

Aprendizagem independente

Munhoz (2016a) define a aprendizagem independente como uma estratégia que pode transformar o aluno em um solucionador de problemas, perfil desejado na sociedade contemporânea. Trata-se de uma orientação pedagógica que leva o aluno a desenvolver seus estudos de forma autônoma, na qual a intervenção do professor-orientador diminui com o tempo de interação entre eles. É uma forma de abandonar uma visão assistencialista desenvolvida nos ambientes tradicionais de ensino e aprendizagem.

Aprendizagem rápida

Silva et al. (2004) definem a aprendizagem rápida como uma estratégia que divide o currículo em partes menores, as quais representam a divisão de uma ideia complexa em pequenas partes. A vantagem dessa metodologia é a possibilidade de efetivação da aprendizagem, do mais simples ao mais complexo, por meio da utilização do suporte da tecnologia educacional denominada *objetos de aprendizagem*. O termo é utilizado no mercado corporativo com sua designação na língua inglesa, *rápid learning*, sendo uma estratégia utilizada em propostas de formação, quando a empresa utiliza um processo de avaliação por competências.

Aprendizagem significativa

Moreira (1997) consideram que a aprendizagem significativa permite ao aluno saber o que está aprendendo, por que está aprendendo, o que está aprendendo e a aplicação do que está aprendendo em sua vida profissional. Ela aproxima o aluno das práticas profissionais da área de conhecimento na qual pretende desenvolver seu trabalho.

Artigos de opinião

De acordo com Severino (2000), artigos de opinião são aqueles nos quais o autor expõe posicionamento crítico sobre algum tema de interesse, desenvolvido durante suas pesquisas e em seu processo de formação. Para atender ao rigor acadêmico, é importante que o autor sustente suas colocações apoiado em algum referencial teórico aceito pela academia.

Aspecto coercitivo

Munhoz (2016a) considera que o aspecto coercitivo é uma característica indesejável, estabelecida em ambientes de ensino e aprendizagem nos quais o "aprender pelo erro" não é aceito e impede a criatividade e iniciativa do aluno.

Aspecto gregário[1]

Trata-se de uma característica do ser humano que o impede de viver sozinho, levando-o a integrar-se com a sociedade no qual está imerso.

Atitudes colaborativas

Segundo Munhoz (2016a), são atitudes desenvolvidas como resultado de uma proposta que busca reunir pessoas para resolver problemas de interesse comum sem a presença de hierarquias ou relacionamentos de poder.

Atitudes cooperativas

Munhoz (2016a) define atitudes cooperativas como aquelas desenvolvidas por especialistas em determinado assunto. Tais profissionais ajudam, via transferência de conhecimento, a aprendizagem

---

1   Gregário (2018).

de outras pessoas. Para isso, não esperam outra recompensa que não aquela satisfação de prestar um serviço de apoio. Este é seu diferencial entre *atitudes cooperativas* e *atividades colaborativas*, destaque que deve ser feito devido a estes dois vocábulos serem considerados, de forma incorreta, como sinônimos,

B-learning

Munhoz (2016c) define *b-learning* como o processo em que os conteúdos são transmitidos tanto de forma não presencial, por meio de atividades independentes e/ou *on-line*, quanto de forma presencial. A presente obra foi desenvolvida considerando esse ambiente como requisito.

Comunicações assíncronas[2]

São comunicações que podem ser desenvolvidas sem que os interlocutores estejam interligados em tempo real. Eles podem ou não estar na mesma localidade geográfica.

Comunicações síncronas[3]

São aquelas nas quais os interlocutores se comunicam em tempo real, ainda que não estejam presentes no mesmo ambiente.

Conectivismo

Siemens (2005) e Downes (2011) trabalham de forma conceitual em uma proposta que definem como uma teoria de aprendizagem em construção. Ela é considerada a mais aplicável à geração digital que agora chega aos bancos escolares das IES. O conectivismo valoriza a importância da tecnologia educacional e o uso

---

2   Menezes (2001a).
3   Menezes (2001b).

da mediação tecnológica e incentiva as interações que acontecem nas grandes redes sociais e comunidades de aprendizagem até o limite em que possam ser desenvolvidas.

Corporativismo acadêmico
Almeida (2018) critica o corporativismo acadêmico por considerá-lo uma situação indesejável, em que pessoas sem as devidas condições de desempenhar determinadas funções são protegidas mesmo quando não obtêm os resultados mínimos necessários para o exercício da docência, seja em ambientes tradicionais de ensino e aprendizagem, seja em ambientes enriquecidos com tecnologias.

Criatividade[4]
Qualidade que ações coercitivas podem retirar do ser humano. A criatividade possibilita ao indivíduo criar novos conhecimentos ou lançar diferentes olhares a conhecimentos que são capazes de criar inovações ao se juntar, de forma livre, com outros conhecimentos já existentes.

Detentores universais do conhecimento
Munhoz (2016a) credita o termo aos educadores que lecionam em ambientes centrados no professor, nos quais a escolha de conteúdo, as formas de ensinar e a aplicação de avaliações punitivas (que medem apenas o que o aluno não sabe) estão sob seu controle. Tais ambientes foram substituídos por outros, centrados no aluno, mais adequados ao tratamento das formas de aprender de uma geração digital que agora chega aos bancos escolares de nossas universidades.

---

4   Significado... (2014b).

Diálogo

Munhoz (2016c) destaca essa forma de comunicação e considera a dialogicidade como forma de aproximar os alunos entre si e destes com os materiais didáticos (impressos ou digitais), bem como possibilitar um relacionamento mais próximo, desenvolvido em ambientes virtuais de aprendizagem (AVAs).

Diário de bordo

De acordo com Munhoz (2013a), trata-se de um elemento auxiliar no qual o aluno registra o passo a passo de seu processo de aprendizagem, anotando todas as suas atividades. O diário de bordo lhe permite, ao final do processo, mensurar seu nível de evolução.

Diferencial competitivo

Gontijo (2007) aponta para a educação como um diferencial competitivo tanto para estudantes como para profissionais já formados e considera que o termo *diferencial competitivo* identifica pessoas que atuam na aquisição de novos conhecimentos, seja em cursos de educação formal, seja em processos de formação permanente e continuada.

Docência digital

Munhoz (2016a) trabalha de forma insistente para que os professores adotem novas práticas de ensino, apoiadas em atitudes e comportamentos diferenciados. O autor considera o termo *docência digital* um adjetivo da ação e prática profissional do professor que tem, entre suas competências e habilidades, condições de desenvolver um trabalho diferenciado nos AVAs.

Domínio afetivo[5]

Tal domínio trata das reações de ordem afetiva que podem interferir e influenciar positiva ou negativamente no processo de ensino e aprendizagem. É uma situação desejável quando pode influenciar interesses, atitudes ou valores.

Educação aberta

Iiyoshi e Kumar (2008) a definem como forma de educação que não exige do aluno inscrição, vestibulares nem conhecimentos anteriores. Geralmente, ela não tem custo, a não ser que seja solicitada uma certificação. Atualmente, a educação aberta tem evoluído como uma das formas mais eficientes de democratização do processo de ensino e aprendizagem.

Edutainment

Alencar (2013) define essa estratégia educacional como a combinação entre educação e entretenimento e a considera como a forma mais acertada de despertar a **motivação** (intrínseca ou **extrínseca**) do aluno, como forma de melhorar sua participação nas atividades de ensino e aprendizagem.

E-learning

Munhoz (2016a) define essa abordagem do processo de ensino e aprendizagem como uma forma de entrega desenvolvida com diferentes níveis de imersão do aluno no ambiente de ensino e aprendizagem. Ela é desenvolvida em salas de aula eletrônicas por meio de um AVA, com auxílio de tutorial ou desenvolvida como autoestudo.

---

5   Domínio afetivo (2018).

Empoderamento[6]
Esse termo é definido como conscientização; criação; socialização do poder entre os cidadãos; conquista da condição e da capacidade de participação; inclusão social e exercício da cidadania. Aqui, ele se refere ao uso dessas condições em estratégias comumente utilizadas em gamificação, nas quais é ressaltada a importância da ação do aluno e de seus conhecimentos para o enfrentamento de desafios baseados em escolhas pessoais e que dão a ele a sensação de estar no controle do contexto, levando-o a participar de forma mais ativa do processo de ensino e aprendizagem.

Era da incerteza
Castells (2000) considera esta o momento atual que vive a sociedade, sem saber o que vai acontecer no futuro imediato e sem nenhuma previsão do futuro distante, consequente de um processo de evolução tecnológica sem precedentes em nenhuma das sociedades que nos antecederam.

Fator resistência
Munhoz (2016a) considera que o fator resistência surge como resultado da retirada das pessoas de sua "zona de conforto", por meio de propostas de implantação de novos procedimentos, tecnologias ou metodologias. É um processo que acontece com frequência indesejável sempre que inovações são propostas em procedimentos estabelecidos e em fase de substituição.

Games
McGonigal (2012) aponta para o fato de que a utilização dos jogos em educação tem retornado com força total, tanto no mercado

---
6   Empoderamento (2008).

corporativo quanto no setor acadêmico. Com o atual nível de evolução tecnológica, novas tecnologias permitem que ações didáticas e pedagógicas diferenciadas possam ser obtidas com a utilização de *games*. A autora destaca que a recuperação do aspecto agradabilidade na atividade de ensino e aprendizagem é uma vantagem que pode ser obtida e não deve ser ignorada, pois dá ao aluno maior motivação para desenvolver as atividades.

Gamificação

Assunção (2018) considera importante a tendência de utilizar os processos de gamificação no processo de ensino e aprendizagem e na área de negócios. Ele considera que nesse processo devem ser utilizadas técnicas para manter a atenção e o engajamento do aluno e dos profissionais durante o desenvolvimento de atividades educacionais ou profissionais.

Geração digital

Prensky (2006) e Mattar (2012) assim definem a geração nascida a partir do final dos anos 1990, cujas formas de aprender diferem significativamente daquelas de gerações anteriores (*boomers*, *babyboomers* etc.). A chegada dessa geração às universidades exigiu claramente a mudança de atitudes e comportamentos em relação à forma como as atividades de ensino e aprendizagem são desenvolvidas.

Ideias pragmáticas

Uma atitude pragmática pode ser definida como aquela impulsionada pelo aspecto prático e sua aplicabilidade, limitando o alcance, por exemplo, de pesquisas desenvolvidas para a obtenção ou a fixação de novos conhecimentos. Trata-se de um conceito filosófico que, quando aplicado às atividades de ensino e aprendizagem, desperta a resistência de certos pesquisadores, pois nem sempre eles consideram que a aprendizagem deve ser desenvolvida somente sobre aquilo que é útil para os alunos.

Imobilismo acadêmico

Munhoz (2016a) pontua essa situação como um estereótipo resultante da demora das IES em se apropriar das mudanças tecnológicas que acontecem na sociedade ou em aplicar novas metodologias, lançando novos olhares a conhecimentos já existentes como resultado de trabalhos de pesquisa científica.

Iniciativa[7]

Traço de caráter que leva o ser humano a tomar decisões por conta própria e, a depender de sua disposição natural e ânimo, a se tornar empreendedor tanto na criação de novos conhecimentos como na aplicação de conhecimentos já existentes.

Inovação[8]

Capacidade de criar novos conhecimentos ou mudar a forma como eles são utilizados por meio do desenvolvimento de novas metodologias.

Inquired based learning

Estudos desenvolvidos na sociedade americana e registrados pela Fundação Educacional George Lucas e registrados no *site* Edutopia[9] apresentam essa proposta como uma das formas de aprendizagem ativa na qual os alunos são levados a desenvolver pesquisas para obter respostas sobre o mundo real, solucionar problemas,

---

7 Iniciativa (2010).
8 Significado... (2015a).
9 Giving... (2015).

colaborar com seus colegas e, assim, desenvolver um conhecimento mais profundo do assunto e providenciar sua disseminação na comunidade acadêmica.

Inteligência artificial (IA)[10]

A definição clássica considera a IA como uma proposta de estudos provenientes da ciência da computação, envolvida na descoberta de dispositivos capazes de simular a capacidade humana de raciocinar. É uma área polêmica e envolta em muitos problemas éticos. Sua aplicação em educação pode encontrar resistência em pessoas cuja força de trabalho possa ser substituída por dispositivos mecânicos.

Locais únicos de aprendizagem

De acordo com Munhoz (2016a), assim eram consideradas as IES antes de a evolução tecnológica envolver as comunicações entre as pessoas, permitindo que o conhecimento fosse colocado à disposição de outras pessoas. Com o advento da internet e a criação de ambientes virtuais de aprendizagem, a prerrogativa de oferecer conhecimentos deixa de ser responsabilidade única das instituições de ensino.

Lúdico[11]

Tudo aquilo que visa ao divertimento, com a utilização de recursos como luzes e cores, chamando a atenção do aluno e motivando-o de forma mais eficiente a desenvolver atividades de qualquer ordem.

---

10 Ciriaco (2008).
11 Significado... (2014f).

Memes[12]

Acontecimentos que se tornam virais (notícias quentes e disseminadas por toda a rede) na grande rede por representaram um comportamento diferenciado ou atitudes politicamente incorretas.

M-learning

Munhoz (2016a) usa o termo para se referir à aprendizagem móvel, cujos princípios são os mesmos da aprendizagem eletrônica, com a diferença de que utiliza dispositivos móveis como meio de suporte. É uma modalidade que surge de forma natural como consequência da evolução da computação móvel para uma proposta de mobilidade total.

Mobilidade total

Munhoz (2016a) a considera como condição a que as pessoas podem chegar por meio da utilização extensiva de dispositivos móveis e de sua evolução tecnológica.

Motivação extrínseca

Segundo o Instituto Brasileiro de Coaching (IBC), citado por Marques (2018a), trata-se de um estado de espírito relacionado a situações externas à pessoa, como premiações e recompensas, a exemplo das utilizadas em processos de gamificação.

Peer instruction

Mazur (1996) pontua essa metodologia como um dos caminhos para se efetivar a aprendizagem ativa. O processo envolve atividades de colaboração entre os pares acadêmicos (não considerar apenas duplas, mas várias pessoas) na solução de problemas que,

---

12 Meme (2011).

com base na proposta de um problema comum a todos os participantes, pode ser resolvido por meio da colocação de perguntas para a comunidade e da repetição do processo tantas vezes quantas seja necessário, até que seja possível chegar a um consenso, considerado a solução para o problema.

Pensamento crítico[13]

Atitude do indivíduo de analisar e avaliar a consistência dos próprios raciocínios, comparando-os com o que a sociedade circunjacente considera como verdadeiro no contexto da vida pessoal e profissional. A efetivação do pensamento crítico permite analisar diferentes fontes de informação de forma mais consistente, levando à escolha de informações fidedignas e passíveis de serem utilizadas em atividades de ensino e aprendizagem.

Pesquisa

De acordo com Demo (2001), tanto atividades de ensino como de aprendizagem devem ser efetuadas por meio do desenvolvimento de pesquisas, com a ressalva de que as fontes devem ser confiáveis e obtidas em localidades acreditadas no ambiente acadêmico ou profissional.

Presença conectada

Munhoz (2016a) define esse termo como uma forma de oferta do ensino a distância manifesto pela criação de polos de apoio presenciais nos quais chega um sinal televisivo distribuído como *broadcasting*, nos quais os alunos assistem às aulas de forma conectada com ou sem apoio de tutoria presencial ou *on-line*.

---

13 Conceito... (2011).

Realidade aumentada[14]
Abordagem na qual a combinação entre o mundo virtual e o mundo real é efetivada por meio da utilização de marcadores e mostrada ao usuário em tempo real, com apoio da tecnologia educacional.

Realidade virtual[15]
Tecnologia que cria uma interface entre usuários e sistemas computacionais com a finalidade de trazer para o ambiente a sensação de realidade, na qual são vistos elementos que não estão presentes, mas trazem a sensação de estarem.

Redes sociais
Estrutura virtual formada por grupos de pessoas conectadas entre si por causa de interesses comuns para manter diversas formas de comunicação entre elas e que também podem ser usadas com fins educacionais.

Relações de poder
Munhoz (2016a) considera que tais relações podem ocorrer em ambientes de aprendizagem como resultado da estrutura hierárquica estabelecida em um ambiente de ensino e aprendizagem centrado no professor.

Repositórios de aprendizagem vestível[16]
Trata-se da criação de um conjunto de programas que utilizam a **tecnologia vestível** (*wearable technologies*) em aplicações que envolvem o trato de situações de ensino e aprendizagem.

---
14   Hautsch (2009).
15   Realidade... (2018).
16   Como as... (2015).

Sala de aula invertida

Considerada por Munhoz (2015d) como uma metodologia inovadora, é uma das formas de aprendizagem ativa na qual as funções de amostragem de conteúdo e desenvolvimento de tarefas práticas são trocadas, ou seja, o aluno estuda o conteúdo teórico em casa, por meio de vídeos e outros produtos multimídia, e leva suas dúvidas ou a resolução das atividades propostas para o ambiente de sala de aula tradicional (sem importar a forma de entrega).

Sinopse

Severino (2000) pontua esse termo no campo da metodologia científica como resultado de uma visão geral, lançado sobre o todo de alguma obra científica que trata de assuntos relacionados a alguma pesquisa.

Sistemas especialistas

Mendes (1997) considera esses elementos como sistemas que armazenam o conhecimento de um ou mais especialistas em determinada área do conhecimento. Eles podem ser consultados sempre que se deseja absorver dado conhecimento em atividades de transferência.

Small games, good games

McGonigal (2012) define essa área do campo de *games* como aquela no qual são desenvolvidos, para o mercado corporativo, jogos simples, voltados para orientar equipes de trabalho a resolver problemas de situações específicas e que acontecem na vida real. Também são usados em atividades de ensino e aprendizagem, com maior destaque aos jogos colocados nos AVAs, que são utilizados como estratégia educacional para aumentar a motivação e a participação dos alunos.

Tecnófobos[17]
Pessoas que têm aversão a qualquer tipo de tecnologia, ainda que delas não possam prescindir na vida diária.

Tecnologia educacional
Conforme Munhoz (2016d), trata-se da tecnologia aplicada ao campo da educação, que assim passa a contar com ferramentas voltadas para o aprimoramento do ensino e da aprendizagem, possibilitando aumento do desenvolvimento social e educativo, melhor acesso à informação e condições de proporcionar aprendizagem de melhor qualidade.

Tecnologias vestíveis
Munhoz (2016d) define o termo como um conjunto de ferramentas tecnológicas, como relógios e joias, que registram dados utilizados para controlar determinadas situações. Atualmente, prevê-se que tais tecnologias possam ser utilizadas de forma útil em processos de ensino e aprendizagem.

Transmissão de conhecimentos acabados
Munhoz (2013b) pontua essa atitude como característica de ambientes centrados no professor, que escolhe e analisa a forma de apresentação do conteúdo, durante a qual o aluno atua apenas como observador. Essa não é forma mais indicada para os processos de ensino e aprendizagem da geração digital que está chegando às universidades.

---

17 Tecnófobo (2011).

U-learning

Munhoz (2016a) define o termo considerando o fato de atualmente os indivíduos estarem em diferentes lugares ao mesmo tempo devido à evolução tecnológica e à mobilidade quase total possibilitada pelos dispositivos móveis. Dessa forma, o termo se aplica à aprendizagem móvel, onipresente.

Zona de conforto

Munhoz (2016a) considera que o ser humano está na zona de conforto quando domina um conhecimento e tem prática sobre suas formas de utilização. Sempre que alguma inovação tecnológica ou metodologia inovadora surge, no entanto, ele pode ser deslocado dessa situação, motivando resistência a essa mudança.

Como aproveitar ao máximo este livro

Este livro traz alguns recursos que visam enriquecer o seu aprendizado, facilitar a compreensão dos conteúdos e tornar a leitura mais dinâmica. São ferramentas projetadas de acordo com a natureza dos temas que vamos examinar. Veja a seguir como esses recursos se encontram distribuídos no decorrer desta obra.

Logo na abertura do capítulo, você fica conhecendo os conteúdos que nele serão abordados.

Saiba mais
Você pode consultar as obras indicadas nesta seção para aprofundar sua aprendizagem.

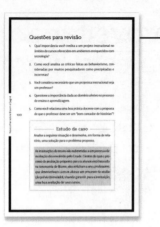

■ **Questões para revisão**
Com estas atividades, você tem a possibilidade de rever os principais conceitos analisados.

■ **Estudo de caso**
Esta seção traz ao seu conhecimento situações que vão aproximar os conteúdos estudados de sua prática profissional.

01

DOCÊNCIA DIGITAL

01

UMA PRIMEIRA PROPOSTA para chamar atenção para a docência digital, posta como um desafio e um novo paradigma para docentes formados sob uma "**visão jesuítica**" (Aranha, 2006), que não estão preparados para atuar em ambientes centrados no aluno, teria como base as seguintes afirmações:

- o bom professor digital inspira esperança, incentiva a imaginação e faz os alunos recuperarem o prazer de aprender somente pela satisfação de aquirir novos conhecimentos;
- os professores são responsável pela formação de profissionais de todas as áreas;
- a tecnologia nunca irá substituir os professores, mas aqueles que a utilizam certamente substituirão os que não o fazem;
- o professor digital responde aos anseios da sociedade atual e conduz a geração que atualmente chega aos bancos escolares de uma sociedade na qual a perplexidade tende a estabelecer um comportamento acrítico, não criativo, a um porto seguro.

Para isso, é preciso esquecer **estereótipos** que colocaram e colocam o professor como um tipo de missionário. Pretende-se, assim, levantar uma bandeira que leve a sociedade a enxergar o professor como um profissional transformador, capaz de modificar, por meio de sua atuação nas salas de aula, a face da sociedade futura.

Por que *docência digital*?

A resposta a essa pergunta pode ser tão simples quanto se queira. Isso porque a nova geração, denominada *digital*, que vive e aprende de forma totalmente diferente das gerações que a antecederam, não mais aceita a forma como os professores desenvolvem suas atividades de ensino e aprendizagem nas salas de aula tradicionais.

Essa colocação é necessária e tem como objetivo chamar os professores a responder um desafio colocado pela inserção da tecnologia educacional no meio acadêmico, sem que mudanças sejam necessárias para atender novas formas de comunicação.

Porém ela não é suficiente. O antigo giz de lousa está perdendo lugar para apontadores eletrônicos; as imagens, antes recortadas de revistas e jornais, agora são diretamente retiradas de *tablets*, **notebooks** e *smartphones* cada vez mais inteligentes, que são levados para as salas de aula; a forma de tratar os conteúdos, entretanto, permanece inalterada.

Os fundamentos educacionais permanecem os mesmos, provenientes de um tempo no qual a tecnologia educacional estava presente apenas nas divagações de profissionais interessados em facilitar o trabalho de professores e alunos. De lá essa tecnologia saiu para as Instituições de Ensino Superior (IES), mas apoiadas em um fator de resistência elevado.

Ao assinalar tais fatos, não se pretende formatar um material que seja um libelo contra os professores. Sabe-se que a desvalorização da classe atinge níveis assustadores, os salários são aviltantes e o reconhecimento profissional leva a classe ao menor nível de amor-próprio jamais percebido. Não são poucas as pessoas que escolhem outras profissões quando na docência estaria sua vocação.

A geração que agora chega aos bancos escolares das IES, área na qual este estudo está delimitado, mostra-se bem menos complexa e profunda que a das séries iniciais, mas ainda assim é formada pelo que Prensky (2001b) chamou de **nativos digitais**, que foi acompanhado por estudos de Mattar (2012) e outros pesquisadores locais.

Levantamentos mais atuais efetuados pela Pesquisa Nacional por Amostra de Domicílios (PNAD)[1] mostra que em metade dos lares brasileiros há computadores; quando o estudo se restringe a regiões mais avançadas, esse número aumenta significativamente. Diante desses dados, a não utilização da tecnologia educacional em sala de aula se revela incompreensível.

Se essa geração vive nos meandros dos complexos **labirintos da hipermídia**, porque fazê-la andar nas salas de aula tradicionais, onde a atividade de ensinar e aprender é tão "chata"?

De acordo com a PNAD, outros números podem ser captados para justificar a incompreensão de muitos pesquisadores no que se refere à fuga das IES em relação ao que o mercado deseja. Assim, essas instituições aos poucos perdem a credibilidade que sempre tiveram e não mais ensinam as pessoas como elas precisam aprender. Por mais triste que possa ser, as IES não mais formam os profissionais de que o mercado precisa.

---

1   Gandra (2014).

Isso não significa que as antigas **teorias de aprendizagem** perderam o valor, mas que enxergavam um contexto diferenciado, no qual a tecnologia não estava presente. Há uma resistência em revisitar essas teorias (proposta que incentivamos neste estudo), mas uma nova **teoria de aprendizagem**, criada por Siemens (2004) e divulgada por Downes (2011), ainda em construção, procura corrigir esse desvio, apesar de receber uma enxurrada de críticas.

Quando um aluno abre sua pasta escolar e de dentro dela tira um **iPad™**, em vez de um livro; quando seus olhos estão atentos a seu *smartphone*, é fácil compreender por que faltam novos comportamentos e novas atitudes por parte das IES. Essa geração usa novas formas de comunicação, e por isso cria uma couraça de proteção que os métodos tradicionais não mais conseguem perfurar.

A tecnologia educacional desempenha um papel cada vez mais significativo para as atividades de ensino e aprendizagem. Sua presença nos ambientes educacionais da atualidade que substituem a educação presencial por iniciativas semipresenciais e não presenciais, inclusive nas salas de aula tradicionais, exige que esses ambientes sejam enriquecidos com tecnologia.

Assim, as exigências atuais não chegam a surpreender. Colocam como desafio e certo **"determinismo tecnológico"** – que professores e alunos acompanhem a evolução tecnológica e tornem suas salas de aula mais agradáveis. Nesse sentido, os jogos e a gamificação fazem parte de uma proposta que tem apresentado resultados interessantes, como poderá ser observado nos capítulos subsequentes).

Qualquer pessoa que tenha proximidade com o ambiente digital não encontra nos ambientes tradicionais as técnicas enigmáticas que levam os alunos às atividades de reflexão, propostas pela utilização da hipermídia nas comunidades de aprendizagem.

Assim, o uso da tecnologia em ambientes educacionais não só reflete melhor a vida de jovens e adultos fora da sala de aula (tradicional, semipresencial, não presencial), mas também permite a eles aprimorar suas habilidades digitais de forma que elas lhe sejam favoráveis para uma vida profissional mais competitiva e social, envolvida no **multiculturalismo**, com o acesso a todos os locais espalhados na grande rede.

Em estudo desenvolvido para a Organização das Nações Unidas para a Educação, a Ciência e a Cultura (Unesco), Delors (2010) e seu grupo de pesquisa relatam para seus pares acadêmicos, muitos ainda resistentes a essas mudanças, que o uso de **tecnologias móveis digitais** em sala de aula pode ser desconhecido para grande parte dos pais, mas que os benefícios podem ser enormes para jovens e adultos.

O presente trabalho destaca que não basta promover uma mudança de comportamento nas salas de aula; é preciso permitir que os alunos façam uso de seus dispositivos para realmente melhorar sua aprendizagem, além de dar aos professores melhores maneiras de acompanhar a realização individual dos estudantes e personalizar lições de acordo com as características pessoais e **estilos de aprendizagem** destes.

Perfil do docente digital

Diversos estudos de campo desenvolvidos em trabalhos de mestrado e doutorado nas nossas universidades tratam de efetuar levantamentos sobre o que poderia ser considerado o "perfil" ideal para um novo profissional, considerado "o docente do século XXI" ou, como estamos tratando neste estudo, o "docente digital" ou "professor independente", conforme desejam os que enxergam uma nova forma de relacionamento entre os professores e as IES empregadoras.

Em dissertação de mestrado, Munhoz (2000) trata tal tema de forma extensiva, retornando a ele diversas vezes. Outros estudos, desenvolvidos por diversos pesquisadores (Gadotti, 2013; Demo, 2001; Belloni, 2010), buscam desenvolver nos professores em formação ou em atividade de qualificação o perfil que será aqui desenhado. Você irá observar que ele envolve muita efetividade e aspectos psicológicos.

Alguns dos resultados apresentados neste capítulo envolvem respostas de alunos dos cursos de Pedagogia oferecidos na modalidade de Ensino a Distância (EaD), formados por turmas com grande número de alunos (aproximadamente 8.000 no total). Enquetes foram propostas a esses futuros profissionais docentes, as respostas foram compiladas e os resultados serão apresentados neste estudo.

Esta análise de campo colocou como pergunta norteadora: "Quais competências e habilidades você considera necessárias para que um professor possa desenvolver de forma confortável e eficiente seu trabalho em ambientes enriquecidos com a tecnologia?". Os resultados obtidos envolveram ambientes semipresenciais e não presenciais. A similaridade nas respostas dadas nesses dois ambientes nos permite estender o resultado para ambientes presenciais tradicionais.

A recomendação ao desenvolvimento de atividades criativas, novas formas de relacionamento com a geração digital e qualidades pessoais, com poucas considerações sobre aumento de **expertise tecnológica**, determinaram o contorno geral para esse profissional.

O principal destaque envolveu a questão das novas metodologias, porém foram apontadas mais dúvidas que certezas.

Nas respostas, predominaram questões referentes ao uso da aprendizagem baseada em problemas (ABP), dúvidas com relação à eficácia do uso de salas de aula invertidas, da gamificação e de outros temas, que foram postos como direcionadores.

Um resultado que pode ser considerado extremamente positivo foi a convergência de opiniões favoráveis à mudança do enfoque de abordagem por parte do professor e à alteração de propostas voltadas à produção de materiais para atividades de ensino com acompanhamento ao aluno. Dentre os recursos citados para tal mudança, o *coaching* **educacional** foi um dos mais polêmicos, aliado a questões de utilização de tecnologias vestíveis em educação.

Cada uma dessas convergências, por fim, transformou-se em um capítulo, tratado separadamente na presente obra. Este capítulo busca definir o perfil desejado para um professor capacitado a trabalhar com a tecnologia digital em ambientes enriquecidos com a tecnologia, estabelecendo novas formas de comunicação com a geração digital. Não é pouco. São desafios que exigem dedicação e desempenho pessoal.

Antes de desenhar o perfil desse profissional, é importante ressaltar para qual ambiente sua formação está sendo sugerida. Além da presença de todas as metodologias, **ideias pedagógicas** e teorias assinaladas no primeiro capítulo, ainda é importante destacar que nele ocorre:

- utilização extensiva das tecnologias da comunicação;
- aprendizagem ao longo de toda a vida, para quase todos os agentes educacionais envolvidos;
- trabalho com jovens e adultos (**andragogia**);

- busca contínua de melhoria das qualidades e de novas competências e habilidades;
- abertura em nível institucional da escola para o regional, local e global;
- aplicação extensiva de cooperação, solidariedade e interação (com destaque particular).

O que direcionou este trabalho é a resposta para o questionamento: "O que estamos fazendo e o que podemos fazer de forma complementar para atender às competências, habilidades e qualidades, conforme desenhadas nesse perfil?".

Com relação ao perfil do professor capacitado a trabalhar com a tecnologia digital, estão incluídas as seguintes características:

- alta qualidade e especialização na área do conhecimento no qual irá desenvolver sua atividade;
- nível ótimo de *expertise* tecnológica, que o capacita a atuar de forma confortável nos ambientes enriquecidos com tecnologia;
- capacidade de enxergar que sua prática profissional têm elevada responsabilidade social e em desenvolver aquilo que dele se espera;
- capacidade de criar problemas com base no currículo que deve desenvolver, de avaliar o alcance de tais problemas em sua vida pessoal e profissional e na dos alunos sob sua responsabilidade, bem como de desenvolver e apresentar resultados satisfatórios, disseminado-os na comunidade acadêmica;
- alto nível de profissionalismo;
- aplicação de pesquisas teóricas para analisar avanços não somente em seu campo do conhecimento, mas naqueles que representam áreas afins;

- produção de trabalhos acadêmicos apoiados no método e no rigor científicos;
- capacidade para envolver a comunidade familiar, local e global nas comunidades de prática criadas e nas mídias sociais;
- elevado nível de criatividade;
- senso crítico, inovação e iniciativa;
- busca de inovações tecnológicas que possam melhorar sua ação e prática docente;
- uso dos mais recentes meios de comunicação;
- incentivo aos alunos com relação a desempenhar a leitura, a interpretação de textos e a escrita de forma completa;
- busca, de forma contínua, de um estado de sucesso nas iniciativas nas quais participa na área educacional, seja como diretor, seja como ator;
- alto nível de comunicação interpessoal com os demais agentes educacionais com os quais se envolve no ambiente;
- capacidade de avaliar objetivamente e de aplicar formas de avaliação não punitivas, como aquelas dos ambientes tradicionais de ensino e aprendizagem;
- fundamentos psicológicos e emocionais voltados para o desenvolvimento mental e afetivo, seu com o aluno e do aluno com outros alunos e na sociedade de uma forma geral.

Para trabalhar com novas tecnologias, o professor deve ainda:

- ser capaz de desencorajar a **memorização** por parte dos alunos e saber como desenvolver uma jornada em busca do conhecimento, procurando começar do mais simples até levar o aluno ao mais complexo, em um **processo maiêutico**;
- estar envolvido com olhares para o futuro;
- transferir e compartilhar seu conhecimento com todos aqueles com os quais trava contato;

- assumir liderança natural e técnica, ou seja, aquela aceita sem contestação, ante o elevado nível de conhecimento;
- ser capaz de procurar, localizar, aceitar e aplicar novas formas de ensinar e aprender, na compreensão do que os alunos dele esperam;
- manter comportamento respeitoso em todas as ocasiões e para com todas as pessoas;
- ser persistente;
- ser capaz de adotar posturas resilientes diante dos problemas encontrados durante o desenvolvimento de seu trabalho;
- atuar como um catalizador de energias e proporcionar que a sinergia da interação entre pessoas que estão desenvolvendo trabalhos em grupo, colaborativos e cooperativos seja uma constante nos grupos de trabalho por ele criados;
- ser corajoso;
- ser imparcial;
- ser sistemático;
- ser sensível;
- ter autoestima em alto nível;
- ser confiável;
- agir objetivamente;
- apresentar comportamento focado;
- atuar de forma democrática;
- ser minucioso;
- estar disposto a assumir desafios;
- atuar como empreendedor e saber transmitir essa virtude;
- adotar comportamento flexível;
- ser alegre e encarar as atividades de ensino e aprendizagem de forma agradável e divertida;
- ser idealista;
- ser tolerante;

- ser capaz de realizar a **gestão de conflitos em grupos**;
- ser capaz de criar e desenvolver projetos de gestão de tempo;
- ter condições de desenvolver pesquisas e criar novos conhecimentos na produção de artigos científicos em sua área de conhecimento.

As competências e habilidades apresentadas anteriormente são consideradas, nas fontes deste estudo, como *core competences* (**competências essenciais**) para professores que atuam no ensino superior. A lista foi compilada e apresentada às equipes de trabalho estudadas na presente obra, para cada qual escolher alguns temas a fim de preparar arrazoados sobre este material, transformados em problemas. A lista inclui estudos de Berk, 2005; Richardson, 2005; Carnell, 2007; Gibson 2010; Fitzmaurice, 2010; Catano; Harvey, 2011; Day, 2012; Trigwell; Ellis; Han, 2012; Zhu et al., 2013; Courcy, 2015; University of Oxford, 2015.

Glossário do Capítulo 1

Andragogia
Segundo definição de Knowles, Holton III e Swanson (2009), trata-se da ciência que estuda as formas como os seres humanos adultos aprendem. Seu conhecimento é importante para o projetista instrucional e para o professor, por orientar o desenvolvimento das atividades.

Coaching educacional[2]

Representa a transferência do *coaching executivo*, uma das melhores práticas adotadas no mercado corporativo, para ambientes educacionais e com os mesmos objetivos, mas com papéis diferenciados, que envolvem aspectos didáticos e pedagógicos.

Competências essenciais[3]

Conjunto de habilidades que uma empresa tem de oferecer determinado benefício aos clientes, que, no caso das instituições de ensino, são os alunos e, no do sujeito, é seu processo de aprendizagem. Elas são consideradas essenciais para a sobrevivência do negócio.

Determinismo tecnológico

Teoria reducionista segundo a qual a tecnologia é a única maneira de a sociedade impulsionar o desenvolvimento de sua estrutura social e de seus valores culturais.

Estereótipos[4]

Imagens que distinguem o papel desenvolvido pelas pessoas e representam uma característica (negativa ou positiva) que passa a ser reconhecida como identificador de uma classe.

Estilos de aprendizagem

Dantas (2018) define estilo de aprendizagem como a soma de características individuais que envolvem o nível cognitivo, a capacidade de educabilidade, os ritmos e o tipo de inteligência, ou seja,

---

2   Marques (2018b).
3   Os diferentes... (2018).
4   Significado... (2014c).

uma série de aspectos sociais e psicológicos que podem indicar a forma como o aluno aprende.

Expertise tecnológica
Munhoz (2016a) define o termo como a experiência e a facilidade de trabalho que uma pessoa tem com relação à utilização da tecnologia em suas atividades de lazer, estudo e trabalho. Ela é necessária tanto para professores quanto para alunos, que desenvolvem suas atividades de ensino e aprendizagem em ambientes enriquecidos com a tecnologia.

Gestão de conflitos em grupos
Ao estudar a ABP, Munhoz (2016a) considera necessária a gestão de conflitos e analisa as reações emocionais das pessoas ao desenvolverem trabalhos em grupo em torno de um interesse comum. Trabalha diretamente com fatos psicológicos que Goleman (2015) denomina *inteligência emocional*.

Ideias pedagógicas
Munhoz (2016a) as define como estratégias ou técnicas que não configuram uma teoria, mas que têm aplicação em situações específicas, como para proporcionar qualidade ao processo de ensino e aprendizagem.

iPad™
Tablet fabricado pela Apple considerado o de melhor qualidade, o que pode ser confirmado por sua liderança no mercado.

Labirintos da hipermídia
Leão (1999) define o termo como uma vasta possibilidade de caminhos colocados para os usuários dos serviços da grande rede.

Existe um ponto de entrada, mas os caminhos e o ponto de chegada são indeterminados e se configuram com um labirinto no qual o internauta pode se perder.

Memorização[5]
Atividade que pode ser efetivada de diversas formas. É importante para que o aluno utilize experiências e conhecimentos na solução de problemas.

Multiculturalismo[6]
Na grande rede, significa a possibilidade que as pessoas têm de navegar por todo o mundo, conhecer pessoas de diferentes culturas e conviver pacificamente com elas.

Nativos digitais
Prensky (2001b) assim considera o contingente de pessoas que nasceram e viveram, até os dias atuais, sob o domínio das técnicas e tecnologias com as quais estão envolvidas ao longo do dia. Esse fato as torna diferentes de todas as gerações que as antecederam. Segundo o autor, elas apresentam diferentes formas de aprender, que envolvem de forma intensiva e extensiva o uso da mediação tecnológica.

Notebooks[7]
Miniaturização dos grandes computadores, hoje em fase de substituição por dispositivos ainda menores, mas que ainda têm aplicabilidade e dão ao usuário graus variados de mobilidade.

---

5   Memorização (2018).
6   Multiculturalismo (2018).
7   Notebook (2014).

Processo maiêutico[8]
De acordo com a filosofia socrática, é o processo por meio do qual são feitas ao indivíduo uma série de perguntas, a fim de levá-lo a descobrir conhecimentos que ele nem sabia que tinha.

Smartphones[9]
Nome genérico dado aos telefones inteligentes cujo sistema operacional permite realizar parte das operações que um dispositivo móvel ou um computador de mesa pode desenvolver.

Tablets[10]
Classe de equipamentos móveis em evolução contínua que permitem aos usuários desenvolver um número cada vez maior de atividades que antes podiam ser executadas somente em computadores de mesa.

Tecnologias móveis digitais
Munhoz (2016d) define o termo como o conjunto de tecnologias utilizadas via desenvolvimento de aplicativos para os equipamentos móveis, dando a estes capacidade de processamento e utilidade crescente.

Teorias de aprendizagem
Moreira (1999) considera que uma teoria de aprendizagem representa um corpo teórico, responsável por criar modelos utilizados para se compreender melhor como o ser humano aprende, orientando de forma cada vez mais efetiva as pessoas que têm o objetivo de adquirir novos conhecimentos.

---
8   Jupiassú e Marcondes (2001).
9   Benfica (2011).
10 Significado... (2012).

Visão jesuítica

Aranha (2006) usa essa expressão para se referir ao modo defasado como o processo de ensino e aprendizagem ainda é desenvolvido em alguns lugares, não mais aplicável às novas gerações devido ao caráter punitivo de suas avaliações e da efetivação do professor como figura de poder.

■ ─────────────────────── **Saiba mais**

A seguir são sugeridas leituras para o leitor complementar o estudo desenvolvido neste capítulo. Veja o tema proposto na primeira coluna, acesse o material indicado na segunda coluna e desenvolva a tarefa sugerida na terceira coluna.

Tema	Referência ou *link*	Atividade a desenvolver
Teorias de aprendizagem	INTRODUÇÃO às Teorias de Aprendizagem. **Mestrado de Informática aplicada à Educação – NCE** da UFPR, 2002. Disponível em: <http://www.nce.ufrj.br/ginape/publicacoes/trabalhos/t_2002/t_2002_renato_aposo_e_francine_vaz/teorias.htm>. Acesso em: 18 abr. 2018.	Leitura complementar associada à navegação pelos *links* presentes no *site*.
Processo maiêutico	RODRIGUES, J. P. **Sócrates e o seu método da maiêutica e a ironia**. Disponível em: <http://pgl.gal/socrates-metodo-da-maieutica-ironia/>. Acesso em: 14 maio 2019.	Leitura complementar associada a artigo de opinião sobre o tema.
Labirintos da hipermídia	NUNES FILHO, P. Processo de significação: hipermídia, ciberespaço e publicações digitais. **IPV**, p. 57-65, 2003. Disponível em: <http://www.ipv.pt/forumedia/6/8.pdf>. Acesso em: 18 abr. 2018.	Leitura complementar.

(continua)

(conclusão)

Tema	Referência ou *link*	Atividade a desenvolver
Competências essenciais	UBEDA, C. L.; SANTOS, F. C. A. Os principais desafios da gestão de competências humanas em um instituto público de pesquisa. **Gestão & Produção**, São Carlos, v. 15, n. 1, p. 189--199, jan./abr. 2008. Disponível em: <http://www.scielo.br/pdf/gp/v15n1/a16v15n1>. Acesso em: 18 abr. 2018.	Leitura complementar.

Questões para revisão

1. Que prejuízos você considera que a proposta de formação dos pedagogos de acordo com uma "visão jesuítica" pode ocasionar?

2. Procure descobrir alguma forma de criar programas que possibilitem dar ao professor comum condições de atuar como um professor digital.

3. Em sua opinião, que tipo de mudança é necessária para o professor ser valorizado como um intelectual transformador?

4. Quais metodologias você acredita serem mais apropriadas para que o professor consiga estabelecer um diálogo com uma nova geração digital?

5. O que você pensa sobre o tema *tecnologia educacional*?

Estudo de caso

Analise a seguinte situação e desenvolva, em forma de relatório, uma solução para o problema proposto.

> Uma IES decide orientar seus professores a adotar novos comportamentos e novas atitudes que facilitem seu processo de comunicação com alunos da geração digital. Que comportamentos são esses? Por que são necessários? Qual é o perfil esperado desses professores?

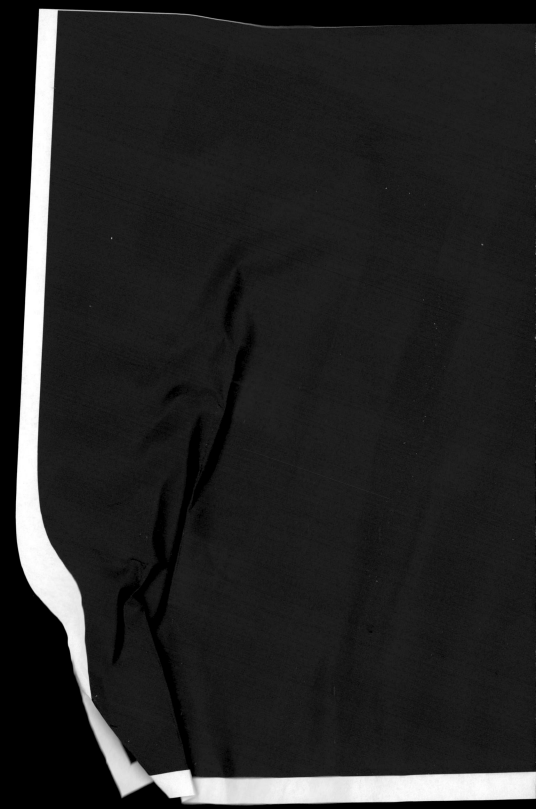

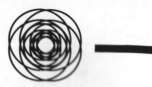

02

NOVO OLHAR SOBRE BLOOM E GAGNÉ

SÃO DIVERSOS OS temas estudados de forma independente por pesquisadores voltados para a busca de novas metodologias capazes de aumentar a qualidade do processo de ensino e aprendizagem na sociedade atual. Porém, muitas dessas metodologias não configuram uma teoria de aprendizagem completa.

Dois desses estudos são muito utilizados por pesquisadores no ensino a distância (EaD) e interessam nesta obra porque podem ajudar professores e projetistas instrucionais a criar ambientes favoráveis ao nível de qualidade almejado. Trata-se dos estudos de Gagné e de Bloom, ambos revisitados e enxergados sob diferentes óticas.

Há três aspectos que justificam esse fato:

1. Tais estudos foram efetivados em uma época na qual a tecnologia educacional ainda não estava presente no contexto de análise.
2. Eles foram realizados com **sujeitos de pesquisa** cujas características sociais são totalmente diferenciadas daquelas apresentadas pela geração digital.
3. A sua colocação, em muitos destes estudos, como estratégias que, em diferentes contextos apresentaram resultados favoráveis nas pesquisas com relação ao aumento de qualidade.

Estudos de autoria de Bloom e Gagné são citados por muitos estudiosos como **teorias de aprendizagem**, consideradas caminhos que se inter-relacionam com o que já se sabe sobre o assunto. Em outros, eles são tratados como **modelos instrucionais**, considerados orientações ou conjunto de estratégias utilizadas pelos professores como "**melhores práticas**".

Nesta obra vamos considerar que as ideias de Gagné e Bloom podem ser mais bem aceitas como modelos instrucionais ou, conforme outros pesquisadores sugerem, como "ideias pedagógicas".

Modelo instrucional de Gagné

O pesquisador começa a exposição de sua teoria ao considerar, em concordância com o que pensam praticamente todos os educadores na atualidade, que a aprendizagem é a ocorrência de uma mudança interior. Ele enuncia uma série de princípios colocados entre o **behaviorismo** e o **cognitivismo** e que têm aplicação no contexto desta obra.

Para Gagné (1985), não predominam as teorias cognitivas ou as teorias comportamentais, pois ambas são aplicáveis em situações particulares, assim como outras abordagens. Elas podem conviver em harmonia, sem que no contexto haja um direcionamento explícito.

Categorias de aprendizagem

A metodologia de Gagné, também denominada *teoria das hierarquias de aprendizagem*, está fundamentada em nove eventos e aponta para a existência de cinco categorias de aprendizagem, que podem ser facilmente comprovadas na prática. São elas (Gagné, 1985):

1. Informação verbal.
2. Habilidades intelectuais.
3. Estratégias cognitivas.
4. Habilidades motoras.
5. Atitudes.

É importante ressaltar que o estudo desenvolvido na presente obra se apoia no pressuposto de que, no contexto de cursos desenvolvidos em ambientes enriquecidos com a tecnologia, está previsto o desenvolvimento de **projeto instrucional**, como ferramenta de planejamento flexível. Dessa forma, cabe ao **projetista instrucional** e aos docentes envolvidos no processo criar ambientes que deem condições para que essas situações, consideradas como influências internas e externas, sejam efetivadas.

Tais condições são estabelecidas quando se desenvolve a solução de um problema, que se refere a um conteúdo que necessita ser estudado (problematização), sendo que a aprendizagem baseada em problemas (ABP) é a melhor forma de localizar tal solução.

Informação verbal

Os **metadados** (que nada mais são do que dados sobre dados), que contêm informações sobre rotas e atividades em profusão, são inseridos no projeto instrucional como forma de efetivar a primeira categoria. O atendimento tutorial e a possibilidade de atividades de *coaching* completa essa primeira categoria de aprendizagem.

Habilidades intelectuais

No contexto analisado, está prevista a utilização de **objetos de aprendizagem**, pelo menos em uma visão lógica, sem necessidade de estrutura física para armazenamento de metadados.

Assim, o projeto instrucional pode trabalhar a perspectiva da aprendizagem do mais simples ao mais complexo, por meio da divisão de uma ideia complexa em partes menores, atingindo-se um nível atômico de informação que ainda representa um conhecimento O conteúdo é apresentado em diferentes mídias e sob formas que atendem estilos individuais de aprendizagem, efetivando essa segunda categoria da aprendizagem.

O sequenciamento das atividades a serem desenvolvidas permite que a complexidade seja atingida por "**aproximação sucessiva**". Ela é ordenada por meio da colocação de estímulos que sugerem respostas, todos voltados para a solução do problema proposto. Essa abordagem privilegia questões de habilidades intelectuais.

Estratégias cognitivas

A problematização do conteúdo leva à efetivação dessa terceira categoria, orientada pelo aprender fazendo, que sugere práticas para a solução de problemas por meio de uma abordagem baseada no **método de tentativa e erro**. Cada uma dessas tentativas pode ser a resposta a um estímulo externo. Na gamificação, por exemplo, há uma simplificação em alto nível, composta de fases e/ou vidas que são desenvolvidas até que se atinja uma situação de maior complexidade.

Habilidades motoras

A movimentação das habilidades motoras é atingida como consequência da movimentação proposta pelos estímulos recebidos e que provocam respostas esperadas ou não.

Atitudes

Entregar o controle do processo ao aluno, de forma que ele escolha seu conteúdo e sua forma de efetivação, o orienta para a tomada de atitudes, levando-o para longe de uma proposta de assistente passivo. Por meio dessa abordagem, ele se transforma em protagonista da trama na qual o processo de ensino e aprendizagem foi entretecido.

Nove eventos educativos

Verificada essa primeira proposta de Gagné, na sequência são indicados nove eventos educativos, nos quais reside o interesse da presente obra. Eles podem ser utilizados pelo projetista instrucional para fazer o sequenciamento das propostas. Os dois mapas mentais apresentados nas Figuras 1 e 2 justificam porque tal conhecimento é produtivo para o docente digital.

Os nove eventos educativos são assim nomeados na obra de Gagné, Briggs e Wager (1992):

1. Obter atenção (recepção);
2. Informar o objetivo (expectativa);
3. Estimular a lembrança de aprendizagens anteriores (recuperação);
4. Apresentar o estímulo (**percepção seletiva**);
5. Fornecer orientação de aprendizado (**código semântico**);
6. Descobrir e expor todas as características relevantes do assunto (resposta);
7. Fornecer retorno (reforço);
8. Avaliar o desempenho (recuperação);
9. Aumentar a retenção e a transferência (generalização). (Adaptado de Gagné, Briggs, Wager, 1992. Tradução nossa)

Ao prever a utilização de objetos de aprendizagem, ainda que de forma lógica, uma rota de aprendizagem pode, para cada objeto, proporcionar as atividades consideradas por Gagné como eventos educativos.

A gamificação, por exemplo, permite a colocação de um roteiro e a criação de cenários nos quais cada uma das etapas do processo pode ser desenvolvida passo a passo.

Existem diversas formas de inserir completamente as orientações de Gagné em um projeto instrucional, o que depende unicamente da criatividade do projetista instrucional e do professor envolvido.

Figura 2.1 – Mapa mental dos nove eventos educativos de Gagné

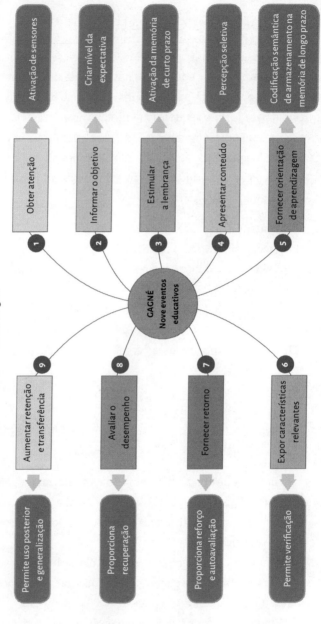

Fonte: Elaborado com base em Gagné, Briggs, Wager, 1992.

Nos próximos parágrafos, detalharemos cada um desses eventos e explicaremos como eles podem ser estabelecidos em tempo de projeto instrucional, com grau de flexibilidade que possibilite a alteração das recomendações em tempo real ou sua substituição por outra atividade com o mesmo objetivo, mas proposta de forma diferenciada.

1. Obter a atenção dos alunos

Em ambientes presenciais, a atividade começa com a entrada do professor em sala de aula. O desafio do docente é manter o impacto inicial causado por sua entrada, o que depende de seu desempenho. Já em ambientes semipresenciais e não presenciais, é preciso imaginar alguma forma de despertar o interesse dos alunos, motivar a participação deles e garantir a permanência deles no jogo até o final. Caso o processo de gamificação esteja implantado, um bom começo é utilizar a estratégia da "**sorte do iniciante**" ou do "**enigma da esfinge**".

Em outros casos, uma notícia, um material complementar ou uma chamada no início de um passo da rota de aprendizagem podem ser estudados pelo projetista instrucional e pelo professor para juntos desenvolverem o projeto do curso. Algumas propostas para despertar a atenção do aluno devem incluir:

- estímulos por meio da apresentação de novidades, da colocação do aluno em alguma situação de incerteza ou da promoção de alguma forma de impacto ou surpresa;
- colocação de perguntas interessantes e instigantes por meio de enquetes ou de pequenos *quizzes*;
- interação entre grupos no início de cada nova etapa, momento em que algum tipo de competição pode ser estabelecido.

O objetivo de tornar a atividade agradável prevalece em todos os momentos. Projetos que incluam programas multimídia com animação, músicas ou hipermídia, com acesso a pequenos arquivos em *stream* **de vídeo** e leituras interessantes em uma sala criada no ambiente virtual, podem ser soluções interessantes.

O professor pode, por exemplo, estabelecer um diálogo no início dessa etapa:

> Hoje vamos iniciar o estudo das equações do segundo grau. Acesse o arquivo de apresentação e assista ao vídeo no endereço a seguir:
> <www.cursodemostracao.com.br/apresentacao>.
> Ao final, responda ao questionamento e ganhe uma senha para fazer o *download* do material.

2. Informar os alunos dos objetivos

No início de cada etapa da proposta de levar a aprendizagem do mais simples ao mais complexo utilizando objetos de aprendizagem é importante mostrar ao aluno, na área de metadados, informações que podem ser chamadas a qualquer momento. Esses metadados devem:

- descrever o desempenho que se exige do aluno;
- descrever os critérios que estão sendo utilizados como parâmetros de mensuração de desempenho na tarefa em questão;
- permitir ao aluno que "**assuma o controle**" e mude esses critérios.

Trata-se de uma forma de gerar expectativa e criar fatores emocionais favoráveis ao desenvolvimento da atividade. Assim, é possível dizer ao aluno no início dessa proposta:

Após concluir essa etapa, você terá condições de apresentar a solução de uma equação de segundo grau. Será proposta, para verificação, uma situação real na qual sua utilização é incentivada.

3. Estimular a lembrança

É uma clara proposta de valorizar o conhecimento anterior do aluno e trazer a lembrança de algo recente ou de alguma coisa que ele possa relacionar com lembranças (que representam algo que o estudante já sabe). O enredo (storyboard) deve ser montado de forma a valorizar conhecimentos anteriores já adquiridos pelos alunos, o que depende da habilidade do projetista instrucional. Para tanto, é preciso:

- apresentar perguntas sobre o que os alunos já estudaram;
- fazer perguntas relacionadas ao conhecimento anterior deles;
- propor atividades nas quais sejam orientados a dar sua opinião.

É preciso levar o aluno a associar as novas informações a seu conhecimento prévio, atitude altamente favorável para que ele aprenda de forma mais fácil. Quando há conexões, é mais fácil para o aluno guardar o assunto em sua memória de longo prazo.

Nesse ponto, o material poderia utilizar o seguinte diálogo:

Procure lembrar-se do que você aprendeu na etapa anterior, quando foi visto que...
    Lembre-se de quando aprendeu sobre o assunto...

É interessante propor, no desenvolvimento do projeto instrucional do curso, situações de retorno a aprendizagens anteriormente obtidas.

4. Apresentar conteúdo

Existem diversas maneiras de o projetista e o professor apresentarem o conteúdo, entre elas:

- em uma área de ajuda;
- em uma área de **Frequently Asked Questions** (FAQ);
- por meio da inserção de uma pequena história (que exige do professor se tornar um *storyteller*).

É preciso que as informações sejam apresentadas na forma de instrução, mas abrir a possibilidade de o aluno seguir outro caminho, que pode ser uma alternativa inserida no interior do sistema ou que o próprio aluno escolha como informação. As técnicas mais comuns são:

- utilizar glossários para explicar termos e situações;
- proporcionar acesso a exemplos, preferencialmente apresentando a mesma informação de diferentes formas e usando diferentes mídias.

O ideal é combinar essa proposta com a anterior, pois elas atuam de forma sinérgica entre si.

Um possível diálogo para apresentar ao aluno seria este:

O material que você está acessando nesse momento foi construído com base nos estudos de Piaget (2013) sobre o desenvolvimento das crianças. Acesse o texto, assista ao vídeo ou busque a animação no endereço fornecido para conhecer um pouco mais sobre o assunto antes de iniciar seus estudos.

5. Fornecer orientação de aprendizagem

Nesse ponto, é preciso identificar – por meio de áudio, vídeo ou pequeno texto – o professor como um orientador. Ele deve apresentar conselhos aos alunos sobre como desenvolver determinada tarefa. Dessa forma, ele deve

- prestar apoio instrucional;
- modelar a estratégia de aprendizagem, mas deixando aberta ao aluno a possibilidade de escolher outro caminho (assumir o comando pode ser mais importante);
- apresentar **mnemônicos** ou desenvolver uma pequena brincadeira de forma a tornar a atividade mais agradável;
- utilizar, no desenvolvimento da proposta, exemplos e contraexemplos;
- oferecer estudos de caso;
- utilizar extensivamente imagens, mapas mentais e outros recursos gráficos.

Uma forma de texto que pode ser inserido no processo é a seguinte:

> Para cumprir o objetivo dessa etapa, sugerimos ao aluno que acompanhe uma experiência desenvolvida em Palo Alto pela Xerox, a qual sugere novas formas de criar materiais que não possam ser copiados nas copiadoras comuns, para evitar a pirataria de conteúdo.

6. Extrair desempenho

Aqui entra em cena a motivação, que está embutida na proposta da gamificação. É preferível destacar a **motivação intrínseca**, mas sem esquecer que muitos alunos têm melhor aproveitamento na motivação extrínseca. Em outros casos, é preciso estabelecer alguma recompensa.

Sugere-se ao professor:

- incentivar a **colaboração com os pares** (*peer instruction*), algo funcional em grande número de casos;
- estabelecer "condições de competição", que são bastante motivadoras;
- criar grupos e, se possível, acessar comunidades de aprendizagem ou redes sociais com o assunto em pauta;
- estabelecer algum tipo de "gincana" para movimentar os participantes.

Ao utilizar gamificação, tudo isso já estará previsto, caso contrário, o professor poderá usar a "falsa gamificação", utilizada como forma de superar o fator *resistência* que a abordagem suscita.

É possível utilizar argumentos como:

> Ao realizar essa tarefa com sucesso, você terá acesso livre à biblioteca Pearson por um mês e poderá baixar arquivos e artigos para melhorar suas pesquisas científicas.

7. Fornecer comentários

Sempre que a atividade propor algum *feedback* para o aluno ou quando for necessário reforçar o incentivo à participação, o professor deve dar um retorno ao aluno. Para isso, é preciso que ele estabeleça um "retorno positivo", trocando críticas por sugestões de alteração do caminho. Ele deve trabalhar conforme a perspectiva de "aprender pelo erro", que se mostra funcional ao evitar punições ao aluno. Esse retorno pode ser:

- motivacional (contém elogios positivos);
- confirmativo (confirma o acerto da tarefa);

- corretivo e de reparação (aponta erros e informa o local onde podem ser obtidas orientações de estudo complementar);
- informativo (descreve aspectos complementares e confirma o acerto);
- congratulativo (cumprimento sem conotação motivacional, ainda que essa sensação possa ser transmitida);
- outras formas possíveis (dependentes da iniciativa e criatividade do professor envolvido).

Uma das formas mais positivas de retorno é a solicitação de confirmação:

> Você deve preparar uma sinopse sobre a obra de Demo (2001) para confirmar os estudos que está desenvolvendo com relação ao desenvolvimento da proposta de ensinar pela pesquisa.

Note que está sendo solicitado ao aluno que compare os estudos por ele desenvolvidos com o trabalho de um dos especialistas, por isso qualquer convergência ou divergência tendem a reforçar a atividade.

8. Avaliar desempenho

Esse evento pode ocorrer sob diversas formas e em diferentes momentos. No entanto, em todos eles deve ser estabelecida como base para a solução de problemas uma das abordagens consideradas por Munhoz (2015d) como eficientes para ambientes enriquecidos com a tecnologia, principalmente aqueles onde os cursos são oferecidos de forma semipresencial e não presencial.

A utilização de **testes objetivos** está perdendo terreno, pois seu único benefício é facilitar atividades de correção. É preferível trabalhar com outro tipo de proposta, na qual se efetive o pensamento crítico.

A utilização da ABP permite uma aproximação do aluno com o mercado de trabalho, por meio da escolha de conteúdo significativo e da efetivação da aprendizagem significativa. Isso porque problemas com diferentes soluções, aplicáveis ou não a determinados contextos, podem dar ao aluno um melhor conhecimento do mercado.

É importante abrir um campo de simulações, onde o aluno possa desenvolver algo similar, como uma prévia de um acontecimento real. A proposta agrada a muitos alunos. A reiteração do processo oferece a possibilidade de aumento de fixação da aprendizagem obtida pelo aluno.

9. Aumentar retenção e transferência

A internalização e a incorporação do conhecimento adquirido na cultura do aluno deve prever a aplicação imediata do conhecimento. A internalização de conhecimentos pode ser adotada durante todo o projeto instrucional como meta a atingir. Ela prevê:

- o uso de comparativos;
- o uso de **metáforas**;
- a criação de ambientes favoráveis e a exigência da aplicação imediata dos conhecimentos, cuja proposta pode estar no corpo do projeto instrucional ou em contato com as redes sociais e o mercado corporativo externo;
- o uso de uma profusão de exemplos;
- o uso de estudos de caso;
- a criação de mapas conceituais ou mapas mentais;
- a orientação sobre os conhecimentos com os quais o aluno vai trabalhar, o que sugere a flexibilidade no ambiente.

Com base em todas essas medidas e utilizando a proposta de Gagné como uma das direcionadoras do processo, há maiores chances de se obter sucesso nos projetos instrucionais de curso e a quase certeza de que a motivação será uma constante no ambiente.

É possível considerar que, com o advento dos projetos instrucionais no ensino superior, o projeto instrucional de curso dá a oportunidade de se utilizar uma das formas de assegurar um programa de aprendizagem eficaz. O estudo sobre esse projeto será completado no próximo capítulo, que analisa outro estudo teórico sobre as metodologias mais indicadas para que o ensino e a aprendizagem sejam mais eficientes, agradáveis e desenvolvidos de forma confortável por todos os participantes.

Modelo instrucional de Bloom

Os estudos desenvolvidos por Bloom e por diversos outros estudos paralelos não foram concebidos tendo em mente os projetos instrucionais, tampouco o trabalho em aprendizagens ativas. Também não estavam orientados para o nível de envolvimento que a tecnologia educacional atinge nos dias atuais nos ambientes de ensino e aprendizagem e não enxergavam uma geração digital.

Atualmente, há propostas que buscam revisitar o modelo instrucional por ele proposto.

Reestudos do modelo instrucional de Bloom

Na atualidade, existem diferentes propostas para se revisitar os estudos desenvolvidos por Bloom (Bloom, 1956). A ideia é validar e aproveitar, nos ambientes digitais, as orientações consideradas adequadas para se obter a melhoria da qualidade de ensino, com base em sua inserção nos projetos instrucionais.

A efetividade da proposta de Bloom em situações específicas e uma **orientação *bottom-up*** que direciona a aprendizagem do mais simples ao mais complexo, similar àquela desenvolvida nos projetos instrucionais, acabam por desembocar em diversos estudos, como os desenvolvidos pelo TeachTought[1]. Estudos desenvolvidos por Anderson e Karathwohl (2000) procuram tornar a proposta apresentada por Bloom mais clara para os professores. Esse estudo é completado pela pesquisa desenvolvida por Gershon (2015), cujo trabalho se destacou por responder ao que os professores queriam saber sobre tal proposta. Algumas de suas recomendações aos professores serão aqui direcionadas para os projetistas instrucionais.

Os estudos foram desenvolvidos por Bloom em busca de melhorias no desenho do currículo e da natureza da avaliação do desempenho dos estudantes. Na atualidade, em que ela é revisitada, diversos aspectos são semelhantes, principalmente no que diz respeito à ebulição entre os pesquisadores. O centro das atenções é, no momento, a busca de novas metodologias de forma a apreender quais são as melhores técnicas e práticas para educar a geração digital. A tarefa não é de menor importância nem de menor complexidade.

O que interessa é que tais estudos levam em consideração o fato de a aplicação dos princípios desse modelo instrucional poder ajudar aos professores e projetistas instrucionais.

Se em épocas anteriores crescia a **educação formal**, na atualidade, a **educação não formal**, a **educação informal** e a **educação**

---

1   Disponível em: <http://www.teachthought.com>. Acesso em: 16 nov. 2018.

aberta apresentam grande crescimento e estão na ordem do dia, o que é comprovado pelo número de alunos matriculados nos Massive Open Online Courses (MOOC). O trabalho dos pesquisadores envolvidos com Bloom produziu uma visão holística da educação, que ainda prevalece nos dias atuais e cobriu o estudo de **processos cognitivos, processos afetivos** e **processos psicomotores**. Os dois primeiros temas renderam livros complementares e o terceiro nunca foi abordado em livro. Interessa para a presente obra o primeiro volume, que enfoca o domínio cognitivo.

Assim, é preciso destacar que o assunto tratado neste material está restrito ao domínio cognitivo, não levando em consideração os dois outros domínios trabalhados por Bloom. Observe as Figuras 2.1 e 2.2, que apresentam dois mapas mentais: o primeiro apresenta os níveis da taxonomia de Bloom, que tratam de aspectos relacionados ao conhecimento e à compreensão; o segundo, especificamente voltado para o projetista instrucional, relaciona cada nível a um verbo.

Recomenda-se a montagem do processo de avaliação com base na utilização desses verbos, segundo a taxonomia de Bloom – uma das propostas desenvolvidas no Exame Nacional de Desempenho dos Estudantes (Enade) e também adotada por algumas instituições de ensino superior como forma de melhorar o processo de avaliação em ambientes enriquecidos com a tecnologia.

Nível 1 – Conhecimento

É o nível mais simples, no qual a preocupação está na memória e no conhecimento. Refere-se à habilidade que o aluno tem de recordar, definir, reconhecer ou identificar alguma informação que lhe é dada, com base em situações de aprendizagem anteriores.

Em um projeto instrucional, o roteiro de um processo de ensino e aprendizagem deve avaliar essa capacidade do aluno.

Nível 2 – Compreensão

Refere-se à habilidade apresentada pelo aluno de demonstrar compreensão das informações que lhe são passadas e de reproduzi-las com palavras próprias.

No projeto instrucional devem ser criados momentos nos quais se apresente alguma definição corrente em um contexto particular e solicitar aos alunos que a reproduzam em outro contexto, ainda que sejam necessárias adaptações. Por exemplo, apresentar o mesmo vocábulo em diferentes regiões pode provocar a falta de compreensão de seu significado em um dos contextos (polissemia). O uso de **questões dissertativas** facilita essa tarefa. Trata-se de uma proposta simples e de fácil verificação.

Nível 3 – Aplicação

Diz respeito à habilidade do aluno de recolher as informações necessárias, por exemplo para a solução de um problema, e aplicá-las na solução deste. Isso somente pode ocorrer após o aluno verificar sua capacidade de lembrar, de redefinir algo de acordo com sua compreensão.

Nível 4 – Análise

Refere-se à capacidade do aluno de estruturar as informações que recebe, separando-as de acordo com seu interesse e descartando aquilo de que não necessita. Dessa forma, ele relaciona os fatores externos, estabelece relações e as explica para, então, apresentar a solução para o problema. Trata-se de uma etapa de desconstrução e reconstrução que pode estabelecer um processo dialético.

Nesse nível, as questões colocadas para o aluno são mais complexas e o pensamento crítico dele entra em ação.

Gershon (2015) utiliza a metáfora do edifício nesse ponto para facilitar a compreensão do destaque à complexidade crescente. Cada novo andar compreende toda uma série de medidas tomadas de forma completa no andar inferior. Se algo falha, não é possível continuar, por isso o erro deve ser corrigido.

Nível 5 – Síntese

Diz respeito à capacidade do aluno de recolher informações de diversas fontes e relacioná-las para formar um novo produto, criar um novo conceito ou explicar alguma situação específica. A síntese permite perceber se algo está errado nesse momento. Para isso, as redes sociais e as comunidades de aprendizagem podem colaborar de forma decisiva, com informações pertinentes ao problema que o aluno está resolvendo.

Nível 6 – Avaliação

Refere-se à habilidade do aluno de fazer **julgamentos de valor** sobre as coisas (produtos, ideias etc.), levando em consideração critérios conhecidos e formas de mensuração normalmente utilizadas. É o ponto onde a experiência anterior do aluno pesa de forma significativa, o que justifica a valorização desse aspecto, principalmente quando se considera que o julgamento sempre envolve uma seara de alta complexidade.

Assim, o processo como um todo representa a construção de um modelo que envolve ensino, aprendizagem e avaliação e que acontece de forma progressiva.

Quando o modelo é apresentado aos professores, a maior parte diz compreender e aceitar tal proposta. Porém, quando se pede a eles que avaliem um mesmo assunto (o que veremos adiante) com base nos seis níveis, eles não conseguem superar a dificuldade.

As coisas apenas começam a clarear quando se oferece a eles, como sugestão de alguns pesquisadores, um relacionamento entre verbos e processos cognitivos. Por meio do primeiro exemplo, e somente então, os professores adquirem condições de montar um processo.

É importante citar parte dos trabalhos desenvolvidos por Johnson & Fuller (2007) sobre o assunto e uma versão mais recente, apresentada por Jesus e Raabe (2009), que troca a nominação dos níveis, o que não apresenta problemas, utilizando os termos *lembrar, entender, aplicar, analisar, avaliar* e *criar*. Há caso de estudos nos quais as duas nomenclaturas são utilizadas de forma intercambiável. Para efeito de projeto instrucional, no contexto deste estudo é utilizada a segunda proposta, como será visto no exemplo ao final do capítulo.

Antes de iniciar a apresentação do exemplo, é preciso tecer algumas considerações complementares:

- A taxonomia de Bloom é aplicável nos projetos instrucionais como eles são definidos por Filatro (2008).
- A proposta tem como principal objetivo ser um instrumento prático, para que os professores desenvolvam um processo de avaliação mais consistente.
- O processo de avaliação apresentados de acordo com essa metodologia tem como proposta "medir" o estado atual de conhecimento de um estudante, sem estabelecer comparações e respeitando as características pessoais de cada um.
- Ao professor é dada a possibilidade de, paralelamente ao desenvolvimento do projeto instrucional, realizar o planejamento

das atividades de ensinar, garantir a aprendizagem e avaliar o aluno de forma correta e mais justa que em projetos tradicionais, nos quais a avaliação objetiva simples não se mostra eficaz.

- Uma avaliação eficaz concede ao aluno a oportunidade de ele próprio saber em que ponto está, ou seja, o que sabe e o que deve estudar para atingir determinado nível, considerado o mínimo. Essa proposta leva à efetivação de "**simulados**", nos quais o aluno ainda não submetido à obtenção de um grau final tem maior liberdade de aprender pelo erro.
- Realizadas as devidas considerações, a proposta é escolher um tópico e, com a taxonomia de Bloom em mãos, verificar os verbos que indicam cada um dos níveis e subir gradativamente, de acordo com o que propõe a taxonomia e a complexidade de questionamentos feitos sobre o mesmo tópico. É comum que as rotas de aprendizagem contenham diversos arquivos que apresentem essa proposta para o aluno.
- Não é preciso, em todas as ocasiões, utilizar a escada de níveis completa. De acordo com o que deseja saber, o professor pode envolver apenas os níveis que interessam em seu processo de avaliação. Assim, se ele pretende saber apenas o que o aluno conhece sobre o assunto, é possível limitar o processo ao primeiro nível, e assim por diante.

Os dois mapas mentais seguintes apresentam o resumo de todo o processo.

Novo olhar sobre Bloom e Gagné

Figura 2.2 – Níveis, verbos e atividades propostas por Bloom

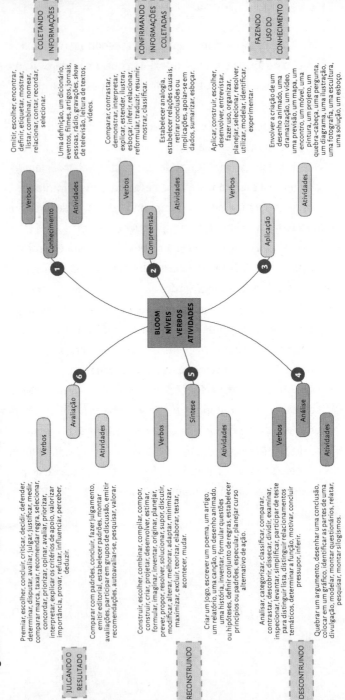

Fonte: Elaborado com base em Bloom, 1956.

Figura 2.3 – Relação de perguntas propostas por Bloom

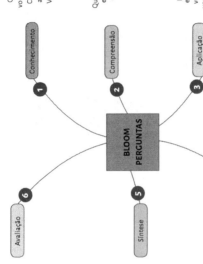

Fonte: Elaborado com base em Bloom, 1956.

Como utilizar a taxonomia no projeto instrucional

Além de a taxonomia ser utilizada tendo o próprio projeto como objeto de estudo e poder estratificar o projeto segundo esta proposta, ela não é usada dessa forma. Ela é mais utilizada para formatar a avaliação do aluno, um dos aspectos mais importantes dos ambientes enriquecidos com tecnologia.

Para tanto, ela precisa ser conhecida, compreendida, aplicada, analisada, avaliada e usada como base para obtenção de uma nova metodologia de avaliação (em nosso caso particular). A proposta por detrás de todo esse processo é desafiar o aluno e ajudá-lo a avançar no domínio cognitivo (no qual este estudo se aplica e ao qual se restringe).

A taxonomia dá ao professor e ao projetista uma grande ferramenta para organizar, do mais simples ao mais complexo, as lições, as atividades e os questionários e cria formas mais claras de se atingir os objetivos. Por isso, é importante atentar para o fato de os seis níveis propostos estarem estruturados com base em um nível de complexidade crescente, a mesma que pode ser adotada no projeto instrucional.

Glossário do capítulo 2

Aproximação sucessiva

Representa um processo de interação desenvolvido pelo aluno ou por um pesquisador que, por meio da compreensão de fatos circunjacentes, aos poucos consegue chegar ao cerne de algum questionamento/conhecimento que deseja adquirir.

Assumir o controle

Uma das possíveis funções da gamificação, descrita por Werbach e Hunter (2015), é dar ao aluno a sensação de estar no controle e poder escolher o conteúdo, a forma de desenvolvimento e as estratégias para a solução de problemas. Nessa situação, considera-se ser o processo da gamificação capaz de incentivar a motivação intrínseca do participante.

Behaviorismo

Moreira (1999) usa esse termo para identificar uma corrente psicológica aplicada à educação segundo a qual os estímulos que provocam alteração de comportamento nos alunos podem facilitar e melhorar o desenvolvimento de atividades de aprendizagem. É uma teoria ligada à escola comportamentalista.

Capacidade de transferência

Pasin (2003) define o termo como a facilidade que uma pessoa tem de estabelecer linhas de comunicação por meio das quais consegue transferir seu conhecimento para o outro, via interações frequentes.

Código semântico

Termo proveniente dos estudos desenvolvidos na linha de pesquisa da *web* e definido por Prada (2008) como a forma de dar significado humano ao código de um sistema. Representa uma maneira de explicar para as máquinas o que determinada informação significa, bem como sua importância para uma pessoa.

É uma área de estudo que busca aperfeiçoamento no relacionamento entre homem e máquina, considerando que a tecnologia e seus dispositivos estão inseridos de forma definitiva na vida das pessoas.

Cognitivismo

Moreira (1999) define essa teoria de aprendizagem como uma linha de pensamento contraposta ao behaviorismo e que enfatiza a observação de como o ser humano conhece o mundo, com destaque para a percepção, o processamento da informação e a compreensão.

Colaboração com os pares

Originalmente denominado *peer instruction*, é definido por Mazur (1996) como um processo cuja proposta é focar em um problema comum a salas de aula e direcionar a aprendizagem para uma troca de ideias sobre a compreensão que cada pessoa tem de uma situação de aprendizagem. Ela utiliza de forma extensiva a tecnologia em ambientes de salas de aula, não importando a forma de oferta da abordagem.

Educação aberta

É definida por Santos (2012) como aquela na qual a pessoa não necessita de vestibulares nem de conhecimentos anteriores e que normalmente é gratuita (a menos que se queira certificação social) e desenvolvida da forma mais adequada às formas de aprender e aos ritmos de aprendizagem individuais. Considera-se que ela deve evoluir em breve e representa a democratização do acesso aos processos de ensino e aprendizagem.

Educação formal

Gaspar (2002) assim nomeia a modalidade de ensino que acontece na escola, regida por uma instituição de ensino e por seus professores, e que atende uma sistemática regimentada por leis.

Educação informal
Segundo Gaspar (2002), é a forma de educação decorrente de um processo de interação das pessoas com amigos, parentes, conhecidos etc.

Educação não formal
Esse tipo de educação acontece na interação das pessoas umas com as outras, no trabalho ou em outros locais, e que, segundo Gaspar (2002), tem como objetivo preparar o ser humano para uma vida proveitosa para o meio social.

Enigma da esfinge
Tokio (2014) define o termo como o momento no qual, logo no início de um jogo ou em outros pontos específicos, é colocada uma pergunta que, se respondida corretamente, pode aumentar o nível de energia ou dar vantagens iniciais que motivem o participante a continuar no processo.

Frequently Asked Questions (FAQ)
Munhoz (2015d) assim define a área onde são reunidas e classificadas as perguntas que os participantes de alguma iniciativa fazem com maior frequência para esclarecimento de suas dúvidas. Sua criação pode evitar consultas excessivas sobre os mesmos assuntos.

Julgamentos de valor
Representa um juízo tomado pela pessoa, de acordo com sua escala de valores éticos e morais[2], sobre a correção ou incorreção de algo.

---

2   Significado... (2015b).

Melhores práticas
Munhoz (2015b) considera que assim são chamados procedimentos, atitudes, métodos e técnicas que deram certo em determinadas condições e cuja repetição é sugerida em outras situações similares, pelos bons resultados que foram obtidos anteriormente.

Metadados
São dados sobre dados. Eles buscam esclarecer como determinada ação ou atividade pode ser mais bem conduzida. O termo é mais comumente utilizado na área da informática[3].

Metáfora[4]
Comparação de palavras em que determinado termo substitui outro, normalmente representando uma comparação que, em alguns casos, pode parecer absurda e representa uma figura de linguagem.

Método de tentativa e erro
Estratégia por meio da qual os erros são utilizados como forma de aprendizagem. Considera-se que essa abordagem libera a criatividade e facilita a inovação, sendo por excelência um método aplicável em processos de resolução de problemas[5].

Mnemônicos
São assim chamados quaisquer métodos que uma pessoa pode utilizar para chamar a memória. Para isso, são elaborados esquemas, gráficos, palavras, frases etc. que podem trazer a lembrança

---
3   Metado (2018).
4   Significado... (2019).
5   Azevedo (2016).

de determinada situação, definição ou procedimento novamente para a memória de curto prazo[6].

Modelos instrucionais

De acordo com Munhoz (2013b), o termo define algo que sugere uma série de procedimentos, mas que ainda não são considerados uma teoria completa, comprovada e que pode ser replicada em diferentes situações. O autor se refere a modelos instrucionais como ideias pedagógicas que apresentam maior ou menor funcionalidade, na dependência do contexto no qual são utilizadas.

Motivação intrínseca

Estado de espírito relacionado à força interior que existe nas pessoas, independente do ambiente e de quaisquer situações de mudança, e que pode ser unicamente mudado por vontade da pessoa.

Objetos de aprendizagem

Segundo Munhoz (2013a), são resultantes de um processo em que se efetua sucessivamente a divisão de uma ideia complexa em pequenos pedaços de informação, que ainda representam um conhecimento completo. A utilização dos objetos de aprendizagem permite a reconstrução de um conhecimento a partir do mais simples ao mais complexo. São elementos de curta duração que têm um conteúdo, uma série de atividades associadas e arquivos multimídia relacionados.

---

6   Significado... (2011).

Orientação *bottom-up*
Situação que ocorre quando alguma coisa é desenvolvida de baixo para cima, do mais simples para o mais complexo[7].

Percepção seletiva
Tendência que as pessoas têm de verem, em determinada situação, apenas aquilo que lhes interessa de forma mais direta[8].

Processos afetivos
Longhi et al. (2018) considera esses processos como aqueles que envolvem a emoção como base de suporte para algum tipo de relacionamento, seja pessoal, seja profissional ou intelectual. As autoras consideram que podem ser obtidos efeitos positivos na educação com esses processos.

Processos cognitivos
Envolvem as formas como o ser humano aprende diretamente, relacionadas à elaboração do conhecimento[9].

Processos psicomotores
De acordo com Fonseca (2008), são processos que envolvem a reação mecânica das pessoas em resposta a motivações internas ou externas. Eles podem ser indicados para determinadas situações desenvolvidas em processos de ensino e aprendizagem.

Projetista instrucional
Munhoz (2016b) considera esse profissional como um elemento altamente criativo, que deve analisar o currículo dos alunos e adotar a posição de um contador de histórias, criando situações de

---

7   McGuire (2018).
8   Galvão (2004).
9   Processos cognitivos (2018).

aprendizagem agradáveis para motivar os alunos em atividades de ensino e aprendizagem.

Projeto instrucional

Munhoz (2016b) define o termo como a estratégia adotada para projetar as atividades de ensino e aprendizagem de modo a construir competências e habilidades claramente definidas. O projeto deve apresentar ao aluno informações sobre o curso ofertado e ter uma abordagem voltada para a análise e a solução de problemas semelhantes aos vividos pelos profissionais na vida real.

Questões dissertativas

São aquelas para as quais o aluno deve dar uma resposta textual que não representa uma simples escolha entre opções, mas reflete seu pensamento e o nível de aprendizagem que atingiu em determinado assunto.

Quizzes

São pequenos testes aplicados durante o processo de ensino e aprendizagem, na forma de enquete, cujo objetivo é avaliar a compreensão do aluno em pontos específicos.

Retenção

Trata-se da capacidade de memorização de uma pessoa e não é uma característica inata, pois pode ser desenvolvida por meio de uma série de estratégias.

Simulados

São questionários, problemas e situações que permitem ao aluno validar, sem que aconteça uma valoração do professor, os conhecimentos que adquiriu sobre determinado assunto. É uma forma de preparar o aluno para processos de avaliação.

Sorte do iniciante

A sorte de iniciante é uma das técnicas de aumentar a captação do interesse inicial em um processo de gamificação e ela faz parte de uma série de medidas voltadas para se obter do aluno uma condição psicológica favorável. Ela é utilizada nos processos de gamificação como motivação inicial ao participante e incentivo a sua continuidade no processo.

Storyteller

Sanches e Ferreira (2014) destacam a importância dos professores como contadores de história. Os autores pontuam que a arte de "contar histórias" representa uma estratégia educacional de elevado valor psicológico como fator de motivação. Envolver o aluno em uma história pode levá-lo a desenvolver de forma facilitada a atividade de aprendizagem.

Stream de vídeo

Espécie de vídeo disponibilizado na grande rede o qual os usuários podem acessar "em trânsito", ou seja, sem terem de armazená-lo em seu dispositivo. Com o aumento da velocidade de transmissão de informações na grande rede, ele é atualmente um poderoso meio de comunicação utilizado em educação ou com objetivos pessoais ou profissionais.

Testes objetivos

De acordo com Coutinho et al. (2013), são testes nos quais as pessoas têm de escolher uma dentre várias alternativas. São considerados uma forma fraca de avaliar conhecimentos, no entanto, permitem avaliar grande número de pessoas sem que o ambiente seja impactado.

Saiba mais

A seguir são sugeridas leituras para você complementar o estudo desenvolvido neste capítulo. Veja o tema proposto na primeira coluna, acesse o material indicado na segunda coluna e desenvolva a tarefa sugerida na terceira coluna.

Tema	Referência ou *link*	Atividade a desenvolver
Formas de avaliação em ambientes virtuais	SILVA, A. C. da; SILVA, C. M. T. da. Avaliação da aprendizagem em ambientes virtuais: rompendo as barreiras da legislação. **ABED**, 2008. Disponível em: <http://www.abed.org.br/congresso2008/tc/510200863228pm.pdf>. Acesso em: 18 abr. 2018.	Leitura complementar.
Projetos instrucionais	FILATRO, A.; PICONEZ, S. C. B. Design instrucional contextualizado. **ABED**, 2004. Disponível em: <http://www.abed.org.br/congresso2004/por/htm/049-TC-B2.htm>. Acesso em: 18 abr. 2018.	Leitura complementar associada a artigo de opinião sobre o tema.
Objetos de aprendizagem	PAULO, A. B. D.; RIBAS, C. C. C.; KNAUT, M. S. J. A utilização de objetos de aprendizagem no processo de ensino-aprendizagem da EaD: um estudo sobre o uso de jogos virtuais. **Ensaios Pedagógicos**, dez. 2005. Disponível em: <http://www.opet.com.br/faculdade/revista-pedagogia/pdf/n8/artigo-1.pdf>. Acesso em: 15 maio 2019.	Leitura complementar.
Storyteller	SIGNIFICADO de storytelling. **Significados**, 2016. Disponível em: <http://www.significados.com.br/storytelling/>. Acesso em: 18 abr. 2018.	Leitura complementar.

Questões para revisão

1. Qual importância você credita a um projeto instrucional no âmbito de cursos oferecidos em ambientes enriquecidos com tecnologia?

2. Como você analisa as críticas feitas ao behaviorismo, consideradas por muitos pesquisadores como precipitadas e incorretas?

3. Você considera necessário que um projetista instrucional seja um professor?

4. Questione a importância dada ao domínio afetivo no processo de ensino e aprendizagem.

5. Como você relaciona uma boa prática docente com a proposta de que o professor deve ser um "bom contador de histórias"?

Estudo de caso

Analise a seguinte situação e desenvolva, em forma de relatório, uma solução para o problema proposto.

As instituições de ensino são submetidas a um processo de avaliação desenvolvido pelo Enade. Cientes de que o processo de avaliação proposto para os alunos está baseado na taxonomia de Bloom, elas solicitam a seus professores que desenvolvam com os alunos um processo de avaliação prévio (simulado), visando garantir, para a instituição, uma boa avaliação de seus cursos.

03

AMBIENTES SEMIPRESENCIAIS (*B-LEARNING*)

OS AMBIENTES SEMIPRESENCIAIS são utilizados com cada vez mais frequência nos processos de ensino e aprendizagem, sendo considerados como disruptivos e facilitadores da utilização dos pressupostos colocados na metodologia adotada nas salas de aula invertidas.

Proposta de contexto ideal

É possível observar o aumento gradual da oferta de cursos semipresenciais no setor acadêmico com praticamente todo fator de resistência ao novo. Aos poucos, autores de diversas dissertações, teses e congressos passaram a tratar a modalidade de forma diferenciada, aceitando a possibilidade real de ela ser a forma de educação do futuro.

Os cursos em b-learning recebem os mais diversos nomes. Estas são as denominações mais utilizadas:

- *cursos em ambientes híbridos;*
- *cursos em ambientes mistos;*
- *cursos em ambientes semipresenciais.*

Do muito que se tem escrito sobre como projetar um curso, grande parte ainda está em linguagem acadêmica, pouco compreendida pelo público leigo e pouco voltada para a prática docente em ambientes semipresenciais.

Você já teve a oportunidade de ler sobre o que a sociedade espera do docente digital: ele terá a oportunidade de desenvolver novas metodologias sem perder totalmente a riqueza dos ambientes presenciais, considerados não mais como local onde se assiste a aulas, mas como um novo espaço onde metodologias inovadoras (como gamificação e salas de aula invertidas) são bem recebidas.

Uma análise dos projetos existentes sobre esse assunto mostra sua convergência com o que as grandes universidades internacionais tradicionais estão fazendo, pois entre elas há princípios comuns a todas as outras formas de entrega (presença conectada, *e-learning, m-learning* e *u-learning*). Isso mostra a grande variedade de comportamentos centrados nas **estratégias pedagógicas** e no trato da tecnologia educacional, ainda um desafio e um obstáculo para muitos professores.

A proliferação de tecnologias de ponta, como **3D**, realidade aumentada, realidade virtual e inteligência artificial, coloca medo em alguns professores. Além disso, percebe-se certa desconexão entre o que eles sabem e o que deveriam saber para evitar problemas no desenvolvimento de sua ação e prática profissional nesses ambientes.

A multiplicação das iniciativas nessa área tem criado um conjunto de "melhores práticas", que serão apresentadas no decorrer deste capítulo. Como o contexto influencia o projeto instrucional, primeiramente será descrito o ambiente no qual este estudo foi efetivado, dado como "ideal" quando confrontados os resultados com outros ambientes presentes na Instituição de Ensino Superior (IES) onde ele foi desenvolvido.

A modalidade foi estudada em um ambiente no qual:

- há um projeto instrucional que direciona o processo;
- a comunicação extensiva e o controle da vida acadêmica pelo próprio aluno são propiciados por um **sistema gerenciador de conteúdo e aprendizagem**;
- o processo é orientado por meio de **rotas de aprendizagem**;
- há privilégio para o acompanhamento do aluno, com foco no processo de ensino e aprendizagem, em detrimento de qualquer outra proposta;
- são colocados à disposição dos alunos um texto-base, textos digitais, vídeos, animações, *links* externos e interação com as redes sociais;
- as regras do *b-learning* são seguidas;
- a teoria de aprendizagem que dá sustentação ao ambiente é o conectivismo, considerada a mais indicada para interação com a geração digital;

- a abordagem empregada é a Aprendizagem baseada em problemas (ABP);
- a metodologia utilizada para desenvolvimento do processo é a inversão da sala de aula;
- metodologias complementares são aceitas (simulações, 3D, gamificação, *games* etc.);
- ideias pedagógicas são utilizadas quando são as mais indicadas (aprender pela pesquisa, aprender pelo erro etc.);
- processos de avaliação seguem orientações do Enade desenvolvidas de acordo com a taxonomia apresentada por Bloom (1956) e seus seguidores, com propostas de um novo olhar que envolve a tecnologia posta em prática por seus seguidores;
- são utilizadas outras propostas consideradas como aprendizagens ativas.

Primeiros conceitos

Inicialmente, o *b-learning* foi recebido com desconfiança. Alguns professores, provenientes de cursos ofertados na modalidade presencial tradicional, olharam para os colegas que tinham aceitado o desafio de inovar e murmuraram entre si: "eles não fazem nada, deixam tudo a cargo do aluno". Esse é um dos mitos que persegue os profissionais que aceitaram dividir com seus alunos a responsabilidade pelo processo de formação destes.

Dentre as novas práticas colocadas como desafio está assumir o papel de orientador, conselheiro, e não mais deter as rédeas do processo. Muitos educadores não estão preparados para isso, mas, incentivados por um salário superior para ministrar aulas nestes ambientes, alguns chegam a eles sem mudar sua forma de atuar, o que leva a resultados insatisfatórios.

O trabalho do professor envolvido com o *b-learning* exige dele estender seu contato com o aluno para além do tempo em que estão juntos nas fases presenciais. Isso porque alunos em processo de aprendizagem independente não exigem o assistencialismo dos ambientes presenciais tradicionais, mas, em contrapartida, exigem a presença social do professor em sua vida acadêmica. Até atingir um estado de heutagogia[1], o aluno tem um longo caminho a percorrer com a seu orientador.

Há um documento denominado "Blended toolkit[2]", cuja leitura está proposta para o aluno na seção "Saiba mais". Trata-se de um compêndio que registra iniciativas internacionais e sugere as "melhores práticas" para o ambiente semipresencial.

Para que o presente livro atue como um resumo eficaz para o aluno-leitor, nesse momento é importante esclarecer algumas questões:

- Por que utilizar o *b-learning*?
- Qual o papel do professor no ambiente *b-learning*?
- Qual o papel do aluno no ambiente *b-learning*?
- Qual o papel da tecnologia no ambiente *b-learning*?
- Quais são as melhores práticas?

É relevante lembrar que todas essas perguntas têm como pano de fundo o contexto desenhado no início deste capítulo. As respostas a elas serão apresentadas na sequência.

---

1   Aquele em que o aluno atinge um grau de independência total da intervenção de seus orientadores.
2   Disponível em: <http://blended.online.ucf.edu>. Acesso en: 15 maio 2019.

Por que utilizar o *b-learning*?

De todos os motivos que podem ser apresentados como resposta a essa questão, o único que não tem valor é o que propugna a economia de recursos. Se os gestores da instituição de ensino têm em mente utilizar essa proposta com esse objetivo, recomenda--se que abandonem a ideia antes de iniciar o projeto. Afinal de contas, a infraestrutura tecnológica, a formação do professor e o nivelamento do aluno exigem a aplicação de recursos adicionais, que não fazem parte de ambientes presenciais tradicionais.

Podem ser consideradas respostas válidas para a questão proposta:

- Procurar uma alternativa mais adequada para a educação de alunos da geração digital, que não aceitam os procedimentos desenvolvidos nos ambientes tradicionais de ensino e aprendizagem.

- Aproveitar a acelerada evolução da tecnologia educacional para testar novas metodologias, com o objetivo de criar novos conhecimentos no campo de estudo de diferentes formas de ensinar e aprender.

- Descobrir novas formas de aumentar a motivação dos alunos por meio da criação de ambientes mais agradáveis de ensino e aprendizagem, o que pode ser considerado uma possibilidade ante o contato extensivo dessa geração com os ambientes virtuais.

- Adaptar os alunos às novas tecnologias, que são extensivamente utilizadas no mercado corporativo.

- Atingir um nível de mudança radical tanto no comportamento de professores e alunos quanto nas formas de relacionamento entre eles, estendidas com a evolução da mobilidade total presente na sociedade atual.

Masie (2014b) considera que o comportamento de um jovem ante o seu *smartphone* ou *videogame* não pode ser ignorado, e que qualquer proposta de afastar um pouco o aluno da "chatice" dos ambientes tradicionais é uma opção a ser considerada.

Horn e Staker (2014) trabalham na mesma direção, mas são um pouco mais radicais quando consideram a necessidade de uma reação contra os ambientes tradicionais. Ela seria iniciada de maneira suave, com a adoção de propostas de uso do *b-learning* e a possibilidade da evolução do curso para a oferta *e-learning* e *m-learning*.

Espera-se o tempo em que todas essas siglas sejam tratadas apenas como ensino e aprendizagem em ambientes enriquecidos com a tecnologia.

Dziuban, Moskal e Hartman (2010) recomendam incluir, em qualquer lista para justificar a utilização do *b-learning*, o grau de satisfação apresentado pelos alunos nas pesquisas sobre a efetividade dessa modalidade. A recuperação do interesse dos alunos pelas aulas e a participação ativa deles são os destaques.

Tais registros não podem ser esquecidos. Eles são aceitos no meio acadêmico e, na atualidade, a resistência à implantação de iniciativas *b-learning* (o mesmo acontece com o *e-learning*) apresenta diminuição significativa na comunidade acadêmica em nosso país. Monteiro et al. (2014), em recente estudo desenvolvido na comunidade europeia com base em iniciativas de oferta de cursos em Portugal, trazem a mesma conclusão utilizada para somar mais resultados positivos.

O papel do professor no ambiente *b-learning*

Os estudos que sugerem novas práticas para os professores se multiplicam e alguns se tornam repetitivos. É possível observar uma convergência entre diversos pesquisadores (Bonk, Graham, 2005; Dziuban, Moskal, Hartman, 2010; Horn, Staker, 2014), que consideram necessária a proposta de novos comportamentos por parte do professor, mas registram que ela já tem sido apropriada por alguns docentes, que por iniciativa própria entram nas redes e ampliam o tempo dedicado aos alunos.

A única dificuldade é as IES compreenderem a desafiadora necessidade de capacitar os professores para atuar de maneira confortável em ambientes de uso intensivo da tecnologia educacional. Muitas vezes, felizmente, esse problema é resolvido na própria comunidade de prática criada pelos professores.

Assim, a combinação criativa de momentos face a face e o acompanhamento *on-line* dado a grupos que desenvolvem a solução de problemas começa a sugerir o uso de novas metodologias (o melhor exemplo são as salas de aula invertidas), o que permite antever que a formação do professor parece ser uma dificuldade superada.

O fato de a responsabilidade total pela educação dos alunos sair das mãos do professor representa uma vantagem para ele, e o trabalho conjunto com os alunos, além de recuperar a riqueza de um relacionamento perdido no ambiente tradicional, permite a obtenção de resultados que são pedagogicamente mais efetivos.

Assim, a tecnologia deixa de ser um problema e passa a ser usada para a determinação, por parte do projetista instrucional e do professor, de "estratégias educacionais" voltadas para a motivação do aluno (veja detalhes no próximo capítulo). As medidas de sucesso são então transformadas em "melhores práticas", divulgadas no meio acadêmico e em diversos guias que podem ser encontrados no ambiente virtual.

Todas essas situações são colocadas sob as lentes amplificadoras dos projetos instrucionais, considerados padrões consistentes de novas práticas docentes. Assim, o professor deixa de ser alvo de críticas e passa a ser ouvido como uma fonte de informação sobre as novas práticas pedagógicas desenvolvidas na combinação entre sala de aula presencial e sala de aula eletrônica, que caracterizam o *b-learning*.

Para o professor que divide a responsabilidade da aprendizagem com o aluno, recomenda-se trabalhar como um observador que verifique:

- a capacidade do aluno de acompanhar a tecnologia existente no ambiente e, se necessário, apresentar alternativa de nivelamento;
- as formas de aprender individuais, de modo a aproveitar a flexibilidade sugerida aos projetos instrucionais;
- a correta forma de gerir o tempo, um dos aspectos que, se descurados, pode colocar a perder toda a estrutura montada para a efetivação do *b-learning*;
- de forma periódica o grau de satisfação dos alunos no ambiente.

No *b-learning*, o professor torna-se um "auditor" ou "ouvidor", que adota as medidas saneadoras necessárias no ambiente. Dessa forma, evidencia-se a razão de insucesso de alguns professores: eles não estão preparados para a prática e a ação profissional da docência digital em ambientes enriquecidos com a tecnologia.

Nesse ponto, cabe relembrar o que já foi comentado anteriormente: professores não serão superados nem substituídos pela tecnologia, mas, aqueles que estiverem preparados para trabalhar em ambientes nos quais a tecnologia é intensiva e os processos são imersivos, certamente irão substituir os docentes que revelam um perfil caracterizado pela tecnofobia.

O papel do aluno no ambiente *b-learning*

A primeira recomendação ao aluno é que compreenda, em toda a sua extensão, as responsabilidades que um ambiente centrado nele coloca sobre seus ombros. A maioria dos alunos chega às universidades acostumada a uma proposta assistencialista por parte dos professores. Afinal, desde as séries iniciais eles foram conduzidos por seus mestres, que lhe indicaram o que deveriam ler e assistir e a forma como deveriam estudar.

Ao serem desafiados a compartilhar com o professor a responsabilidade por sua formação em ambientes *b-learning*, muitos alunos encontram na evasão a resposta para sua falta de compreensão e incapacidade de desenvolver trabalhos nos ambientes *on-line*.

Quando o aluno é separado do professor, a dependência dele é colocada em xeque, e exige-se muito cuidado ao orientar o educando nesse sentido. O professor, por sua vez, deve estar preparado para desenvolver esse papel, que muitos não aceitam, razão do insucesso na tentativa. No ambiente centrado no aluno, tudo deve ser decidido em comum acordo, e muitos professores não estão preparados para isso. Abandonar a aura de detentor universal do conhecimento não é tarefa fácil e exige mudanças radicais no perfil do professor.

Em alguns casos, de forma precavida, algumas IES iniciam os cursos *b-learning* de forma presencial e, aos poucos, vão mesclando atividades independentes, desenvolvidas no ambiente *on-line*, incorporadas na flexibilidade do projeto instrucional.

Para um aluno ter sucesso em um curso *b-learning*, é preciso que ele tenha objetivos claramente estabelecidos (essa orientação também é válida no caso de cursos *e-learning*, com imersão total ou não). São esses objetivos que vão direcionar o desempenho do aluno – ainda que este conte com o auxílio do docente e dos outros participantes do grupo (cuja formação é altamente recomendada) – a problematizar o currículo proposto e a buscar conteúdo relevante, para que, ao final o processo, ganhe contornos de aprendizagem significativa, com todas as vantagens que essa proposta pode trazer, ressaltada nos estudos de Ausubel (1968) e, mais recentemente, de Moreira e Masini (2006). O que é colocado como objetivo instrucional deve ser compatível com a os objetivos sociais e profissionais que o aluno traz para o ambiente.

Apresentações, debates, **brainstormings**, ferramentas visuais (**mapas conceituais** ou **mapas mentais**), estudo independente, cooperação e colaboração passam a ser termos diários na vida de quem desenvolve seus estudos nessa modalidade. O papel de **receptor passivo** é esquecido. A participação exigida do aluno no *b-learning* supera o comprometimento exigido pelos cursos presenciais. Mas, por mais paradoxal que possa parecer, não são poucos os alunos (o que é representado pelas altas taxas de evasão de cursos ofertados em ambientes enriquecidos com a tecnologia) que retornam à falsa segurança e proteção dos ambientes presenciais.

Nesse sentido, justifica-se a estranheza de alguns alunos ao ter de responder às perguntas: "Por que estou aprendendo isso? Para que estou aprendendo isso? Como posso aprender isso?". Assim, um curso no ambiente *b-learning* acaba por ser efetivado na perspectiva dos alunos, atendendo seus desejos e suas necessidades, efetivados de acordo com o **estilo de aprendizagem** individual de cada um. É o aluno quem determina os **ritmos individuais de aprendizagem**.

O professor, nesse contexto, é um observador, mas não desinteressado, como alguns professores dos ambientes tradicionais consideram. Ele observa os alunos atentamente e presta atenção em tudo o que acontece no ambiente para então desenvolver medidas saneadoras.

Dessa forma, os alunos são vistos como elementos ativamente engajados, comprometidos com sua aprendizagem, que buscam definir os rumos de sua educação de acordo com uma visão prévia do futuro, que o aguarda em um campo profissional específico, sem esquecer as necessidades existentes em sua vida social. Assim se estabelece o consenso geral de que essa modalidade pode vir a ser, como alguns já consideram (Cazden, 2001; Kist, 2015; McGrath, 2014), a forma de ensino e aprendizagem das gerações futuras.

O papel da tecnologia no ambiente *b-learning*

A abordagem *b-learning* é considerada a integração harmônica entre o processo de ensino e aprendizagem em ambientes presenciais e em ambientes não presenciais, configurando uma atividade semipresencial.

Nesse contexto, a tecnologia desempenha importante papel. Ela deve ser aproveitada o máximo possível, a fim de oferecer aos alunos atividades de aprendizagem *on-line*, desenvolvidas de forma síncrona e assíncrona no ambiente virtual.

Com essa visão, busca-se tornar o ambiente educacional mais agradável, que incentive a participação do aluno e no qual haja retorno de todos os envolvidos no processo. A comunicação é o principal destaque da estrutura tecnológica, e a disponibilidade em uma proposta 24 × 7 × 365 (vinte e quatro horas por dia, sete dias por semana, trezentos e sessenta dias no ano, ou seja, disponibilidade total), de modo a interligar as pessoas via nuvem, por meio da mobilidade total, leva alguns a considerar o *u-learning* como uma realidade existente, pelo menos em condições lógicas. Assim, o ambiente *b-learning* deve prever:

- condições de conectividade e interação total no ambiente virtual de aprendizagem (AVA);
- a possibilidade de desenvolver atividades colaborativas e cooperativas (*wiki*);
- a oportunidade de integração com as redes sociais;
- **conectividade total** (ambiente acessível de qualquer estação interligada com a rede, independente de *hardware* ou *software*);
- a utilização de tecnologia de ponta que permita 3D, realidade virtual, realidade virtual aumentada, **wearable technologies** e qualquer novidade que surja no mercado.

Observa-se, na atualidade, que o acesso à tecnologia deixou de ser um problema nas IES, pois são poucas as que não têm um portal educacional que oferece todas as facilidades previstas anteriormente.

Melhores práticas em *b-learning*

As melhores práticas em *b-learning* começam com o desempenho individual do aluno, já tratado em capítulos anteriores, e logo seguem o caminho de estratégias didáticas e pedagógicas adotadas pelos professores.

Ausburn (2004) considera importante que no ambiente dos cursos oferecidos sob a chancela *b-learning* haja a efetivação de um processo de interatividade intenso, apoiado por um *feedback* imediato em caso de comunicações assíncronas. O autor considera que o uso das redes sociais pode favorecer essas intenções iniciais. Como importante complemento, deve ser dada ao aluno a oportunidade de usar as redes sociais e privilegiar as atividades em que se aprende fazendo, desenvolvidas na prática por meio de oficinas e laboratórios nos momentos presenciais.

Boyle et al. (2003) questionam o desenvolvimento de atividades de *coaching* no ambiente, o que é aceito sem reservas no mercado corporativo, mas ainda apresenta resistência no setor acadêmico.

Bush et al. (2005), ao elencarem razões de sucesso apontadas por alunos que concluíram cursos sob a chancela *b-learning*, ressaltam a importância de se desenvolverem simulações, estudos de caso e técnicas de jogos **Role-playing** nos encontros presenciais.

Bonk e Kim (2006) aponta para o fato de os alunos considerarem como uma boa proposta o envolvimento programado em um conjunto de etapas que abrangem: ouvir, ler, escrever, refletir e fazer autoavaliação ou produzir textos, que podem ser artigos de opinião sobre os assuntos tratados. A utilização de *brainstorming* nas reuniões locais e o uso de abordagens informais secundaram o escore na pesquisa desenvolvida pelos autores.

A educação de jovens e adultos, característica desse ambiente, orienta no sentido de utilizar propostas de aprendizagem do mais simples ao mais complexo, como preconizado por Bloom (1959). Wenger (2001) procura relacionar o sucesso de programas dessa modalidade com a criação, na rede, de comunidades de prática, que atuam como apoio decisivo. Em alguns casos, tais comunidades oferecem informações valiosas quando desenvolvem estudos aprofundados sobre assuntos de interesse no ambiente. Aprendizagem ativa, uso de **estratégias metacognitivas** e apoio da aprendizagem pelos pares foram outros aspectos citados pelo autor (Wenger, 2001).

Assim posto, você tem em mãos uma série de recomendações que foram consideradas altamente produtivas em estudos desenvolvidos por diversos times de pesquisadores e que podem ser utilizadas pontualmente ou como um conjunto de práticas que determina um modelo utilizado por alguma IES em particular. Com essas informações, resta aos interessados colocar a "mão na massa" e planejar sua primeira proposta de desenvolvimento da aprendizagem híbrida.

Glossário do Capítulo 3

3D

Apresentação de elementos gráficos em espaço tridimensional que consiste na sobreposição de duas imagens das quais o ser humano enxerga apenas uma, criando a sensação de tridimensionalidade[3].

Brainstorming

Ramos (2011) define o termo como reuniões proveitosas em que pessoas se unem em torno de um assunto comum e sobre ele colocam, sem restrições, ideias que lhes venham à mente, entregues ao sabor do improviso e da criatividade.

---

3   Landim (2009).

Conectividade total
Essa é uma situação na qual, aos poucos, as pessoas chegam devido à evolução da área de dispositivos móveis, que permitem a elas se conectarem ao que quiserem do local onde quiserem. O grande risco da perda da privacidade, decorrente dessa conectividade, torna-se cada vez mais presente.

Estilo de aprendizagem
Representa a forma como uma pessoa aprende e que está ligada a diversos fatores. Descobrir o estilo de cada aluno permite ao professor personalizar a atividade de ensino e aprendizagem, de modo que ela aconteça em um nível ótimo[4].

Estratégias metacognitivas
Tonelotto (2012) as define como atividades que se referem à busca do "conhecimento do próprio conhecimento", que o aluno pode atingir ao desenvolver a capacidade de organizar, avaliar e regular o conhecimento que ele próprio adquire, sem importar a forma como isso ocorreu.

Estratégias pedagógicas
Série de atitudes, técnicas e metodologias desenvolvidas de forma criativa por professores interessados em melhorar a qualidade do ensino oferecido a seus alunos e que se tornam práticas usuais devido ao sucesso obtido[5].

---
4   Dantas (2018).
5   Estratégias pedagógicas (2018).

Mapas conceituais

Conforme Moreira (2012), são estruturas esquemáticas que representam um conjunto de ideias originadas em atividades de *brainstorming* por um grupo de pessoas interessadas na solução de um problema de interesse comum. Consiste de uma rede de proposições que tem como objetivo apresentar um conceito de forma mais clara.

Mapas mentais

Conceito similar ao de mapas conceituais, utilizado com os mesmos objetivos, que se revelam agradáveis e fáceis de compreender. Desenvolvidos por Buzan (2014), são definidos como elementos de elevada utilidade, principalmente como registro gráfico de ideias resultantes de processos de *brainstorming*.

Receptor passivo

Mizukami (2014) define o termo, que se tornou um estereótipo, como o aluno característico dos ambientes tradicionais de ensino e aprendizagem, no qual se coloca como receptor de conhecimentos prontos reproduzidos pelos professores.

Ritmos individuais de aprendizagem

Cavellucci (2002) aponta que cada aluno tem uma forma e velocidade para desenvolver os trabalhos que lhes são propostos. Eles estão relacionados com condições de níveis cognitivos diferenciados ou condições externas favoráveis ou limitantes.

Role-playing

Forma de jogo no qual os participantes assumem um papel e se tornam protagonistas de alguma "aventura" proposta de forma lúdica, voltada para facilitar a aprendizagem de novos conhecimentos. É considerada a forma mais criativa dos jogos[6].

Rotas de aprendizagem

Schneider, Medeiros e Urbanetz (2009) definem essa proposta como o conjunto de elementos que indicam ao aluno, não de forma obrigatória, mas como sugestão relacionada a questões didáticas e pedagógicas, o melhor caminho a seguir no desenvolvimento de um currículo ou atendimento ao que está previsto em um objeto de aprendizagem.

Sistema gerenciador de conteúdo e aprendizagem

Munhoz (2016) considera que esses sistemas representam o conjunto de programas que criam a metáfora de um câmpus virtual no qual o aluno desenvolve seus estudos e controla sua vida acadêmica.

Wearable technologies

Tecnologias vestíveis são dispositivos, como relógios, pulseiras e óculos, que contam com processadores embutidos e podem ser "vestidos" pelas pessoas com finalidades específicas. Sua aplicação em educação é uma ideia em desenvolvimento, e logo será possível usar esses dispositivos com a finalidade de facilitar o desenvolvimento de atividades de ensino e aprendizagem[7].

---

6   Sales (2018).
7   Estudo... (2016).

Saiba mais

A seguir são sugeridas leituras para você complementar o estudo desenvolvido neste capítulo. Veja o tema proposto na primeira coluna, acesse o material indicado na segunda coluna e desenvolva a tarefa sugerida na terceira coluna.

Tema	Referência ou *link*	Atividade a desenvolver
Estilos de aprendizagem	SCHMITT, C. da S.; DOMINGUES, M. J. C. de S. Estilos de aprendizagem: um estudo comparativo. **Avaliação**, Campinas, v. 21, n. 2, p. 361-386, jul. 2016. Disponível em: <http://www.scielo.br/pdf/aval/v21n2/1982-5765-aval-21-02-00361.pdf>. Acesso em: 15 maio 2019.	Leitura complementar.
Metacognição	RIBEIRO, C. Metacognição: Um apoio ao processo de aprendizagem. **Psicologia: Reflexão e Crítica**, v. 16, n. 1, p. 109-116, 2003. Disponível em: <http://www.scielo.br/pdf/prc/v16n1/16802.pdf>. Acesso em: 18 abr. 2018.	Leitura complementar.
Mapas mentais e mapas conceituais	SOUZA, N. A. de; BORUCHOVITCH, E. Mapas conceituais: estratégia de ensino/aprendizagem e ferramenta avaliativa. **Educação em Revista**, Belo Horizonte, v. 26, n. 3, dez. 2010. Disponível em: <http://www.scielo.br/scielo.php?pid=S0102-46982010000300010&script=sci_arttext>. Acesso em: 18 abr. 2018.	Leitura complementar associada a artigo de opinião sobre o assunto.

(continua)

(conclusão)

Tema	Referência ou *link*	Atividade a desenvolver
Wearable technologies	SCHERER, F. Como as tecnologias vestíveis estão criando novas oportunidades. **Exame**: Inovação na Prática, 2017. Disponível em: <http://exame.abril.com.br/rede-de-blogs/inovacao-na-pratica/2014/11/05/como-as-tecnologias-vestiveis-estao-criando-novas-oportunidades/>. Acesso em: 18 abr. 2018.	Leitura complementar.

Questões para revisão

1. Aponte pelo menos uma vantagem da utilização de ambientes semipresenciais no processo de ensino e aprendizagem.

2. Analise o termo *novo espaço da sala de aula* como colocado no texto.

3. Aponte pelo menos uma razão para a "desconexão" que se considera haver entre o que os professores sabem e o que eles deveriam saber com relação ao uso da tecnologia.

4. Destaque pelo menos uma das boas práticas dos professores nos ambientes semipresenciais.

5. Destaque pelo menos uma das boas práticas dos alunos nos ambientes semipresenciais.

Estudo de caso

Analise a seguinte situação e desenvolva, em forma de relatório, a solução para o problema proposto.

Uma instituição de ensino coloca como objetivo formar seus professores como docentes digitais para atuar em ambientes enriquecidos com a tecnologia e solicita ao departamento responsável pela implantação de novas metodologias que desenvolva um guia de orientação onde apresente a esses professores as três formas de oferta de ensino (semipresenciais, aprendizagem eletrônica, aprendizagem móvel) com suas características particulares, justificando todas as orientações estabelecidas.

04

CONECTIVISMO: UMA TEORIA EM CONSTRUÇÃO PARA A GERAÇÃO DIGITAL

AOS POUCOS, OS ambientes de ensino e aprendizagem deixam de ser orientados por uma única teoria de aprendizagem, como foi e ainda é comum em ambientes presenciais tradicionais. A evolução das ideias pedagógicas tem na tecnologia educacional um forte aliado, que permite o surgimento de novas metodologias de tempos em tempos, cuja diferença no tempo é cada vez menor. Anteriormente, quando uma nova teoria surgia, geralmente ela se contrapunha a alguma existente e levava a uma mudança de paradigma, que por sua vez ocasionava a alteração de todo o projeto de ensino das Instituições de Ensino Superior (IES). Esse fato não mais ocorre na atualidade, principalmente nos ambientes de ensino e aprendizagem enriquecidos com a tecnologia educacional.

Por que *teoria em construção?*

Uma primeira diferença do conectivismo em relação às demais teorias é que ele não procurou se contrapor a nenhuma delas, mas considerou que as teorias em vigor na época em que surgiram não tinham a tecnologia educacional ativa como no contexto atual, e que as gerações das quais foram originárias tinham formas totalmente diferentes de aprender do que as da atual geração digital.

Em vez de efetuar revisões e lançar novos olhares para o que existia, mas sem refutar ou rejeitar sua aplicação, o conectivismo se caracteriza como uma teoria de aprendizagem em construção. Ela é considerada, pelos estudiosos da nova geração, como a teoria que mais se aproxima da vivência diária dessa geração na grande rede.

Os primeiros estudos sobre o conectivismo foram desenvolvidos por Siemens (2004) em diversas conferências que ocorreram com o propósito de congregar novas ideias sobre metodologias inovadoras nas atividades de ensino e aprendizagem. A crítica de seus trabalhos apontava para as limitações das teorias vigentes na época: behaviorismo, cognitivismo e **construtivismo**, entre as mais citadas. Elas eram consideradas pelo autor como motivadoras de seu trabalho. Devido a suas características de envolver no trabalho o ambiente virtual e as redes sociais em fase de desenvolvimento, muito antes da enorme evolução que apresenta nos dias atuais, ela foi dada como uma *teoria de aprendizagem* para a **era digital**. O termo foi corrigido em outros trabalhos, ao se considerar que ela ainda não era uma teoria completa em seu corpo, e assim ela recebeu a designação de *teoria em construção* para a geração digital.

Há ainda correntes resistentes, que não a consideram uma teoria de aprendizagem, mas uma ideia pedagógica. O autor da teoria e seus seguidores não aceitam essa colocação e propugnam que ela deve ser compreendida como uma teoria de aprendizagem, aceitando o termo *em construção* por ainda faltar suficiente número de trabalhos sobre o tema.

Primeiros passos

Siemens (2004) considera que seu estudo representa uma "amplificação" da aprendizagem que acontece com interveniência de uma rede pessoal e de sua expansão. O autor acredita que as conexões com o mundo exterior, para além dos contatos familiares e da vida na escola, permitem às pessoas, desde tenra idade, gerir seu conhecimento de forma eficaz, independente e eficiente na sociedade em rede (Siemens, 2004).

Ele considera que o conhecimento necessário ao aluno está distribuído em diversos locais. O que interessa para cada aluno (de forma geral) é saber o que aprende e por que aprende – questões diretamente ligadas ao currículo. Assim, Siemens (2004) defende que conhecer formas de desenvolver a interação nas grandes redes é importante desde que o aluno é criança.

Nesses ambientes de grande rede estão, na visão do autor e de seus seguidores, os caminhos para a criação de **interligações para o conhecimento** que está distribuído na grande rede, ao longo de muitos locais reais e virtuais (Downes, 2008). Neles, a **inteligência coletiva** ganha lugar de destaque (Lévy, 2014).

Assim, estabelecer e saber manter essas ligações representa uma habilidade essencial para alguém que pretende desenvolver sua aprendizagem ao longo da vida, considerada por Davies e Longworth (2014) uma necessidade para praticamente todas as pessoas na sociedade atual, que vive imersa na informação tecnológica.

Para tornar o conectivismo mais compreensível, é interessante esclarecer os objetivos educacionais para o currículo. Aqui, considera-se que a capacidade de saber mais é muito mais importante do que se pensa atualmente. Para Barra et al. (2012), a capacidade de enxergar conexões entre áreas, ideias e conceitos é uma competência essencial, considerada a segunda categoria.

Sotille et al. (2013) consideram que a aprendizagem e o conhecimento estão apoiados na diversidade de opiniões, por isso é muito importante estabelecer, manter e fortalecer conexões para que a aprendizagem seja um processo contínuo. Para os mesmos autores, ela também pode ser encarada como uma conexão de nós especializados estabelecidos na rede, cada um considerado uma fonte de informação. A tomada de decisão baseada nesse aspecto é, em si mesma, um processo de aprendizagem, sendo considerada a terceira categoria, na qual os autores dividem o conectivismo. Ou seja, para o aluno, escolher o que deseja estudar e aprender é importante. O mundo é visto como uma realidade em mudança, no qual aquilo considerado válido hoje pode não receber o mesmo tratamento no dia subsequente.

Os autores citados consideram ainda, de forma isolada, como quarta categoria, que a aprendizagem pode, inclusive, residir em dispositivos não humanos.

A apresentação do tema pelos autores gera o volume de discussões sobre o conectivismo, das quais todas as pessoas são convidadas a participar. Chatti, Jarke e Quix (2010) pontuam aspectos filosóficos, sociológicos e pedagógicos nessas colocações. Todos esses enunciados podem se confirmar na rede. A união deles, e o fato de se postular que sejam princípios de uma nova teoria de aprendizagem, deu início às discussões acadêmicas em torno do assunto e movimenta as redes com opiniões diversas. Mas todas concordam em um ponto: a geração que se encontra nas portas das IES vive em um contexto exatamente como aquele que está descrito, e parece que essas afirmações devem receber atenção e um estudo aprofundado.

O ponto de partida para essas discussões propõe que sejam dados como temas de discussão uma lista de tópicos, que ampliam as colocações iniciais efetuadas por Siemens (2004), Downes (2011) e Mattar (2012), a saber:

- O conectivismo é uma teoria de aprendizagem que foi desenvolvida para a era digital. Ele leva em consideração que a aprendizagem tem mudado ao longo das últimas décadas. As teorias behavioristas, cognitivistas e construtivistas fornecem uma visão apropriada da aprendizagem em muitos ambientes, mas não se sustentam e ficam aquém do esperado quando a aprendizagem ocorre de modo informal, em rede, o que é considerada uma arena para a tecnologia.
- A integração da **cognição** e das emoções na construção de significados é considerada de fundamental importância. Isso porque o pensamento e as emoções se interpenetram e se influenciam mutuamente. Qualquer teoria de aprendizagem que considere apenas uma dessas dimensões exclui grande número de explicações sobre como a aprendizagem ocorre.
- A aprendizagem tem um objetivo final correspondente ao aumento da capacidade de "fazer alguma coisa". Isso equivale ao aumento de competência ou acréscimo de uma nova competência ao perfil da pessoa. Considera-se que é muito mais fácil para a pessoa adquirir o conhecimento que deseja (qualquer conhecimento) quando está na grande rede. Com o apoio das interações, essa competência pode ser ampliada e

um novo nível de compreensão, mais amplo, pode ser adquirido pelo participante dessas redes.
- Fica reforçada a ideia colocada por Sotille et al. (2013), de que a aprendizagem é um processo de conexão de nós especializados ou fontes de informação. Ou seja, quando o aluno se conecta a uma rede livremente (recado direto para o projetista instrucional), torna-se possível melhorar, de forma exponencial, a aprendizagem que poderia conseguir sozinho. Os temas *inteligência coletiva* (Lévy, 2014) e ***crowdsourcing***, o poder da multidão (Rucker, 2015), destacam a mesma linha de pensamento com relação ao poder dessa proposta.
- A afirmativa inicial de Siemens (2004), segundo a qual a aprendizagem pode residir em dispositivos não humanos, origina a proposta de criação de plataformas ***big data***, onde seja estabelecido grande volume de informações, que podem ser utilizadas para a tomada de decisão ou a construção de novos conhecimentos. A atividade "**analysis**" surge e cria novas colocações profissionais. A utilização compartilhada desses recursos pode adicionar novas formas de compreensão.
- Quando se discute a capacidade de saber mais e ela é considerada mais crítica que o conhecido atualmente, não se desvaloriza o conhecimento anterior, mas se coloca em destaque que, com base nessa experiência, nova significação pode ser obtida. O projetista instrucional deve, nesses casos, proporcionar o atendimento ao axioma que saber onde encontrar a informação é uma competência essencial.
- É preciso validar a afirmativa que nutrir e manter conexões é algo necessário para facilitar a aprendizagem nos ambientes digitais. Por isso, devem ser criadas condições no projeto instrucional para que isso aconteça.
- Outro ponto polêmico que deve ser colocado em destaque diz respeito à afirmativa que a aprendizagem e a criação de

novos conhecimentos encontram forte apoio na diversidade de opiniões, o que na rede é uma constante ante o ambiente multicultural em que o aluno está imerso.

- Ao considerar **e-mails**, **listas**, **grupos**, **comunidades**, **resultados de busca** e **blogs** como veículos para a aprendizagem, encontra-se no ambiente digital um terreno fértil para que ela aconteça.
- Há outra afirmativa polêmica que precisa ser discutida e pode ser ampliada. De acordo com essa afirmativa, a capacidade de enxergar conexões entre diferentes áreas, ideias e conceitos é considerada uma consequência das interações desenvolvidas na rede e representa uma forma eficiente de aquisição de novos conhecimentos.

Por meio dessas propostas, é possível concluir, na visão de Verhagen (2006), que o conectivismo tenta fornecer uma compreensão de como os alunos aprendem nos ambientes em rede e validar a informação de que nesses ambientes a capacidade de aprender é maior e os processos de ensino e aprendizagem podem ocorrer com melhor qualidade.

É sobre esse aspecto que o projeto instrucional pode capitalizar ainda mais sua importância, pois nele as interações podem ser incentivadas e o fornecimento de caminhos pode ser trazido como parte integrante das ferramentas que nele estão embutidas.

Como uma teoria de aprendizagem em desenvolvimento, o conectivismo deve ser discutido na comunidade acadêmica por se levar em consideração que uma teoria deve explicar fenômenos e que todas as afirmativas sobre as explicações devem ser verificáveis. Essa exigência é cumprida por completo nos ambientes virtuais, desde que a abertura proposta na infraestrutura permita que isso seja feito dentro do nível de maior profundidade que a tecnologia atual permite.

Laundauer e Dumais (1997), que pouco ou nada conheciam do conectivismo, lançaram mais lenha na fogueira das discussões ao afirmar de maneira categórica que as pessoas têm muito mais conhecimento do que aparentam ter em seus contatos normais, mas que o que resta pode ser explorado no aumento de contatos, o que permite auferir grandes vantagens. O gancho é aproveitado pela teoria conectivista, pois a rede é rica em possibilitar o aumento da interatividade. A amplificação da aprendizagem via processo de interação extensivo se mostra, então, como um dos objetivos a serem colocados no projeto instrucional de um curso a ser oferecido nesses ambientes.

Dentre os aspectos discutidos de forma extensiva está a afirmativa "a aprendizagem pode residir em dispositivos não humanos", postulada por Siemens no artigo onde apresenta o conectivismo como uma teoria de aprendizagem em desenvolvimento. A esse tema se retorna em muitas discussões. A polêmica é reforçada e cada vez mais o conectivismo passa a precisar da colaboração de estudiosos.

É possível considerar que, no estágio atual, em um enfoque tecnicista, as justificativas são suficientes, mas a teoria ainda é incipiente no sentido de ser analisada sob aspectos didáticos e pedagógicos que permitam ao conectivismo sair do patamar de teoria em construção para ser considerado uma ideia pedagógica ou assumir a posição de uma teoria pronta, acabada, mas que atende à dinâmica das mudanças que ocorrem na sociedade atual.

Para Siemens, é necessário aceitar a ideia do **conhecimento acionável**, fundamentada no envolvimento de dispositivos não humanos, que ele defende em seu primeiro trabalho. Segundo o autor, tal conhecimento pode residir fora de nós e ser recuperado e utilizado quando dele se tiver necessidade. É o que propugna a abordagem do raciocínio baseado em casos, que parte do registro do "conhecimento" de soluções que deram certo em determinado contexto e que, adequado a determinadas condições atuais, pode ser expandido para outro contexto. Essa é a proposta defendida por Wangenheim, Wangenheim e Rateke (2013), sem que tenham, da mesma forma, qualquer ligação com a teoria conectivista.

Há diversos outros campos de conhecimento nos quais ideias que são defendidas e comprovadas podem ser utilizadas com essa visão da força da multidão e do conhecimento que reside fora da própria pessoa.

O que parece faltar, então, para que o conectivismo se torne uma teoria completa e estável, ainda que dentro da dinâmica do mercado, é uma estruturação e novas visões, advindas de diferentes campos do conhecimento, que tratem de modo menos superficial seus princípios e os enunciem com maior rigor científico.

Para estabelecer essa proposta em um ambiente de ensino e aprendizagem, o projeto instrucional deve garantir o acesso livre às redes sociais, incluir atividades que privilegiem elevado nível de interação e incentivar a criação de **comunidades de aprendizagem** em torno do ambiente, principalmente no caso de cursos mais longos.

A afirmativa final de Siemens (2004), que precisa ser discutida sob a luz de estudos mais aprofundados, coloca o conectivismo na perspectiva de uma proposta que incentiva a integração de princípios explorados pelas teorias do caos, da rede, da complexidade e da autoorganização. Essa visão decorre do fato de que a sociedade total atingiu um grau de imersão tecnológica no qual as pessoas dependem cada vez mais do aparato tecnológico e acabam por delegar a esses equipamentos capacidades "quase humanas". Embora ainda não consigam reproduzir o intelecto humano, eles podem apresentar uma resposta correta em grande número de casos por terem acesso a um enorme volume de informações.

Antes de considerar de forma simplificada que uma proposta com essas características beira o nível da especulação científica e do aligeiramento de raciocínio, é melhor propor um aprofundamento de estudos na comunidade, pois se realmente é possível comprovar o que está na teoria, tem-se em mãos uma solução favorável: a atuação do professor digital, voltado para a educação de uma geração igualmente digital, desenvolvida em ambientes genuinamente digitais.

Como estabelecer o conectivismo no ambiente por meio do projeto institucional

Para estabelecer essa proposta em um ambiente de ensino e aprendizagem, o projeto instrucional deve garantir o acesso livre às redes sociais, incluir atividades que privilegiem elevado nível de interação e incentivar a criação de comunidades de aprendizagem em torno do ambiente, principalmente no caso de cursos mais longos.

Caso a IES opte por utilizar o conectivismo, o que acontece em tempo de projeto educacional e não de projeto instrucional, não há considerações complementares a serem discutidas – ele atua mais como um elemento de planejamento. Efetivar o acesso multidirecional é seu papel, já que é do desempenho no desenvolvimento do estudo nas redes que se pode obter maior ou menor qualidade educacional.

Assim, as atividades colocadas no projeto instrucional devem prever a facilidade da busca na grande rede, para o provimento de informações. Cabe ao docente participar de forma ativa desse processo, acompanhando o trabalho que é desenvolvido pelo aluno ou pelos grupos de trabalho.

Glossário do Capítulo 4

Analysis

De acordo com Dalmazo (2014), o termo se refere a uma nova atividade, decorrente da criação de plataformas *big data*. O profissional responsável por ela analisa grandes arquivos de dados e sugere formas de tratamento da informação de modo a produzir relatórios estatísticos nos quais é desenvolvida a tomada de decisão.

Big data

Para Dalmazo (2014), esse fenômeno, que cria grandes arquivos, resulta de atividade de captação e armazenamento de grandes volumes de dados, coletados na grande rede.

Blogs

Trata-se de uma forma antes não aceita no meio acadêmico e livreiro, mas que agora se dissemina por ter entre os autores especialistas que são considerados autoridade em suas áreas. Os *blogs* aumentam em volume e podem vir a colaborar de forma decisiva com a oferta de informação de qualidade na internet.

Cognição

Conforme Axt (1999), trata-se do conceito que equivale ao processo ou à faculdade de aquisição de conhecimentos.

Comunidades[1]
Grupos de pessoas com interesses comuns que se estabelecem com apoio de uma ideia central que direciona o relacionamento entre elas.

Comunidades de aprendizagem
Gozzi et al. (2008) pontuam que as comunidades de prática são criadas no entorno de iniciativas educacionais que se utilizam de todas as ferramentas tecnológicas disponíveis para a efetivação de comunicação entre pessoas na grande rede. Elas normalmente estão ligadas a um projeto educacional específico ou apresentam algum perfil temático relacionado a atividades de ensino e aprendizagem.

Conhecimento acionável
Werneck (2006) o considera como aquele que "está guardado em algum lugar" e que pode ser acionado. Atividades de *big data*, *analysis* e o processamento das informações podem criar novos conhecimentos armazenados em dispositivos não humanos e que podem ser acionados quando as pessoas interessadas acessam grandes arquivos existentes com essa finalidade.

Construtivismo
Moreira (1999) o define como teoria de aprendizagem segundo a qual nada está pronto e acabado. O conhecimento não é algo terminado, mas construído por meio da interação do indivíduo com seu meio social.

---

1   Significado... (2014).

Crowdsourcing

Munhoz (2015a) considera que o termo está relacionado ao "poder das multidões", que considera a força do "nós" maior que a força do "eu". Atualmente há diversas vertentes, dentre elas a educacional, que aceita e utiliza essa conceituação como potente forma de alavancar negócios e facilitar a aquisição de novos conhecimentos.

E-mail

Conhecido correio eletrônico ou mensagem eletrônica, o *e-mail* ressurge no tempo das redes sociais como uma possibilidade de servir como potente auxiliar, via o uso de grupos e listas colocados na grande rede[2].

Era digital

Pena (2018) considera que assim é chamada a quadra de tempo que compreende o início do uso das tecnologias da informação e da comunicação de forma intensiva e extensiva pelas pessoas.

Grupos

Pessoas que se reúnem com algum objetivo comum. Munhoz (2016a) considera que a formação de grupos facilita a efetivação da ABP, além de aumentar o grau de envolvimento do aluno com o ambiente.

Inteligência coletiva

Para Bembem e Santos (2013), a inteligência coletiva possibilita que, num relacionamento em rede, duas ou mais pessoas com diferentes conhecimentos interajam durante um tempo, ao final

---

2   E-mail (2010).

do qual o conhecimento individual de cada um antes do processo somado é inferior ao conhecimento do grupo ao final do processo.

Interligações para o conhecimento

Munhoz (2016a) considera esse processo como o conjunto de acessos efetuados na grande rede com o objetivo específico de troca de informações voltadas para a criação de novos conhecimentos.

Listas

Forma de organização de pessoas com interesse comum que utilizam o *e-mail* como ferramenta de troca de informações entre si.

Resultados de busca

Resultados do desenvolvimento da atividade do aprender pela pesquisa, colocado como uma das formas de aquisição de novos conhecimentos com o auxílio de dados disponibilizados na grande rede.

■ ─────────────────────────── Saiba mais

A seguir são sugeridas leituras para você complementar o estudo desenvolvido neste capítulo. Veja o tema proposto na primeira coluna, acesse o material indicado na segunda coluna e desenvolva a tarefa sugerida na terceira coluna.

Tema	Referência ou *link*	Atividade a desenvolver
Inteligência coletiva	PASSOS, K. G. F. dos; SILVA, E. L. da. O reflexo da inteligência coletiva nas organizações. **TransInformação**, Campinas, v. 24, n. 2, p. 127-136, maio/ago. 2012. Disponível em: <http://www.scielo.br/pdf/tinf/v24n2/a05v24n2.pdf>. Acesso em: 15 maio 2019.	Leitura complementar.

(continua)

(conclusão)

Tema	Referência ou *link*	Atividade a desenvolver
Big data	<http://exame.abril.com.br/revista-exame/edicoes/1025/noticias/para-nao-se-afogar-em-numeros>	Leitura complementar.
Comunidades de aprendizagem	TAVARES, M. das G. P. **Informação, aprendizagem e criação do conhecimento em comunidades de prática**: um estudo de caso. 213 f. Tese (Doutorado em Ciência da Informação) – Universidade Federal de Minas Gerais, Belo Horizonte, 2011. Disponível em: <http://www.bibliotecadigital.ufmg.br/dspace/bitstream/handle/1843/ECID-8KKJQG/tese_completa_final.pdf?sequence=1>. Acesso em: 15 maio 2019.	Leitura complementar.
Aprender pela pesquisa	SOUBHIA, Z.; GARANHANI, M. L.; DESSUNTI, E. M. O significado de aprender a pesquisar durante a graduação. **Revista Brasileira de Enfermagem**, Brasília, v. 60, n. 2, p. 178-183, mar./abr. 2007. Disponível em: <http://www.scielo.br/pdf/reben/v60n2/a09v60n2.pdf>. Acesso em: 15 maio 2019.	Leitura complementar associada a artigo de opinião.

∎

Questões para revisão

1. Assinale pelo menos uma vantagem do conectivismo para o processo de ensino e aprendizagem da geração digital.

2. Cite pelo menos um impacto da "era digital" sobre as formas de ensino e aprendizagem tradicionais.

3. Questione um dos pontos polêmicos do conectivismo: "o conhecimento pode estar em dispositivos não humanos".

4. Relacione estruturas hipertextuais à forma como o cérebro humano atua.

5. Destaque pelo menos um aspecto importante sobre a inteligência coletiva.

Estudo de caso

Analise a seguinte situação e desenvolva, em forma de relatório, a solução para o problema proposto.

Uma instituição de ensino pretende modernizar suas metodologias nos cursos ofertados em ambientes enriquecidos com a tecnologia. Para obter sucesso nessa iniciativa, uma de suas primeiras providências foi solicitar ao Departamento de Tecnologias Inovadoras um estudo sobre a utilização das redes sociais, com base no fato de que elas fundamentam o conectivismo. As orientações devem ser apresentadas na forma de descrição de utilização e justificativa para sua efetivação.

05
APRENDIZAGEM EM GRUPO

QUANDO O ALUNO opta pela aprendizagem independente, é possível que em muitos momentos ele sinta o "**fantasma da solidão**" presente em sua caminhada. Uma das saídas para isso, além do acesso liberado às redes sociais, é estabelecer um ambiente de aprendizagem em grupo, possivelmente completado com a participação em **comunidades de prática** com interesses comuns.

Motivação

Os estudos sobre grupos de estudantes com um tema de interesse comum que motiva a aprendizagem em grupo se deslocam da área pedagógica para a área psicológica, e a motivação entra em campo como o sentimento resultante. Ela leva o aluno a se tornar um participante ativo do ambiente, o que justifica a importância de professor e projetista instrucional terem uma visão mais detalhada sobre o tema.

O primeiro aspecto diz respeito ao ser humano como um **animal gregário**, como postulado por Steindorf (2007), que considera ser esta a natureza humana, já revelada em sua fragilidade física e necessidade de participar de grupos como garantia de sobrevivência.

Aliada à possibilidade da solidão na grande rede, esta primeira consideração cresce em importância. Assim, uma primeira proposta de qualquer projeto instrucional é o incentivo à criação de grupos, o que, no contexto no qual este estudo foi desenvolvido, é potencializado com a proposta do uso da aprendizagem baseada em problemas (ABP) como abordagem.

É possível contabilizar as vantagens de se tornar membro de alguma comunidade. O aluno se sente mais seguro ao saber que não está sozinho e que ao seu redor existem outras pessoas, mesmo não fisicamente presentes, que, além de tudo, apresentam o mesmo interesse que ele e este se torna um objetivo comum.

Compartilhar metas, ser responsável pela evolução de outras pessoas, preocupar-se com o progresso de cada um como algo que é revertido em benefício de todos é uma das principais razões de essa proposta estar inserida neste estudo.

Um primeiro cuidado pode ser observado em trabalho desenvolvido por uma equipe de psicólogos (Walton et al., 2012) que questionou: Em que nível a conexão entre as pessoas deve acontecer para que algum benefício advenha de ser membro de um grupo? Os autores do estudo sugerem que a percepção de benefícios pode ocorrer tão logo o contato seja estabelecido e a conexão, registrada, ou seja, que a "mera participação" já traz benefícios. O resultado dos experimentos desenvolvidos por essa equipe considera que a primeira reação é o aumento na motivação individual, potencializada no grupo pela **sinergia** trocada entre os participantes (Walton et al., 2012).

Quando se criam metas socialmente compartilhadas em torno de uma tarefa, como a aquisição de novos conhecimentos, crescem as oportunidades para que **interações sociais** positivas aconteçam entre os participantes, ainda que eles não se conheçam. A criação de confiança entre pessoas que não se conhecem é uma nova proposta nos ambientes em rede, que já foi estudada em seus aspectos positivos por Giddens (1991).

Quando a percepção do professor assim recomenda, são estabelecidos ambientes nos quais são criadas metas socialmente compartilhadas, caso em que é possível observar o aumento da produtividade dos participantes. As interações sociais se tornam catalizadoras de uma aplicação diferenciada e interesses que nada parecem ter a ver com os processos de ensino e aprendizagem os favorecem. Os autores citam como exemplo, em um dos estudos, que a simples comemoração do aniversário de um dos participantes levou o grupo a desenvolver a melhor apresentação (Walton et al., 2012).

As regras parecem ser estabelecidas de forma natural, ainda que devam existir, com base no projeto instrucional, balizadores para que sejam criadas pelo próprio grupo, dentro de certas condições. A **inteligência emocional** se faz necessária nesse aspecto.

Goleman (2015) retorna ao trabalho com esse tema, considerando que a gestão de conflitos é uma necessidade que pode ser facilmente atingida quando em um grupo se estabelece algum tipo de liderança natural, não imposta, mas com o dom de direcionar as atividades desse grupo.

As questões de desempenho, cruciais para que a aprendizagem independente tenha sucesso, parecem ficar em segundo plano. O grupo, apoiado em um interesse comum, parece "andar sozinho", sem que seja necessária interferência externa, a não ser quando ela é solicitada de forma explícita.

O professor digital – *coaching*, orientador, tutor – tem uma única responsabilidade, além da manutenção da harmonia do grupo (inteligência emocional): manter as condições para que os vínculos sociais se estendam do grupo para a comunidade e da comunidade para a sociedade, o que inclui vínculos familiares.

Assim, é possível aceitar que não seja necessária uma grande atividade conectiva antes de se começar a ver benefícios no grupo. O simples relacionamento entre pessoas que estão reunidas no grupo de forma aleatória, sem influência de qualquer conhecimento anterior, motivadas por estarem na mesma região e terem em comum o objetivo de adquirir o mesmo conhecimento, ou simplesmente reunidas ao acaso, é capaz de produzir resultados significativos no que diz respeito à motivação e ao desempenho.

Esse é um aspecto que não pode deixar de ser contabilizado e que é ignorado em muitas das iniciativas. Entra em foco o domínio afetivo na atividade de ensino e aprendizagem (Bloom, 1956), por meio do qual resultados inesperados podem surgir.

Quando esses estudos e as conclusões de outros autores são colocadas juntos de forma intencional, com o propósito de levantar se é funcional a criação de grupos em ambientes de ensino e aprendizagem enriquecidos com a tecnologia, é possível ter não somente uma justificativa, mas a oportunidade de estabelecer uma proposta benéfica para todos. Tanto o professor quando os participantes do grupo auferem vantagens com essa proposta.

Assim, é possível afirmar que, mesmo a simples relação entre as pessoas com base em razões aleatórias, como o aniversário de um dos membros do grupo, é suficiente para aumentar os sentimentos de carinho e motivação entre elas e motivá-las a produzir, como aconteceu, um resultado acima do esperado.

Em última instância, é possível afirmar que pessoas ligadas por um objetivo comum a outras pessoas ao seu redor passam a se sentir "mais próximas" umas das outras e dificilmente são assaltadas pelo "fantasma da solidão".

Em outro capítulo, será destacada a importância da ABP e justificada sua inserção no ambiente como um dos principais aspectos considerados neste estudo. Quando essa proposta é adotada, recomenda-se a criação de grupos para a problematização do currículo e determinação de estratégias para sua solução. Esse objetivo em comum cria uma forte motivação nos participantes.

Como a criação desse tipo de grupo ocorre em ambientes *on-line*, outras pesquisas foram desenvolvidas de forma a ampliar o estudo sobre a influência da criação de grupos por meio de uma análise dos efeitos e das características da interação social desenvolvida nesses ambientes.

Outro estudo ligado ao tratamento diferenciado da tecnologia em ambientes de ensino e aprendizagem, estabelecido no *Massachussets Institute of Technology* (MIT), considera que a criação de grupos nos ambientes virtuais ajuda a remover o isolamento que a aprendizagem a distância pode trazer. Stacey (1999) considera que, por meio desse inegável ponto positivo, já que a busca de motivação presume a participação ativa do aluno no ambiente, fica estabelecida uma condição favorável.

O estudo teve como norte a vontade de ajudar os candidatos a professores digitais a compreenderem as formas mais eficazes de atingir essa nova geração digital e de se integrar a ela. Para isso, foram criados grupos e permitido um nível de conversação diferenciado, grande parte desenvolvido no meio virtual, com uso de dispositivos móveis e *smartphones*, e os professores foram colocados como observadores.

Com base na pesquisa de Stacey (1999), podemos tirar algumas conclusões que interessam sobremaneira ao presente estudo:

- Quando os grupos são montados, é necessária a liberação de **comunicação multidirecional** intensiva para que as interações sejam produtivas.
- A orientação da aprendizagem colaborativa no grupo e cooperativa nas redes e comunidades deve ser estabelecida como linha de ação.
- Os grupos devem ser pequenos (entre três a um máximo de cinco participantes) para que a produtividade seja maior e não haja dispersão de esforços.
- Deve ser liberada e além disso incentivada a comunicação e a troca de recursos entre os grupos.
- Deve ser destacado que a responsabilidade não é mais individual, mas que cada um assume parte da responsabilidade pelo sucesso do grupo.
- A **conversação didaticamente guiada**, como proposta por Holmberg (2005), deve direcionar o contato do orientador com o grupo.
- Deese-Roberts e Keating (2000) consideram que a interação entre os pares acadêmicos (veja o Capítulo 15, que trata da aprendizagem pelos pares) voltada para melhoria de serviços de bibliotecas virtuais apresentou resultados que demonstram uma força insuspeitada e que pode ser

apropriada no ambiente de estudo. Essas interações devem ser incentivadas para além dos encontros programados no programa do curso e se possível se estender para a vida pessoal e privada com inserção da dimensão afetiva em atividades de ensino e aprendizagem, como elas estão propostas por Bloom (1959).

- Deve haver a flexibilidade de localização dos participantes, aberta em qualquer horário, como extensão da sala de aula virtual, utilizando a conceituação de mobilidade total. A derivação do conceito de mobilidade total como **vantagem competitiva** em mercados locais e virtuais pode ser transferida para o ambiente educacional, considerando que ela amplia as possibilidades de maior integração do grupo de trabalho.
- O **diálogo sustentado** (aquele que é mantido ativo) e as técnicas de negociação (gestão de conflitos), não somente entre os participantes do grupo, mas do grupo com outros grupos, devem ser incentivados;
- A proposta de "construção individual do próprio conhecimento" é trocada de forma sutil por uma proposta similar de "construção do conhecimento do grupo", que pode ser composto por colaborações individuais, mas que não são mais assim destacadas. Tudo o que é obtido como "saída" é considerado resultado do trabalho do grupo.

Os projetos voltados ao estudo das vantagens da utilização de grupos em processos de ensino e aprendizagem desenvolvidos em ambientes enriquecidos com a tecnologia estão apoiados em uma perspectiva da eficiência da construção social do conhecimento, que acontece por meio da aprendizagem cooperativa e colaborativa.

Nos parágrafos anteriores foram indicados dois estudos, entre os muitos que existem e outros que são possíveis. Ao se concentrar nestes últimos, é possível colocar uma série de recomendações, que favorecem a obtenção de resultados positivos. Assim, sempre que um trabalho com essas características for definido, recomenda-se que ele leve em consideração:

- a estratificação por faixa etária, sabendo que jovens e adultos aprendem de forma diferente como o fazem as crianças;
- a estratificação por gênero, considerando que existe uma diferenciação na abordagem e na forma de desenvolvimento dos trabalhos que deriva diretamente da diferenciação de gênero ainda existente na sociedade;
- os efeitos da orientação para a aprendizagem independente como a principal direcionadora no sentido da criação de grupos;
- o efeito do processo de *feedback* do grupo com o orientador e sua colocação como uma condição primordial para que as estratégias definidas por cada grupo estejam de acordo com o que o mercado de trabalho deseja;
- as diferentes formas de **criação de expectativas**, considerada uma das maneiras mais eficientes de motivar as pessoas;
- a comparação do estudo com o que acontece em outros contextos, de forma a reforçar ou negar os resultados que indicam a força dos grupos em ambientes virtuais;
- o efeito do "compartilhamento" na motivação e na união das pessoas do grupo;
- as técnicas de gestão de conflitos que se mostrem mais eficientes, para a criação de um padrão que possa ser utilizado independentemente do contexto;
- a perspectiva da criação de grupos, de forma a criar uma **"estrutura pirâmide"** que atenda ambientes de grandes salas de aula, como forma de diminuir custos, mantendo-se a proposta de utilização de grupos nos ambientes virtuais;

- a influência da "liderança" no grupo e o quanto se pode ganhar ou perder com a liberação dessa proposta;
- as formas de "separar o joio do trigo", eliminando elementos que não colaboram com o grupo.

Com base nesse direcionamento, será possível criar um "banco de dados de ideias" a ser utilizado para a formação de grupos, com cuidados e recomendações a serem adotados.

Glossário do Capítulo 5

Animal gregário
Gikovate (2007) assim define o ser humano, que precisa de contato com outras pessoas para desenvolver todo o seu potencial intelectual.

Comunicação multidirecional
De acordo com Gomes et al. (2005), trata-se do conjunto de processos disponíveis nos ambientes virtuais de aprendizagem que permitem a todos os participantes se comunicarem entre si.

Comunidades de prática
Gouvêa, Paranhos e Motta (2008) assim definem os grupos de pessoas que tratam de um tema específico, de interesse comum, sendo os projetos de aquisição de novos conhecimentos parte integrante desses temas.

Conversação didaticamente guiada
Modelo analisado por Holmberg (2005) durante estudo desenvolvido na Comunidade Europeia sobre referenciais teóricos consistentes para a educação a distância (Ead), considerando que ela é

desenvolvida de forma intencional, mediante meios de comunicação síncronos ou assíncronos, de forma presencial, não presencial ou semipresencial, na qual as conversas estão orientadas pelo professor de forma a privilegiar a aprendizagem independente, com respeito às características individuais de cada aluno, que marcam o desenvolvimento do processo.

Criação de expectativas

Costa e Marchiori (2015-2016) consideram esse elemento como uma das formas de incentivar a motivação intrínseca em ambientes nos quais a gamificação é utilizada como um das metodologias inovadoras de aprendizagem ativa. O participante é levado a estabelecer metas para atingir objetivos, o que gera a sensação que o orienta no sentido de aumentar seu interesse e participação no processo.

Diálogo sustentado

Munhoz (2013b) esclarece que essa atividade ocorre de forma contínua durante o processo de ensino e aprendizagem. Trata-se da forma de comunicação que deve ser desenvolvida entre o professor orientador e os alunos sob sua responsabilidade.

Estrutura pirâmide

Plastino (2018) considera que essa estrutura se estabelece quando há propostas de transferência de conhecimento entre pessoas, em uma escala que permite a mais pessoas serem alcançadas pela ação e pela prática de acompanhamento do professor ao aluno.

Fantasma da solidão

Segundo Munhoz (2016c), trata-se de uma sensação comum nos ambientes virtuais de aprendizagem, que pode ser estabelecida pelo fato de o aluno não receber o retorno de seus pares ou orientadores em um tempo hábil para que sua necessidade sobre um assunto específico seja atendida.

Inteligência emocional

Goleman (2015) considera que, para a efetivação da inteligência emocional, é necessário que a pessoa reconheça, em si mesma, um sentimento enquanto ele ocorre, tenha capacidade de desenvolver controle sobre as reações que ele provoca e de reconhecer a mesma situação em outras pessoas, o que facilita a solução de conflitos em um ambiente de estudo em grupo.

Interações sociais

Munhoz (2016c) as relaciona às formas de comunicação desenvolvidas pelas pessoas quando estão interligadas pessoalmente ou por algum dos meios de comunicação disponíveis na sociedade da informação e comunicação.

Sinergia

Ação entre duas pessoas que trocam entre si energia motivadora quando estão desenvolvendo algum trabalho sobre um tema de interesse comum[1].

Vantagem competitiva

Correia (2009) considera que, em termos de mercado corporativo, essa conceituação equivale a "vencer a concorrência" e, em termos acadêmicos, diz respeito à capacidade adquirida de resolver problemas e aplicar, em diferentes contextos, os conhecimentos sobre determinado assunto.

---

1   Significado... (2014).

Saiba mais

A seguir são sugeridas leituras para o leitor complementar o estudo desenvolvido neste capítulo. Veja o tema proposto na primeira coluna, acesse o material indicado na segunda coluna e desenvolva a tarefa sugerida na terceira coluna.

Tema	Referência ou *link*	Atividade a desenvolver
Comunidades de prática	SOUZA-SILVA, J. C. Condições e desafios ao surgimento de comunidades de prática em organizações. **Revista de Administração de Empresas**, São Paulo, v. 49, n. 2, p. 176-189, abr./jun. 2009. Disponível em: <http://www.scielo.br/scielo.php?script=sci_arttext&pid=S00 34-75902009000200005>. Acesso em: 18 abr. 2018.	Leitura complementar associada a artigo de opinião.
Inteligência emocional	WOYCIEKOSKI, C.; HUTZ, C. S. Inteligência emocional: teoria, pesquisa, medida, aplicações e controvérsias. **Psicologia: Reflexão e Crítica**, Porto Alegre, v. 22, n. 1, p. 1-11, 2009. Disponível em: <http://www.scielo.br/scielo.php?script=sci_arttext&pid=S0 102-79722009000100002>. Acesso em: 18 abr. 2018.	Leitura complementar.
Conversação didaticamente guiada	TEORIA da Conversação Didáctica Guiada de Holmberg. **Wikispaces**. Disponível em: <http://modelosdeensinoadistancia.wikispaces.com/Teoria+da+Conversação+Didáctica+Guiada+de+Holmberg>. Acesso em: 18 abr. 2018.	Leitura complementar.

(continua)

(conclusão)

Tema	Referência ou *link*	Atividade a desenvolver
Novas formas de comunicação nas redes	MORIGI, V. J.; PAVAN, C. Entre o "tradicional" e o "virtual": o uso das tecnologias de informação e comunicação e as mudanças nas bibliotecas universitárias. **Revista ACB**, v. 8, n. 1, 2003. Disponível em: <http://revista.acbsc.org.br/racb/article/view/391/481>. Acesso em: 18 abr. 2018.	Leitura complementar.

Questões para revisão

1. Aponte pelo menos uma forma de afastar o "fantasma da solidão" em ambientes virtuais de aprendizagem.

2. Que importância você credita à motivação nos ambientes virtuais de aprendizagem?

3. Aponte pelo menos uma vantagem da utilização dos preceitos da inteligência emocional no trabalho em grupo.

4. Aponte a característica que considera mais importante no trabalho desenvolvido em comunidades de prática.

5. De onde deriva a importância dada ao "poder das multidões"? Analise sua aplicação em educação.

Estudo de caso

Analise a seguinte situação e desenvolva, em forma de relatório, a solução para o problema proposto.

Uma instituição de ensino deseja desenvolver um trabalho extensivo sobre a aprendizagem em grupo, considerada uma das formas mais indicadas para os alunos não sentirem o fantasma da solidão; para a diminuição da ocorrência dos processos de evasão; e para a efetivação da aprendizagem ativa. O departamento que trabalha com metodologias inovadoras foi convocado para desenvolver um guia de orientação aos professores para trabalharem essas propostas. Todas as orientações apresentadas devem ser justificadas.

06

APRENDIZAGEM COOPERATIVA E COLABORATIVA

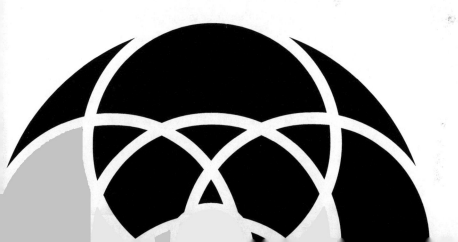

AS REDES ESTÃO presentes como ambientes de aprendizagem (retirado o adjetivo da novidade) e a evolução tecnológica prevê um aumento cada vez maior de sua utilização. Existe uma tendência de não mais diferenciar formas de entrega de cursos, bem como a possibilidade de o *b-learning* ser efetivado como forma de entrega padrão. Diversas variações são possíveis e também oferecidas de forma combinada ou individual, de modo que o objetivo nas ofertas de iniciativas educativas seja qualitativo. Nesse contexto, a cooperação e a colaboração são parte integrante de qualquer recomendação voltada para a melhoria da prática dos agentes educacionais nesses ambientes.

Cooperação

Trata-se de uma ação intencional desenvolvida com a finalidade de oferecer ajuda especializada a outras pessoas, de forma individual ou em grupos com interesses comuns, sem que haja compartilhamento de responsabilidade ou obrigatoriedade.

Ela ocorre de **forma consensual**, pois as partes envolvidas concordam com o diálogo, e não carrega consigo objetivos outros que não aqueles de transferência de conhecimentos e de ideias.

É um processo no qual competir ou assumir responsabilidades não entram em questão. A cooperação é uma ação despojada de interesses financeiros e pessoais; seus objetivos estão relacionados com o aumento da satisfação pessoal, do amor-próprio e de outros elementos que envolvem a afetividade.

Há linhas psicológicas que a consideram como a forma ideal de efetivar as relações humanas, em que o único propósito é a disseminação de conhecimentos, no caso de nosso estudo (voltado para a área educacional). Um exemplo mais próximo e real de cooperação entre pares acadêmicos, por exemplo, é a criação de **recursos educacionais abertos** (REA). Essa forma de oferta de conteúdo consiste em grandes repositórios, utilizando a computação em nuvem. Tais localidades atendem as necessidades *just-in-time* e *on-demand* das pessoas interessadas.

O estudo da utilização dos REA privilegia considerações sobre a cooperação entre pessoas e não leva seus resultados ao mercado corporativo, como ação entre empresas. Nesse campo, os desvios são comuns e o tratamento do tema não tem relevância no presente estudo.

A perspectiva de sacrifício pode ser considerada, mas não representa a melhor forma de efetivar a cooperação, a menos em casos fora do âmbito aqui tratado (tragédias são o exemplo mais comum). Aqui interessa o tratamento da cooperação como uma ideia pedagógica e de grande valor para as pessoas que escolheram a rede e os ambientes virtuais como locais onde irão desenvolver suas atividades de aprendizagem.

A admiração a atitudes cooperativas surge em função da pouca importância que as pessoas demonstram umas pelas outras, em uma sociedade que privilegia a **individualização** e coloca em xeque muitas das conquistas sociais feitas pela humanidade.

Dessa forma, o incentivo ao desenvolvimento de atividades cooperativas pode permitir a superação de interesses humanos e a prevalência de atitudes socais e emocionais nos ambientes de ensino e aprendizagem, assim como praticamente todos os outros que compõem a sociedade atual, caracterizados por tendências egoístas e de motivações pessoais.

Colaboração

A primeira colocação importante a fazer é diferenciar os termos *cooperação* e *colaboração*, que são incorretamente tratados como sinônimos na bibliografia atual, sem que para isso atentem os revisores de textos.

A cooperação, como vimos no item imediatamente anterior, está diretamente ligada ao relacionamento entre pessoas e representa uma escolha pessoal, intencional. Ela pode ser desenvolvida em diferentes níveis. A análise não limitada, como a que foi efetivada anteriormente, permite classificar como *cooperação* outros comportamentos, como respeito, compartilhamento de ideias, além da transferência de conhecimentos anteriormente relacionados.

Já a colaboração se refere ao ambiente. Assim, um ambiente colaborativo é aquele no qual pessoas se unem de forma orientada, que pode não ser intencional, mas devido a contingências de um contexto particular. Um ambiente que oferece acesso às redes sociais, por exemplo, é considerado colaborativo, pois nele as pessoas utilizam ferramentas para desenvolver tarefas de interesse comum.

Em vez da simplicidade encontrada nas atividades de cooperação, a colaboração é caracterizada por uma negociação cuidadosa. Alunos se reúnem para verificar se o trabalho que desenvolveram em conjunto tem algum significado e pode conduzir aos resultados que todos esperam. A atuação não é mais "autoritária", daquele que sabe ou pode mais para aquele que sabe ou pode menos. As relações colaborativas são desenvolvidas na base da igualdade.

A afetividade, por sua vez, tem uma característica comum aos dois ambientes: a tomada de decisões pelos participantes é conjunta. Considera-se que a aprendizagem acontece na troca de experiências e na caminhada por um caminho comum. O diálogo é uma constante. A responsabilidade pelo sucesso não é mais vista de forma individual, pois os objetivos são comuns.

Relação entre cooperação e colaboração

O fato de serem conceitos diferentes não significa que estão divorciados nos ambientes de ensino e aprendizagem. Elas podem se completar: as atividades colaborativas podem envolver atividades cooperativas. O inverso, no entanto, não acontece. Há situações nas quais o uso das atividades colaborativas não deixa espaço para o desenvolvimento da cooperação. Há casos ainda em que, apesar de esta ser desenvolvida, os agentes envolvidos não têm competência e habilidade para desenvolver atividades de forma cooperativa.

A cooperação é mais abrangente: ela sai de um escopo ou objetivo previamente determinado e pode acontecer a qualquer instante, sem um planejamento anterior.

Quando vistas sob a ótica do mercado, as atividades cooperativas podem não se apresentar com o mesmo nível de altruísmo. O contraexemplo mais utilizado é a formação de cartéis, considerada uma atividade cooperativa.

Voltando ao campo educacional, Boavida e Ponte (2002), apresentam as vantagens do uso conjugado dos dois ambientes. Os autores consideram que atividades com apenas características colaborativas perdem por serem muito formais, com regras estabelecidas. Isso não tira, em nenhuma hipótese, sua importância. Mas os autores ressaltam que, quando elas são completadas com atividades cooperativas, a dimensão da afetividade pode ser estabelecida mais facilmente e se tornar natural. Isso não acontece se essa linha de ação não é adotada. Quando se enxerga apenas o lado da colaboração, a afetividade precisa ser despertada por meio de estímulo externo.

Aprendizagem colaborativa

Como algo natural, a aprendizagem cooperativa não será tratada de forma isolada pois, como foi estabelecido ao final do capítulo anterior, ela é complementar à aprendizagem colaborativa.

Perante tantas recomendações para sua utilização devido à possibilidade de estabelecer uma motivação adicional para o participante dos grupos (veja o Capítulo 5, referente à aprendizagem em grupos), a aprendizagem colaborativa é mais utilizada como parte integrante dos Sistemas de Gerenciamento de Conteúdo e Aprendizagem (SGCA).

As salas particulares de *chats* e de **fóruns** específicos para um grupo, além do uso de **videoconferências** (via *stream* de vídeo) já são realidade no ambiente de aprendizagem. Ainda pouco utilizadas, também as áreas *wiki* estão acessíveis, mas poucos têm experiência nelas. Com relação a esse aspecto, Barkley, Cross e Major (2005) consideram importante para a utilização das áreas wiki um trabalho mais detalhado do projetista instrucional e do professor.

Bruffee (1998) considera que qualquer estudo sobre aprendizagem colaborativa tem um caminho a seguir e deve estar apoiado nos seguintes questionamentos:

- Por que utilizar a aprendizagem colaborativa?
- O que é a aprendizagem colaborativa?
- Qual o impacto da utilização da aprendizagem colaborativa no ambiente?
- Quais exemplos podem ser apresentados?
- Como as atividades devem ser projetadas para efetivar a aprendizagem colaborativa?
- Como as atividades colaborativas devem ser avaliadas?

Com base nesses questionamentos, o projetista instrucional pode obter elementos para recomendar o uso de grupos, o que normalmente não acontece quando no ambiente se utiliza a aprendizagem baseada em problemas (ABP).

Obtidos tais elementos, se a ideia de usar grupos é aprovada, o professor precisa seguir uma série de recomendações colocadas por diferentes pesquisadores da área, como Davis (2009), Felde, Felde e Dietz (1998); Michaelsen, Knight e Fink (2004); e Barkley e Cross e Major (2005):

- Ao estabelecer a aprendizagem colaborativa, é preciso encarar o **conhecimento como uma construção social** (veja o Capítulo 4, a respeito do conectivismo).
- Ao adotar essa opção, é necessário trabalhar no estabelecimento de pequenos grupos.
- A melhor perspectiva de trabalho para a aprendizagem colaborativa é determinar um problema que contemple em sua solução o estudo do currículo proposto.
- Determinar a estratégia para solução do problema é a primeira atividade.
- "Fazer" é a principal atividade do grupo.
- Duas cabeças pensam melhor que uma, três cabeças pensam melhor que duas, ou seja, todos os participantes devem sugerir ideias, com o desenvolvimento de atividades de *brainstorming*.
- A interação com o orientador, pelo menos no início dos trabalhos, deve ser intensa, podendo diminuir no transcorrer do tempo.
- Atribuição de funções, gerenciamento de tempo e gestão de conflitos são as propostas de trabalho internas a serem desenvolvidas, nas quais o orientador pode participar, desde que convidado.
- Evitar lideranças no sentido de não haver uma só pessoa no controle do processo.

- Evitar a mistura do joio com o trigo, eliminando participantes inativos e que não trabalhem de acordo com as regras estabelecidas pelo próprio grupo.
- Sempre que possível, é importante direcionar a solução para um **estudo de caso**, tomando o cuidado de a atividade ser factível nos limites de tempo do processo em foco.

Muitas dessas recomendações parecem se confundir com as orientações para a aprendizagem em grupo, o que é uma realidade, tendo em vista que a aprendizagem colaborativa é, normalmente, desenvolvida em grupos e que a ABP é uma forma de abordagem, pelo menos no contexto em que este estudo foi desenvolvido.

A ABP é colaborativa por excelência, pois exige ambientes centrados no aluno. Essa é uma das razões de ela ser a abordagem mais indicada para os ambientes de ensino e aprendizagem enriquecidos com tecnologia.

A aprendizagem colaborativa trata de forma simplificada de uma questão que é polêmica em algumas situações: Como avaliar o trabalho desenvolvido? Quando essa abordagem é utilizada em um contexto com as características aqui assinaladas, a avaliação tradicional perde o significado. O acompanhamento tem a finalidade de orientar o aluno e direcioná-lo no sentido de que ele próprio determine como o seu processo de aprendizagem irá se desenrolar. Assim, perdem sentido as questões objetivas de múltipla escolha e as questões dissertativas que reflitam apenas a necessidade de decorar conteúdos.

É no momento que se entrega a solução para o problema proposto, em uma apresentação em grupo, que se desenvolve o processo de avaliação. Observa-se que a entrega dessa solução é vista como trabalho final de uma aula, lição, etapa ou disciplina.

Nesse ponto, cabe informar que a utilização de objetos de aprendizagem torna possível uma orientação complementar: a adoção de uma linha de desenvolvimento do conteúdo do mais simples ao mais complexo. Nesse processo, uma ideia preliminar, que representa um conhecimento complexo, é granularizada até representar um conhecimento completo, independente do contexto, e pode ser desenvolvida em 15 a 20 minutos.

Essa mesma orientação será reiterada no capítulo específico sobre a ABP, em outras palavras e de forma um pouco mais detalhada que nesta ocasião.

Glossário do Capítulo 6

Chats
Munhoz (2013b) os define como salas criadas em ambientes virtuais de aprendizagem que permitem a grupos de alunos trocar informações e a professores tutores ou orientadores realizar reuniões com grupos de trabalhos.

Conhecimento como uma construção social
Moreira (1999) considera esse processo como uma das bases do conectivismo e uma das realidades que podem ser observadas atualmente no ambiente virtual, onde o poder da multidão e a efetivação da inteligência coletiva não podem ser ignorados enquanto orientadores da aquisição do conhecimento como uma construção social.

Estudo de caso
Severino (2000) considera esse tipo de atividade uma forma de avaliação, uma proposta, uma estratégia pedagógica que

apresenta para os alunos um problema mal estruturado relacionado ao campo profissional no qual irão desenvolver seus trabalhos, analisando situações reais e apresentando diferentes visões para explicá-las.

Forma consensual

Situação na qual as pessoas concordam com determinada definição sobre algum objeto de estudo[1].

Fóruns

Munhoz (2013b) define esses locais como salas de discussão assíncronas, criadas nos AVAs de forma a permitir que determinado assunto seja dissecado por uma comunidade que esteja desenvolvendo estudos sobre assuntos de interesse comum.

Individualização

Representa a separação de uma pessoa do todo, o que pode representar uma vantagem ou desvantagem, a depender do seu objetivo e do contexto onde acontece[2].

Just-in-time

Termo que se refere ao atendimento realizado na hora em que uma pessoa necessita de determinado serviço ou informação[3].

Recursos educacionais abertos

Como é possível captar na Declaração de Paris sobre Recursos Educacionais Abertos (Declaração..., 2012), eles representam um conjunto de materiais de ensino e pesquisa em suporte multimídia

---

1   Consensual (2009).
2   Individualização (2014).
3   Significado... (2015c).

sob domínio público e que as pessoas podem acessar, utilizar, modificar e redistribuir para outras pessoas. Eles podem representar informações isoladas ou a totalidade de algum curso oferecido para a comunidade.

Videoconferência

Munhoz (2013b) a considera como um importante componente de elementos multimídia, criados para repassar o conteúdo aos alunos em formato digital. Esses elementos podem ser distribuídos como *streaming* de vídeo ou gravados em alguma localidade e baixados para o equipamento dos alunos interessados, que podem assisti-los quantas vezes desejarem.

Wiki

Munhoz (2013b) assim define uma importante ferramenta por meio da qual as pessoas podem desenvolver atividades de colaboração nas grandes redes ou em ambientes privados.

Saiba mais

Veja o tema proposto na primeira coluna, acesse o material indicado na segunda coluna e desenvolva a tarefa sugerida na terceira coluna.

Tema	Referência ou *link*	Atividade a desenvolver.
Aprendizagem em redes	<https://pt.wikibooks.org/wiki/Aprendizagem_e_Medias_Sociais/Aprendizagem_em_redes>	Leitura complementar.

(continua)

(conclusão)

Tema	Referência ou *link*	Atividade a desenvolver.
Recursos educacionais abertos	<http://scholar.google.com.br/scholar_url?url=https://periodicos.sbu.unicamp.br/ojs/index.php/etd/article/download/1206/1221&hl=pt-BR&sa=X&scisig=AAGBfm25vWF_pHaB9JAmgDRJMlRIpix95A&nossl=1&oi=scholarr>	Leitura complementar associada a artigo de opinião sobre o tema.
Individualismo	<http://www.portalanpedsul.com.br/admin/uploads/2012/Filosofia_da_Educacao/Trabalho/02_13_03_2626-7578-1-PB.pdf>	Leitura complementar.
Competitividade	SOBRAL, F. A. da F. Educação para a competitividade ou para a cidadania social? **São Paulo em Perspectiva**, São Paulo, v. 14, n. 1, p. 3-11, jan./mar. 2000. Disponível em: <http://www.scielo.br/scielo.php?pid=S0102-88392000000100002&script=sci_arttext>. Acesso em: 18 abr. 2018.	Leitura complementar.

Questões para revisão

1. Cite pelo menos uma vantagem da aprendizagem desenvolvida em ambientes em rede.

2. Cite pelo menos uma desvantagem da aprendizagem desenvolvida em ambientes em rede.

3. Questione as críticas feitas à utilização de Recursos Educacionais Abertos (REA).

4. Analise os eventuais prejuízos ao processo de ensino e aprendizagem que podem ocorrer devido ao caráter individualista da sociedade atual.

5. Analise pelo menos um aspecto negativo do incentivo à competitividade em educação.

Estudo de caso

Analise a seguinte situação e devolva, em forma de relatório, a solução para o problema proposto.

Uma instituição de ensino pretende, com a intenção de aumentar a motivação do aluno e sua participação no ambiente, estabelecer condições para que no ambiente educacional estejam presentes as propostas de aprendizagem cooperativa e colaborativa, como definidas em um projeto instrucional bem desenhado.

O grupo de trabalho deve apresentar um relatório com as iniciativas que devem ser tomadas pelos professores para que tais processos sejam estabelecidos e seguidos pelos alunos. Todas as iniciativas devem ser justificadas.

07

APRENDIZAGEM BASEADA EM PROBLEMAS (ABP)

ESSE TIPO DE abordagem se destaca quando se propõe fazer um estudo sobre as aprendizagens ativas desenvolvidas em ambientes enriquecidos com a tecnologia. Ela faz parte de um sexteto que envolve: efetivação da aprendizagem independente; uso do conectivismo como teoria de aprendizagem em construção aplicável à geração digital; uso da aprendizagem em grupos; uso da aprendizagem colaborativa; uso de salas de aula invertidas e uso da abordagem da aprendizagem baseada em problemas (ABP). Tais aspectos podem ainda ser reforçados por outras metodologias e ideias pedagógicas, que foram concentradas em um único volume neste material de estudo.

Onde tudo começa

A ABP está fundamentada em uma proposta: estabelecer um processo simples, seguro, orientado e eficaz para que o currículo seja desenvolvido por meio da solução de problemas semelhantes àqueles que o aluno enfrentará em sua vida profissional.

Uma das principais propostas é aproximar o profissional formado pela academia daquele profissional desejado pelo mercado.

Nos dias atuais parece aumentar o fosso que separa o perfil do profissional egresso da academia do perfil de solucionador de problemas desejado pelo mercado.

Por que se objetiva formar um solucionador de problemas?

Porque a evolução tecnológica e a instabilidade de um mercado extremamente volátil, no qual a obsolescência atinge serviços, produtos e conhecimentos com uma velocidade nunca antes observada nas sociedades, coloca o novo como um desafio a ser superado. Assim, diariamente ocorrem novos problemas, que exigem senso crítico, criatividade, inovação e iniciativa para serem solucionados e manter a competitividade da empresa no mercado.

O profissional que sai da academia, na maior parte das vezes, é um teórico com pouca ou nenhuma vivência profissional, que estudou conteúdos pouco relevantes e que em nada contribuíram para a formação do perfil desejado pelo mercado.

Assim, a ABP passa a ter hoje uma responsabilidade que não tinha em seus primórdios. Sobre ela é colocada uma carga pesada, uma vez que é utilizada no sentido de preencher uma lacuna do mercado: profissionais altamente qualificados e em condições de desenvolver a proposta de serem solucionadores de problemas.

Sua utilização exige mudanças dos agentes educacionais envolvidos: na IES, nos procedimentos didáticos e pedagógicos que direcionam os projetos instrucionais, no comportamento dos professores, no comportamento dos alunos, na atualização dos currículos e na determinação de novas formas de comunicação entre todos esses participantes.

Nada mais simples, porém, é estabelecer uma definição para essa abordagem do processo de ensino e aprendizagem. Pode-se utilizar a colocação de Berbel (1998), pesquisadora da área que afirma, de forma simplificada, que a ABP é um método de instrução sobre o processo de resolver problemas do mundo real, o qual utiliza **lógica** e **raciocínio**, apoiados em conteúdo relevante e trabalho extensivo de acordo com uma proposta de aprender fazendo.

Existem diversas outras definições para a ABP. Neste estudo, vamos considerar a colocação de Berbel como necessária e suficiente para compreender o que ela é.

O método tem o apoio decisivo das aprendizagens indicadas nos quatro capítulos anteriores: o uso de ambientes semipresenciais, a adoção do conectivismo como teoria de aprendizagem em construção voltada para a geração digital, o uso de grupos e o uso da aprendizagem colaborativa. Esses elementos dão o suporte necessário para que essa abordagem do processo de ensino e aprendizagem tenha o sucesso que vem demonstrando em diversas iniciativas.

A história da ABP pode ser conhecida em referência indicada na seção "Saiba mais". Neste momento, especificamente, interessa analisar o estado da arte, para que ela seja desenvolvida em ambientes com características similares ou iguais àqueles no qual este estudo foi desenvolvido.

Aceitar desafios é da natureza humana, e um problema representa, para o aluno, um desafio que pode se tornar mais ou menos agradável, mais ou menos fácil de ser superado. Quando o aluno encontra outros colegas que pretendem resolver problemas em conjunto, por meio de uma forma de aprendizagem independente, marcada por colaboração, cooperação e um objetivo comum, a formação de grupos se torna algo natural.

Assim, os alunos se agrupam e passam, a partir desse momento, a resolver problemas em conjunto por meio de um processo no qual desenvolvem habilidades relacionadas ao pensamento crítico, que pode lhes dar uma formação adequada e de acordo com o que o mercado contemporâneo deseja: um profissional do conhecimento.

Primeiros passos

Aos poucos aumenta o número de professores e de instituições de ensino superior (IES) que consideram a ABP uma alternativa interessante à aprendizagem em salas de aula que utilizam metodologias tradicionais superadas e que, consequentemente, não conseguem mais prender e motivar os alunos durante as atividades de aprendizagem.

O primeiro passo consiste em o professor apresentar para os alunos as características do contexto, com destaque para a abordagem da ABP, com orientações sobre novos comportamentos e atitudes.

No segundo passo é apresentado para o aluno o currículo a ser cumprido para atingir os objetivos propostos com a atividade de ensino e aprendizagem e a forma como rotas de aprendizagem e indicações para busca de conteúdo devem ser interpretadas.

Há necessidade, nesse momento, de destacar as diferenças entre a ação e a prática, tanto do professor como do aluno. Ao aluno não serão mais apresentadas palestras, atividades ou exercícios, mas a ele será proposta a problematização do conteúdo apresentado, com ou sem o acompanhamento do professor, que agora tem o papel de orientador.

A aprendizagem se torna ativa no sentido de que os alunos terão de assumir uma aprendizagem independente, desenvolvida de forma ativa, e buscar, nas fontes indicadas pelo professor, o conteúdo necessário para a solução do problema.

O terceiro passo dá início ao processo e praticamente encerra a importância da "aula". De acordo com a convergência de propósitos e do interesse comum, os alunos são orientados a formar pequenos grupos, de três a cinco integrantes, de modo que o professor orientador possa trabalhar de forma mais confortável. Nesse ponto, o professor assume o papel de acompanhante dos alunos.

O quarto passo reflete o momento de reflexão e de organização interna. Nesse momento, o grupo deve:

- problematizar o conteúdo que precisa desenvolver;
- escolher a estratégia de abordagem;
- coletar as ideias dos participantes e as apresenta em um mapa mental;
- determinar a divisão de tarefas;
- preparar o organograma de desenvolvimento, conforme um processo de gestão de tempo adequado, que se encaixe no tempo previsto e que pode ficar em aberto, na dependência da forma de oferta.

A apresentação da proposta fecha a fase inicial do trabalho. Ela pode ser realizada em forma de texto ou em outro suporte indicado pelo grupo. É possível ainda usar ferramentas auxiliares, como o conteúdo produzido no **Project Management Institute (PMI)**.

A partir desse momento, tem início uma segunda fase, na qual o professor assume de forma definitiva o papel de facilitador, mentor ou *coaching* (uma tendência em evolução). Ele não é mais uma fonte de "soluções prontas e preparadas", que são entregues a cada aluno de forma individual. Os alunos podem contar com as redes sociais, as comunidades de prática e todo um conjunto de pessoas e máquinas para realizar a tarefa em grupo.

A estranheza inicial dos alunos a essa proposta começa a ceder e eles são incentivados a utilizar o que sabem, ou o que a rede apresenta, para propor uma solução ao problema. Colocam assim em andamento a proposta de desenvolvimento de habilidades pessoais e de boa atuação nos trabalhos em equipes. O grande destaque nesse processo é a melhoria das habilidades de comunicação, com bom desempenho em atividades de leitura e interpretação e na capacidade de escrita.

Nesse novo ambiente educativo, as reuniões presenciais, não presenciais, síncronas, assíncronas e as sessões com o orientador substituem as "aulas", e a chatice, que era uma das principais reclamações, parece sumir do ambiente.

Quando da apresentação do cronograma, o orientador pode estabelecer uma divisão para a entrega de resultados parciais, normalmente dividido em quatro, cinco ou mais etapas, das quais a primeira está cumprida e a segunda em desenvolvimento. Esse pode ser considerado "o momento de reflexão" do grupo de trabalho.

Qualquer passo tomado pelo grupo de trabalho pode ser repetido, reciclado, refeito para adaptação às condições que ele próprio colocou como objetivo final. Até esse momento o problema ainda pode ser redefinido. Passando desse ponto, o trabalho deve ter continuidade, mesmo que o objetivo possa não ser cumprido, o que faz parte da solução de problemas. Nesses casos, a apresentação da solução poderá ser a descrição das razões pelas quais o trabalho não foi desenvolvido de forma completa.

A ênfase nesse processo é orientar o grupo a desenvolver a solução do problema apoiado pelo **método científico**, seguindo as recomendações sobre o desenvolvimento e a evolução das etapas necessárias. A forma de apresentar os resultados deve ser a indicada pela IES para apresentação de **trabalhos científicos**.

Deste momento até a entrega final do trabalho, o destaque está na interação do grupo com o professor orientador e com os demais agentes educacionais envolvidos.

Quando o grupo finaliza a segunda fase, é comum que lhe seja entregue uma lista com várias orientações, como as indicadas na sequência:

- O problema que o grupo adotou (que pode ser informado pelo professor orientador em casos específicos) deve ser "**um problema mal estruturado**", sendo que essa proposta deve admitir diversas soluções, todas elas dependentes do contexto.
- A declaração e a discussão do problema devem determinar quais ferramentas da tecnologia educacional serão utilizadas.
- A coleta de informações deve apontar para um conteúdo relevante ao que o grupo apresentou como proposta.
- Novos conceitos, informações, princípios e habilidades são determinados pelo próprio grupo, momento em que ele pode contar com a participação ativa do professor orientador.
- A melhor forma de começar é fazer uma lista denominada "o que sabemos", na qual o grupo determina o que ele "já sabe" para resolver o problema.
- Em seguida, deve ser analisado o impacto da solução proposta, momento no qual o grupo é orientado a desenvolver uma análise denominada *Forças, Oportunidades, Fraquezas e Ameaças* (FOFA), imediatamente seguida pela apresentação de uma proposta **Why, What, Where, Who, For Whom, When, How, How Much, How Many (6W3H)**.

- Em caso de ser impossível levantar dados que permitam responder aos questionamentos – "é necessário fazer" e "qual ferramental utilizar" –, é recomendável que a proposta seja reescrita. Tal fato não é comum, devido ao acompanhamento que o professor orientador dá ao grupo nessa fase.
- Sugere-se que a apresentação inicial revele
  - uma declaração escrita corroborada por todos os participantes;
  - o acordo do grupo em torno da declaração;
  - o que o grupo sabe;
  - o que é necessário (já aprovado e verificada a existência).
- O grupo tem em mãos uma lista de possíveis soluções surgidas durante o estudo do problema, e caso haja apresentação de um protótipo ou de um estudo de caso, ele deve atender às limitações do contexto e dos participantes do grupo.
- O trabalho deve então ser colocado no papel, ponto em que o método científico entra em ação.
- A defesa da proposta deve ser preparada. Ela encerra as atividades e seu objetivo é apresentar tanto as soluções desenvolvidas quanto possíveis soluções. Esse escopo é definido na fase inicial do trabalho. É comum indicar o que faltou e o que está em aberto para outras pesquisas e trabalhos.

Durante esse trabalho do grupo, uma segunda lista de responsabilidades do professor orientador é entregue para os participantes do grupo, os quais devem discutir sobre elas para definir qual será a forma de comunicação do grupo com aquele. Para este, colocado como **coacher**, tem validade o conjunto de recomendações conhecido como *as cinco regras de ouro*. Ao seguir tais regras, o professor aceita, de forma tácita, que a proposta da ABP transforma os papéis que devem ser desenvolvidos no ambiente.

A perda da centralidade da sala de aula nesse processo é inicialmente assustadora, e o senso de responsabilidade compartilhada é uma "novidade" cuja compreensão por parte dos participantes é importante. Ter de resolver as coisas sozinhos e escolher a forma como isso será feito também amedronta os participantes na fase inicial. A transformação deles de agentes receptores da informação que o professor considera mais correta para gestores dos próprios interesses e do que vão fazer (e como vão fazer) dá uma nova dimensão para as atividades de ensino e aprendizagem.

As aprendizagens ativas, dentre as quais se destaca a ABP, desenvolvem uma nova metáfora: do aluno como trabalhador e do professor como mentor ou *coacher*. Esse contexto permite definir as cinco regras de ouro anteriormente citadas. São elas[1]:

- **Regra 1**: Enquadrar as atividades de ensino e aprendizagem de forma a permitir ao grupo atingir o objetivo a que se propôs e orientar atividades não de acordo com o que ele pensa, mas conforme o mercado de trabalho no qual os participantes irão desenvolver sua ação e prática docente.
- **Regra 2**: Auxiliar o grupo a desenvolver uma ideia central para direcionar os trabalhos, criando temas e alternativas para eles escolherem o caminho mais plano. Características do mercado, pontos fortes e fracos do projeto são contatos que substituem as "aulas tradicionais".
- **Regra 3**: Estar disponível para consultas, oferecer retorno nos momentos em que o grupo necessita e revisar cada passo tomado por ele. A adoção de um processo maiêutico ajuda a mostrar para os participantes do grupo que eles têm condições

---

[1] Elaborado pelo autor com base em material montado para ser entregue aos grupos.

de evoluir em seu trabalho e apresentar uma solução factível para a proposta que adotaram.

- **Regra 4**: Trabalhar na perspectiva da aprendizagem pelos pares (metodologia tratada no Capítulo 15) e incentivar um processo de autoavaliação ao longo do desenvolvimento do trabalho. O professor pode orientar para pontos de inflexão nos quais a atividade deve ser desenvolvida. Os questionamentos a serem respondidos são formulados pelo próprio grupo.
- **Regra 5**: Orientar a apresentação final do trabalho como se ele fosse ser apresentado em audiência pública (o que pode acontecer) e orientar o compartilhamento e a disseminação dos conhecimentos que porventura possam ter sido criados ou, pelo menos, lançar um novo olhar sobre conhecimentos já estabelecidos, o que pode orientar para práticas ainda não testadas, mas que podem melhorar a utilização desse conhecimento.

Essa forma de projetar as atividades de ensino e aprendizagem leva os participantes a ler o mundo da forma como ele se apresenta e aproveitar os conhecimentos que esse mesmo mundo possibilitou que eles criassem e incorporassem em sua cultura.

O método representa uma mudança significativa no papel desempenhado tanto pelos alunos como pelos professores. A sala de aula "deixa de existir", pelo menos em sua face tradicional. Os alunos ficam espalhados, sentados em círculo, na frente de seus computadores, assistindo ao trabalho de seus pares acadêmicos e futuros pares profissionais. Eles "vivem com antecedência" o que vai acontecer nas mesas de trabalho em seus escritórios.

O professor orientador tem na palavra *persuasão* a diretriz de seu trabalho. Ele não comanda e domina; ele convence, orienta e aprende com o que essas orientações produzem no aluno e com as respostas que esses incentivos podem gerar. O compartilhamento de descobertas entre professores e alunos é uma oportunidade para demonstrar o que cada um aprendeu.

Há um ponto de convergência que deve ser assumido por todos: o sucesso da aprendizagem baseada em problemas depende diretamente do desempenho de cada um. Ele não está na riqueza da tecnologia, mas na riqueza dos relacionamentos. É no processo de interação extensivo, com efetivação da presença social do professor na vida dos alunos e dos participantes dos grupos uns na vida pessoal dos outros, que está a razão do sucesso.

Efetivar o pensamento crítico é a proposta mais consistente para direcionar os trabalhos desenvolvidos em ambientes com essas características e com os balizadores indicados, todos eles de forma flexível e questionáveis pelos participantes, com aceitação de mudanças de rumo. O professor orientador não é mais "o dono da verdade". Ele é parte integrante do grupo e aprende com ele, somando sua experiência e seu conhecimento às experiências e aos conhecimentos de cada um dos participantes.

Uma proposta de comportamentos e atitudes

Analisado o trabalho de vários pesquisadores e após diversas leituras acadêmicas, é possível agora indicar um caminho para o "solucionador de problemas" por meio de um decálogo, que o orienta no sentido de:

1. Regularmente rearticular suas metas, seus objetivos e suas necessidades sempre que houver mudança nas condições no

ambiente em relação àquelas que colocou na proposta original, como estratégias para solução do problema.
2. Analisar alternativas anteriormente adotadas, com o desenvolvimento de uma proposta de raciocínio baseada em casos.
3. Estudar o problema de forma a permitir o controle sobre ele.
4. Concentrar os esforços primeiro nos aspectos que podem ser resolvidos para, na sequência, se voltar para potenciais pontos de insucesso. Assim, é possível adotar uma linha de ação que privilegia, em primeiro lugar, a melhora daquilo que já se conhece e se sabe ser funcional para, a seguir, inferir novos comportamentos, que nunca foram adotados e serão confirmados na prática.
5. Escolher um problema que atenda às necessidades do currículo, ou seja, cujo estudo possa ser desenvolvido com os recursos e o tempo disponíveis. Criar quimeras em nada contribui para a construção de novos conhecimentos.
6. Ao trabalhar nas propostas *big data* e Analysis para captação e armazenamento de dados, deve-se analisar e interpretar a informação em fontes de pesquisa consideradas fidedignas, para que se possa fazer as **inferências** necessárias à solução do problema.
7. Escolher, com base nessas inferências, um caminho onde estejam colocadas as opções e, na sequência, as razões da escolha de uma delas, com comentários sobre as demais, para que outros autores as analisem em novas pesquisas.
8. Analisar as vantagens e as desvantagens da opção que foi escolhida.
9. Definir e adotar uma estratégia de ação na qual a gestão de recursos e a gestão de tempo tornem a conclusão do projeto uma realidade.

10. Analisar cuidadosamente todas as implicações das indicações oferecidas, estando pronto para revisar a solução apresentada se a situação assim o exigir.

São cuidados cujo destaque pode auxiliar o pesquisador a chegar a resultados positivos.

Glossário do Capítulo 7

Coacher (coach)
Definido pelo Instituto Brasileiro de Coaching (Marques, 2018c), o termo indica o profissional que, em uma relação de *coaching* (executivo ou educacional), é o especialista. Por meio de seus conhecimentos, ele desenvolve sua prática para auxiliar outras pessoas a atingir seus objetivos.

Inferências
No detalhamento de algum estudo efetuado sobre um objeto ou um sujeito de pesquisa, é a atividade desenvolvida por um conjunto de técnicas por meio da qual é possível afirmar a verdade de uma proposição lógica, em decorrência de sua ligação com fatos já considerados e reconhecidos como verdadeiros.[2]

Lógica
Vasto e profícuo campo da filosofia que aborda, de forma geral, como o pensamento humano pode ser enxergado, dividindo-o em dedução, indução, hipótese, inferência e conclusões. É normalmente

---
2 Inferência (2018).

utilizado para determinar o que é "verdadeiro" de acordo com a perspectiva humana de enxergar as coisas.

Método científico
Conjunto de técnicas que permitem corroborar uma hipótese ou responder a questões norteadoras, apresentando soluções para um problema que se quer resolver ou um novo conhecimento que se quer estabelecer sobre o objeto de estudo.

Problema mal estruturado
Munhoz (2016a) define esse termo, relacionado à ABP, como todo problema que não aceita uma única solução. As soluções possíveis não representam uma panaceia, mas possibilidades de funcionalidade em contexto específico, que dependem dos agentes envolvidos.

Project Management Institute (PMI)
Instituição internacional que associa profissionais que desenvolvem trabalhos na área de gestão de projetos. O corpo de conhecimentos por ela oferecido tem uma certificação aceita em nível internacional, que garante ao profissional os conhecimentos necessários para o desempenho de sua função.

Raciocínio
Ação do cérebro humano, considerada como o exercício da razão na procura do entendimento de situações, atos e fatos, na qual ideias são formuladas e juízos são elaborados sempre seguindo o conceito da lógica, dedutível com base em premissas tomadas como verdadeiras em determinado contexto.

Trabalho científico

Todo e qualquer trabalho voltado a criar ou validar novos conhecimentos, apoiado em referencial teórico consistente e aceito pela academia e que é desenvolvido segundo normas e regras específicas.

Why, What, Where, Who, For Whom, When, How, How Much, How Many (6W3H)

Monlevade (2010) considera esses elementos como ferramentas de uso corrente nas empresas, voltadas para o desenvolvimento do planejamento como uma forma séria e mensurável de obter resultados na análise e na solução de problemas.

■ ──────────────────────── Saiba mais

Veja o tema proposto na primeira coluna, acesse o material indicado na segunda coluna e desenvolva a tarefa sugerida na terceira coluna.

Tema	Referência ou *link*	Atividade a desenvolver
Problematização	BERBEL, N. A. N. A problematização e a aprendizagem baseada em problemas: diferentes termos ou diferentes caminhos?. **Interface: Comunicação, Saúde, Educação**, Botucatu, v. 2, n. 2, p. 139-154, fev. 1998. Disponível em: <http://www.scielo.br/pdf/icse/v2n2/08>. Acesso em: 18 abr. 2018.	Leitura complementar associada a artigo de opinião sobre o tema.
Método científico	<https://www.significados.com.br/metodo-cientifico/>	Leitura complementar.
Complexidade	<https://hypescience.com/teoria-da-complexidade-o-que-e-isso/>	Leitura complementar.

(continua)

(conclusão)

Tema	Referência ou *link*	Atividade a desenvolver
Project Management Institute (PMI).	O QUE é PMI? **Project Builder**, 2017. Disponível em: <http://www.projectbuilder.com.br/blog-pb/entry/conhecimentos/o-que-e-pmi>. Acesso em: 18 abr. 2018.	Leitura complementar.

Questões para revisão

1. Cite e discuta pelo menos uma vantagem do uso da aprendizagem baseada em problemas (ABP).

2. Cite e discuta pelo menos uma desvantagem do uso da ABP.

3. Conceitue problemas mal estruturados.

4. Analise o uso de grupos na abordagem da ABP.

5. Analise o acerto de formar o aluno como um "solucionador de problemas".

Estudo de caso

Analise a seguinte situação e desenvolva, em forma de relatório, a solução para o problema proposto.

Uma instituição de ensino superior observa que, em muitos dos cursos oferecidos nos ambientes enriquecidos com a tecnologia, a participação dos alunos decresce com o decorrer do tempo. Ao analisar razões para isso, descobre que há perda de interesse e pouca participação ativa do aluno no ambiente. Após desenvolver estudos sobre o problema, um grupo de professores concluiu que uma das formas mais eficazes de resolvê-lo era utilizar a aprendizagem baseada em problemas (ABP), em grupo e de forma colaborativa.

Ao final do estudo, a equipe de trabalho deve apresentar um relatório que oriente os professores a problematizar os currículos, contendo justificativa para todas as recomendações que façam parte do documento.

08

GAMES EM EDUCAÇÃO

ESTUDOS DESENVOLVIDOS POR Prensky (2001a, 2001b, 2006) apontam para a emergência de uma nova geração digital que apresenta diferentes formas de aprender e de desenvolver a comunicação com seus pares. A falta de adaptação desses nativos digitais aos ambientes tradicionais leva ao "ressurgimento" da proposta de utilização de jogos em educação, que estava um tanto adormecida depois de atravessar uma fase de ouro, em um tempo anterior.

Encanto dos jogos

Existem diferentes maneiras por meio das quais o ser humano aprende. É possível considerar que cada aluno representa uma entidade individual e tem uma forma particular de desenvolver sua aprendizagem.

Na atualidade, via de regra, as salas de aula são consideradas ambientes "chatos" a ponto de a nova geração não mais gostar de ir para a escola. A primeira alternativa pensada para dar novo encantamento aos ambientes educativos, não somente para a sala de aula presencial, mas destinada a todo e qualquer ambiente no qual a educação seja a atividade fim, é tornar a aprendizagem uma atividade mais agradável. Nesse ponto, surgem várias metodologias inovadoras. Steiner et al. (2009) consideram que elas partem da observação do comportamento que crianças, jovens e adultos apresentam quando em frente aos seus *videogames*. Eles parecem estar "grudados" na tela, absortos de tal forma que é difícil desviar sua atenção dos movimentos da telinha.

Prensky (2006) considera que é preciso e possível aproveitar esse encanto, esse nível de motivação em atividades de ensino e aprendizagem. Tal proposta passou, então, a integrar os sonhos dos educadores que pretendem recuperar o encanto da sala de aula tradicional e do relacionamento entre professores e alunos, aqueles considerados orientadores, e estes, participantes ativos do processo.

No próximo capítulo, será tratada a questão de gamificação, que muitas vezes é considerada incorretamente como o uso de *games* em educação. Estes consistem em atividades diversas; já a gamificação utiliza a mecânica adotada nos jogos.

Pivec (2007) considera que em muitas iniciativas a transferência do encanto pelos *games* para as atividades de ensino e aprendizagem continua sendo apenas um propósito, uma expectativa que não se efetiva por causa da incorreta formação do professor.

Para que o uso de jogos em educação possa atingir os resultados pretendidos para ele, primeiramente o professor deve passar por uma **alfabetização tecnológica** e conhecer os fundamentos psicológicos que envolvem questões de motivação.

Para isso, existe um parâmetro: "a qualidade didática e pedagógica" que um jogo pode apresentar. Os "**jogos para aprender**" não podem ser apenas uma forma de diversão digital, embora a agradabilidade faça parte das recomendações para seu desenvolvimento. Mas ainda há um longo caminho a ser percorrido pela academia para que jogos com essa característica sejam desenvolvidos. De acordo com os estudos desenvolvidos por Akilli (2007), o retorno ao uso de *games*, agora mais centrado nas instituições de ensino superior (IES), ainda navega em águas turvas.

Nas corporações, os "jogos de empresa" (inicialmente denominados ***small games***, ***serious games***) atualmente dominam diversas áreas, principalmente o *marketing* e a gestão de pessoas. Os relatos de sucesso se multiplicam e parece que nesses setores as técnicas já estão dominadas e os produtos atingem os objetivos colocados.

Retornando ao setor acadêmico, no qual este estudo foi desenvolvido. Nesse sentido, será analisado a seguir o estado da arte atual com relação à utilização de jogos em atividades de ensino e aprendizagem:

- Com o uso de jogos em educação, entra em ação o uso de habilidades não cognitivas, relacionadas ao domínio afetivo, que podem ser usadas como motivação intrínseca ou extrínseca, orientadas para o aluno aprender o que é necessário conhecer, de forma a dominar certa função em certa área do conhecimento.

- O uso de jogos em educação recebe destaque quando especialistas como Prensky (2001a, 2001b), Magnussen e Christiansen (2007) e Göbel (2009) consideram que apresentar o conteúdo em um jogo é mais significativo do que fazer isso por meio de um livro didático no contexto tradicional.
- Há uma certa má vontade, manifesta pelas gerações anteriores (os imigrantes digitais) para com a **leitura e permanência digital**. Embora o problema esteja em fase de superação, ainda dificulta a adoção da metodologia. Esse impasse se manifesta sempre que se precisa escolher entre um método tradicional e uma proposta de uso de jogos digitais.
- Pelo fato de ter um mercado incipiente, o Brasil muitas vezes não acompanha as tendências de jogos em educação; tal aspecto, no entanto, não atinge os "**jogos de empresa**".
- O tratamento dos jogos como uma "**arquitetura de engajamento**" e a possibilidade de efetivação da "inteligência coletiva" quando se está em rede é destaque dos trabalhos de Dunwell, Jarvis e Freitas (2009) e Connolly e Stansfield (2007). De acordo com esses autores, tais aspectos podem ser utilizados para motivar o participante a iniciar e dar continuidade ao processo de utilização de jogos em educação.
- Em alguns congressos, a constatação de que as pessoas jogam em todos os lugares, exceto na escola, é apresentada como um dos motivos para a necessária mudança no ambiente educacional. Antes de motivar os alunos, no entanto, é preciso que a IES se sinta incentivada a montar laboratórios nos quais o acesso a comunidades virtuais seja uma realidade.
- O uso de jogos em educação passou a enfrentar um forte concorrente, que deriva diretamente de sua proposta: o uso de processos de gamificação, mais complexos, mas que ativam alguns paradigmas importantes, como a funcionalidade das aulas roteirizadas e das questões de premiação.

- Uma das propostas em destaque e que justifica parcialmente o uso de jogos em educação é a possibilidade que os jogadores têm de antecipar o resultado de coisas que ainda não foram feitas, mas apenas simuladas por algum jogo. A mensuração da aprendizagem pode ser efetuada de forma muito mais efetiva e eficaz do que sem o uso de jogos (Connolly; Healey, 2007).
- O analfabetismo digital e a exclusão social atuam como limitadores para muitos alunos, que não podem acessar os jogos em rede fora dos ambientes presenciais tradicionais. Tal fato é identificado como um dos entraves para as IES utilizarem toda a potencialidade da evolução das telecomunicações. Infelizmente, ainda são muitas as pessoas que não têm acesso às redes de grande velocidade.
- Há habilidades estimuladas pelos jogos que poderiam ser aproveitadas integralmente nos processos de ensino e aprendizagem. Arnab et al. (2010) relacionam, entre elas, a persistência, a assunção de riscos, a colaboração, a solução de problemas, entre outras.

Dado o devido desconto ao perfil **tecnófilo** de alguns pesquisadores da área da utilização de jogos em educação, algumas linhas consideram (Malykhina, 2014) que os jogos representam a forma de educação do futuro. Trata-se de uma proposta desafiadora, ante o estado da arte apresentado na lista anterior a evolução dos processos de gamificação, já destacada como totalmente diversa.

Currículos escolares estão sendo repensados com base nessa perspectiva e os professores vêm sendo incentivados a desenvolver, em processo de **formação permanente e continuada** (*lifelong learning*), métodos de nivelamento na área de uso de jogos em educação.

No Brasil, o fator resistência ainda é grande na academia, por isso não se acredita que o uso de jogos na educação atinja o resultado esperado. O mesmo não acontece com o processo de gamificação; este sim tem grandes possibilidades de se tornar a forma de educação do futuro. Isso porque, ao trabalhar com aspectos psicológicos de motivação, o processo de gamificação ganha em diversos aspectos.

Feenberg (1999), por sua vez, discute as questões de dependência tecnológica às quais muitas instituições de ensino poderão ser submetidas, principalmente se entregarem o desenvolvimento de novos projetos para empresas que não têm nenhum relacionamento ou comprometimento com a qualidade didática e pedagógica que os jogos devem apresentar.

Nenhuma relação deve ser levada em consideração quando se resolve adotar o uso de jogos em educação. É preciso evitar sobrecarga no volume de trabalho proposto aos alunos, que pode acontecer em nível laboral, psicológico e cognitivo. Questões de saúde e **ergonomia** também precisam ser consideradas. Sempre há um ponto de equilíbrio entre resultados e produtividade.

Há vários campos nos quais estudos sobre o uso de jogos em educação podem ser desenvolvidos, alguns em aberto e outros com poucas iniciativas, o que faz o conhecimento existente na área ser incipiente. A forma como o uso de jogos pode beneficiar a abordagem da aprendizagem baseada em problemas (ABP), por exemplo, é um campo praticamente inexplorado, que pode render bons frutos para a construção de novos conhecimentos.

O progresso na utilização de jogos no mercado corporativo pode ser um grande incentivo aos estudantes para que aprendam não somente a utilizar os jogos, mas também a desenvolver propostas. O problema é que muitos professores ainda não apresentam maestria em **mídia digital** e tecnologia educacional.

Isso porque cursos de formação de pedagogos estão longe da realidade da sociedade contemporânea. Esse fato dificulta uma evolução mais acelerada desse campo.

Outro benefício da utilização de jogos em educação é a possibilidade de verificar como determinado aluno está evoluindo em seu processo de aquisição de conhecimentos. Uma linha de pesquisa sobre o tema busca descobrir em que nível essa intervenção pode ocorrer e como maximizar os resultados obtidos. Outro benefício é o retorno imediato, considerado por muitos professores como um dos principais motivadores do aluno. Entregar o controle do processo aos alunos também é uma vantagem citada em muitos trabalhos.

Como se afirmou no início deste capítulo, muitas das afirmativas que hoje circulam no meio devem ser olhadas com cuidado e apreensão, pois algumas estão eivadas por sentimentos tecnófilos, que podem levar ao abandono da adoção de novas metodologias. Por exemplo, a afirmativa de que o uso de jogos em universidades, em ambientes presenciais, semipresenciais ou não presenciais, melhora o desempenho dos alunos deve ser vista com reservas. Porém, somente investigações adicionais, relacionadas a um contexto em particular, podem dizer se essa afirmativa está correta.

Outra consideração deve ser analisada: alguns gestores de IES afirmam, de forma categórica, que os jogos não são necessariamente a opção mais rentável para elas, geralmente submetidas a orçamentos apertados, pois, muitas vezes, o custo de produção de jogos excede o orçamento disponível. Como esse custo não pode ou encontra resistência em ser repassado para os valores das mensalidades, em muitas ocasiões o uso de jogos em educação é deixado de lado. A questão é verificar o quanto essa afirmativa é verdadeira. Um currículo completo desenvolvido com jogos pode apresentar custos proibitivos.

Quando, no entanto, o ambiente apresenta condições financeiras, a proposta passa a interessar especialmente aos alunos que encontram problemas em acompanhar os ambientes tradicionais. Nesses casos, para evitar a evasão, é possível arcar com os custos dessa inovação. O estudo *Return of Investiment* (ROI), ou Retorno do investimento, pode levar em consideração o retorno intangível da manutenção da qualidade de ensino mesmo nesses casos, o que pode criar uma imagem institucional favorável na grande rede.

Glossário do Capítulo 8

Alfabetização tecnológica
Munhoz (2013b) define o termo como o processo pelo qual a pessoa recebe um conhecimento, ainda que básico, sobre tecnologias da informação e tecnologia educacional e aprende como utilizar as principais ferramentas disponíveis para atender a processos de ensino e aprendizagem em ambientes enriquecidos com a tecnologia.

Arquitetura de engajamento
Munhoz e Martins (2014) assim definem a proposta de dar significado de forma divertida, à construção, de situações que chamam a atenção do aluno e o fazem se engajar de forma ativa no processo.

Ergonomia
De acordo com Salvi, Merino e Fialho (2016), trata-se da ciência que desenvolve estudos sobre o relacionamento entre homem e máquina de modo a não somente garantir sua segurança, mas fornecer as melhores condições possíveis para que esse engajamento tenha elevado nível de aproveitamento.

Formação permanente e continuada

Munhoz et al. (2014) a consideram uma necessidade de todos os profissionais da sociedade contemporânea, devido à acelerada evolução tecnológica a qual está sujeita a sociedade atual. Os autores destacam a importância dessa formação para o corpo docente, com destaque para processos voltados à formação de tutores.

Jogos de empresa

Trevelin (2012) considera que a proposta dos jogos de negócios é servir como uma metodologia de ensino e treinamento para que os colaboradores de uma empresa aprendam técnicas e práticas que facilitem o desenvolvimento de seu trabalho.

Jogos para aprender

Oliveira (2013) os define como jogos desenvolvidos com o apoio de ideias didáticas e pedagógicas que têm o objetivo de criar condições para que as atividades de aprender sejam desenvolvidas de forma mais eficaz e divertida. O autor considera tal definição semelhante a que pode ser dada ao termo *edutainment*.

Leitura e permanência digital

Pessoa e Maia (2012) consideram que existem pessoas com grande dificuldade em desenvolver leituras digitais ou permanecer muito tempo em frente a seus computadores. São pessoas de gerações anteriores, que enxergam as máquinas como um complemento, e não como um meio de vida. Para elas, pode ser necessária a criação de uma nova cultura, a fim de inseri-las na sociedade que emerge na atualidade.

Mídia digital

De acordo com Munhoz (2013b), o aluno tem à disposição diversas formas de mídia digital, como textos, áudios, vídeos, animações e outras formas de gravação feitas por meio de diferentes mídias digitais. O uso da multimídia em educação se revela crescente, incentivada pela evolução acelerada dos meios de comunicação.

Small games, serious games

Munhoz e Martins (2014) assim chamam os jogos de empresa. A nomenclatura tem a intenção de considerar como uma atividade séria a atividade de jogos para treinamento ou aprendizagem utilizados na empresa.

Tecnófilo

Rosário et al. (2010) assim definem as pessoas que aceitam todas as inovações tecnológicas sem antes refletir sobre o efeito de sua adoção no tecido social.

■ ─────────────────── **Saiba mais**

Veja o tema proposto na primeira coluna, acesse o material indicado na segunda coluna e desenvolva a tarefa sugerida na terceira coluna.

Tema	Referência ou *link*	Atividade a desenvolver
Alfabetização tecnológica	SILVA, G. C. de J.; MENEZES, T. S. Alfabetização Tecnológica. **WebArtigos**, 2010. Disponível em: <http://www.webartigos.com/artigos/alfabetizacao-tecnologica/35398/>. Acesso em: 18 abr. 2018.	Leitura complementar associada a artigo de opinião sobre o tema.

(continua)

(conclusão)

Tema	Referência ou *link*	Atividade a desenvolver
Jogos de empresa	TREVELIN, A. C. Jogos empresariais: conceitos e fundamentos. **As relações entre os seres humanos**. UFMS, 2012. Disponível em: <https://docplayer.com.br/5912754-Jogos-empresariais-conceitos-e-fundamentos.html>. Acesso em: 18 abr. 2018.	Leitura complementar.
Jogos educacionais	ARAÚJO, N. M. S.; RIBEIRO, F. R.; SANTOS, S. F. dos. Jogos pedagógicos e responsividade: ludicidade, compreensão leitora e aprendizagem. **Bakhtiniana: Revista de Estudos do Discurso**, São Paulo, v. 7, n. 1, p. 4-23, jan./jun. 2012. Disponível em: <http://www.scielo.br/scielo.php?script=sci_arttext&pid=S2176-45732012000100002&lng=pt&nrm=iso>. Acesso em: 18 abr. 2018.	Leitura complementar.
Engajamento em jogos digitais	SOUSA, R. P.; MOITA, F. M. C. da S. C.; CARVALHO, A. B. G. (Org.). **Tecnologias digitais na educação**. Campina Grande: EDUEPB, 2011. Disponível em: <https://static.scielo.org/scielobooks/6pdyn/pdf/sousa-9788578791247.pdf>. Acesso em: 16 maio 2019.	Leitura complementar.

Questões para revisão

1. Aponte pelo menos uma vantagem do uso de *games* em educação.

2. Aponte pelo menos uma desvantagem do uso de *games* em educação.

3. Analise a "capacidade didática e pedagógica" dos jogos educacionais.

4. Ao que você credita o maior sucesso do uso de *games* no mercado corporativo?

5. Ao que você credita a dificuldade de leitura digital?

Estudo de caso

Analise a seguinte situação e desenvolva, em forma de relatório, a solução para o problema proposto.

Uma instituição de ensino superior, ao perceber a falta de motivação no ambiente dos cursos oferecidos com apoio dos fundamentos do EaD, solicitou a um grupo de professores um estudo sobre metodologias alternativas e sugeriu centrar o estudo no uso de jogos em educação.

Ao final, a equipe de trabalho deve apresentar um relatório com recomendações, indicações de possíveis localidades e produtos que poderiam ser adquiridos. Cada recomendação que compõe o relatório final deve ser justificada.

09

GAMIFICAÇÃO

09

AOS POUCOS OS processos de gamificação ganham a atenção dos professores e profissionais que desenvolvem cursos em ambientes enriquecidos com a tecnologia. Aviles (2015) considera a necessidade de esse fato se tornar mais massivo e atingir um maior número de professores para que as propostas de gamificação decolem de uma vez por todas.

Processo

Werbach e Hunter (2012, 2015) desenvolvem um trabalho intensivo no campo da gamificação. Eles propõe para a abordagem uma definição tão simples quanto ela deve ser. Para eles, o processo de gamificação se resume à aplicação da **mecânica dos jogos** aos processos de ensino e aprendizagem e ponto final. Tal definição será usada como base no presente estudo.

Por meio dessa proposta, pretende-se derivar a diversão que representam os jogos de *videogame*, as premiações e punições, as pontuações, o desafio de novas fases e de recuperação de vidas para uma proposta que torne a atividade de ensinar e aprender alegre, como propõe McGonigal (2011) ao analisar uma nova realidade possível para a área educacional.

Os jogos de *videogame* podem ser "viciantes", mas aqui serão apontados como altamente motivadores. Essas situações, apoiadas por um **roteiro fantástico**, serão agora utilizados para o desenvolvimento de currículos, permitindo a criação de multimídias que não mais estão focalizadas em processos, mas no ser humano. É a eficiência dele que está em jogo e será medida, e não a eficiência da tecnologia ou de projetistas.

A proposta é tornar a atividade de ensino e aprendizagem alegre e agradável, e que o aluno a desenvolva com empenho e motivação.

Para tanto, é preciso nadar contra a corrente. A gamificação é vista pelos educadores com muita resistência. Todos estão acostumados a processos focados na função, e por isso a atividade de ensino e aprendizagem parece ter perdido o domínio afetivo, aspecto destacado por Bloom (1956) como importante na aquisição de novos conhecimentos e para a caminhada dos agentes educacionais de forma unida.

Com a gamificação, retornam à cena sentimentos, inseguranças, desafios, erros, retornos, recompensas, tabelas de distinção, distintivos, ganho de pontos a cada acerto, perda de pontos a cada erro, captura de moedas em contextos mágicos, como acontece nos *games*.

O fato de o aluno precisar matar o dragão ou salvar a princesa para acessar o conteúdo que lhe dá a definição de *ética*, por exemplo, pode parecer para os professores tradicionais algum tipo de chacota, mas no processo de gamificação é algo sério.

O movimento financeiro da indústria de jogos é quase incalculável, e isso acontece exatamente porque os jogos conseguem "conversar" com a nova geração que chega aos bancos escolares, o que grande parte dos professores tradicionais não mais consegue devido ao relacionamento que tem com seus alunos.

Se vencer a esfinge para ganhar os pontos necessários para a compra de uma espada alegra o aluno, não há motivos para que essa motivação não seja utilizada em benefício dos processos de ensino e aprendizagem.

Jogos e gamificação são os elementos que mais facilmente incentivam o engajamento e a motivação dos participantes. Por essa razão, pesquisadores procuram associar ensino e aprendizagem a um conjunto de técnicas que podem despertar no aluno essas sensações, muitas vezes buscadas sem sucesso nos ambientes tradicionais de ensino e aprendizagem.

Sheldon (2012) desenvolve um estudo no qual considera a possibilidade de transformar a sala de aula em ambiente de jogo. Nessa proposta, todas as atividades de ensino e aprendizagem seriam transformadas em fases, desafios, pontos, méritos e tudo o que existe hoje como elemento motivador na mecânica dos jogos.

Por sua vez, Darvasi (2015) e Shapiro et al. (2014) e Lalk (2015) apontam como pontos positivos do processo de gamificação:

- Promover o engajamento e a motivação dos alunos.
- Aumenta a capacidade de manter o aluno interessado e ativo no desenvolvimento das atividades de ensino e aprendizagem.
- Estimula o senso crítico do aluno (por exemplo, na seleção das informações válidas em atividades de pesquisa – *data mining* e *data warehouse*).
- Incentiva a criatividade do participante, demonstrada quando ele é chamado a aplicar o conhecimento adquirido em outra situação.
- Incentiva a iniciativa dos participantes.
- Entrega ao participante o controle da situação, dando a ele maior sensação de segurança.
- Elimina o fantasma da solidão, pois o aluno tem ao seu lado todo um exército que acompanha seus passos: avatares com os quais pode dialogar, dragões a quem derrotar para ganhar mais energia e mais vidas, para prosseguir em direção a alguma premiação que pode estar declarada ou ser uma surpresa para ele.
- Permite um crescimento planejado e que leve o aluno ao ápice com a quebra de recordes anteriormente obtidos por ele mesmo ou por outros participantes.
- Incentiva a evolução do aluno por um caminho que começa pelo nível mais fácil até atingir o mais difícil, em um processo de reconstrução programado.
- Mostra para a comunidade que o aluno teve destaque em alguma fase, conseguiu vidas adicionais e ganhou premiações e que faz parte integrante da **tabela de liderança**, propostas que são elementos de incentivo para que o aluno continue a aprender.

Aqui se está falando de jogos, mas é preciso destacar que a gamificação não é um jogo, é a aplicação da mecânica de um jogo voltado para ensinar determinado conteúdo para os alunos. Por exemplo, poderia ser o estudo de conjuntos, em que quebra-cabeças e caça-palavras podem ser montadas para tornar a atividade agradável. Quando o aluno inicia o processo, seu objetivo é aprender um conteúdo, e não jogar um jogo.

O que vale é a diversão e a mecânica ou as técnicas de jogo (dicas podem estar espalhadas pelo cenário). O bom processo de gamificação está apoiado no talento de um bom criador de histórias, que constrói enredos bem urdidos em ambientes fantásticos (de época, futuristas, voltados para jovens etc.) e os entrega para projetistas de interfaces que apresentam cenários onde avatares, dragões e salteadores interagem a todo o momento com o participante.

O processo não se limita apenas a adicionar pontos, dar emblemas, colocar o participante em quadros de liderança (*leaderboards*). Esses elementos são componentes do processo, mas os protagonistas continuam sendo o conteúdo a ser aprendido, a participação do aluno (agora proporcionada por uma atividade agradável) e o acompanhamento do professor, que pode inclusive ser um dos adversários a vencer, na forma de um **avatar**, ou um conselheiro vestido de forma diferente.

O que realmente se destaca no processo de gamificação é a utilização da mecânica dos jogos para envolver e motivar as pessoas por meio do convite a uma caminhada por um intricado meandro de situações. A cada estímulo dado ao aluno espera-se uma reação. Se ela não for a esperada, o participante pode tentar novamente, em um processo de tentativa e erro, que é uma estratégia pedagógica de valor.

Entregar **missões** ao participante, como a captura de informações, permite a efetivação de outra estratégia pedagógica: o aprender fazendo. De estratégia em estratégia, proposta costurada na ação conjunta do projetista instrucional e do professor, a caminhada do participante se desenvolve em um ambiente agradável.

O participante sabe o que quer. Ele não pergunta mais "O quê?", mas "Por quê?", "Como?". As respostas são escolhidas por ele mesmo. Outra estratégia pedagógica leva o aluno a uma aprendizagem significativa. O lúdico, o mágico e o ambiente servem como catalizadores e reforço.

Quando o aluno não tem mais energia ou vidas para usar devido aos erros que cometeu durante o jogo, ele não é impedido de continuar a aprender. O aluno pode pedir uma vida emprestada ou obter pontuações adicionais por meio de um desafio – por exemplo, jogando "forca", simples jogo em que deve descobrir uma palavra oculta, ou resolvendo uma "palavra-cruzada" com poucas chaves.

Para entender melhor o papel da gamificação na formação de um aluno, cabe aqui considerar o perfil de muitos estudantes de ambientes tradicionais de aprendizagem:

- não entrega seus deveres de casa;
- não tem disciplina;
- não é persistência e desiste na primeira dificuldade ou falha;
- não enfrenta desafios.

Essa lista descreve o comportamento de grande número de alunos insatisfeitos com os ambientes tradicionais.

A gamificação é um processo que possibilita ao aluno (re)adquirir todas essas capacidades: ele passa a desenvolver atividades dadas como missões de forma interessada; segue o roteiro ou procura assumir o comando da evolução do jogo; insiste em fazer e refazer até atingir a perfeição e enfrenta um conjunto de desafios para atingir o objetivo final do jogo.

Não é incomum que um jogador permaneça horas tentando superar os desafios propostos num jogo de console ou Role-Playing Game (RPG). Na gamificação, usam-se estratégias desses jogos para motivar o aluno a exercitar seu conhecimento sobre o conteúdo da aula – por exemplo, equações do segundo grau, parte integrante do curso de Matemática elementar. Nessa proposta, tudo é válido para que o participante atinja o final do jogo.

Além disso, o que no mundo real é definido como "trabalho", no mundo da gamificação se transforma em "diversão". O dever de casa é feito mais de uma vez, pois o aluno pode jogar diversas vezes, ganhando mais e mais pontos, trabalhando em uma **atividade de reforço**. Como premiação adicional, por exemplo, quanto mais rápido ele desenvolver a atividade, maior será a quantidade de energia que vai adquirir.

Engana-se redondamente quem pensa que este processo se aplica somente a crianças e jovens. Pode até ser que os adultos não queiram jogar *videogame*. Mas certamente irão participar de forma ativa quando o processo proposto, além de atender a seus objetivos, trouxer a proposta de uma caminhada mais fácil.

Ao longo desse processo, sentimentos marginais podem ser observados, conforme apontamento de Prensky (2001a, 2001b). Eles derivam da sensação do estágio de "missão cumprida". Jovens e adultos que atingem esse nível se sentem realizados e orgulhosos de si mesmos, o que poucas vezes se observa nos ambientes tradicionais. Por isso, não é incomum que nos processos de gamificação o aluno refaça toda a caminhada somente para subir na tabela de liderança e, assim, aumentar o reconhecimento que a comunidade pode lhe dar.

Nesse ponto, cabe apresentar a ideia de gamificação desenvolvida por Chou (2018), que traz uma orientação segura. Trata-se de uma atividade conjunta que envolve diferentes propostas. O autor (Chou, 2018) considera que a melhor forma de implantar um processo de gamificação é proporcionar aos participantes um ambiente que:

- tenha um significado épico, que leve o aluno a pensar que está fazendo algo maior do que ele;
- seja capaz de transmitir ao participante a sensação de desenvolvimento e realização ao final de cada etapa e do processo;
- fortaleça a criatividade e a recepção e o envio de retorno;
- dê ao participante o empoderamento necessário para transmitir um sentimento de propriedade e posse e que ele está no controle do processo;
- faça o participante se sentir socialmente importante e influente;
- gere no participante a expectativa por resultados;
- possa despertar a curiosidade e ser imprevisível, pelo menos nas entradas iniciais do participante;
- evite a sensação de perda, permitindo que etapas ou todo o processo seja reiterado.

Segundo Chou (2018), corroborado por Pipkin (2015), o atendimento às condições explicitadas na lista anterior traz a expectativa de um trabalho que pode atingir os objetivos colocados: tornar a aprendizagem uma atividade mais agradável e, consequentemente, o aluno em um elemento participativo.

Nesse processo, o professor orientador entra na fase final. Cabe então ao projetista instrucional e aos projetistas de interfaces o desenvolvimento do trabalho. Afinal, não são muitos os professores que sabem atuar como "contadores de histórias" e criadores de enredos ricos em ludicidade e criatividade.

Glossário do Capítulo 9

Atividade de reforço

Munhoz e Martins (2014) definem os processos de gamificação como aqueles que permitem ao participante retornar a pontos anteriores ou repetir totalmente o processo. Dessa forma, efetiva-se uma proposta de trabalho na perspectiva do reforço e do aprender fazendo como formas de melhorar a eficácia da aprendizagem.

Avatar

É um personagem caracterizado de forma semelhante ao participante de algum jogo que permite a personalização ou a colocação de diálogos que orientam sobre o prosseguimento da tarefa proposta em uma missão[1].

Mecânica dos jogos

Munhoz e Martins (2014) assim definem a forma como os jogos são desenvolvidos, captando e mantendo o interesse do aluno por meio de premiações, moedas, pontuações, vidas, missões, todas utilizadas como forma de motivar os alunos e incentivar a aprendizagem ativa.

---

[1] Significado... (2013a).

Missões
Martins (2014) considera que as missões estão ligadas a um método de história. Cada missão representa uma etapa na rota de aprendizagem proposta.

Roteiro fantástico
Martins (2014) pontua que a criação de histórias apoiadas em roteiros fantásticos e aspecto lúdico pode ser eficaz em chamar a atenção do aluno e engajá-lo na realização da atividade.

Tabela de liderança
Martins (2014) considera que esse elemento pode ser utilizado para destacar, como forma de premiação, o desempenho do participante do processo, por meio de registro de seus escores e divulgação no portal de entrada do curso ou da disciplina. É uma das múltiplas formas de incentivo adotadas no processo de gamificação que tem mostrado eficiência, ainda que seja criticada por alguns pedagogos, contrários à utilização dessas técnicas.

Saiba mais

Veja o tema proposto na primeira coluna, acesse o material indicado na segunda coluna e desenvolva a tarefa sugerida na terceira coluna.

Tema	Referência ou *link*	Atividade a desenvolver
Motivação do aluno em processos de ensino e aprendizagem	MORAES, C. R.; VARELA, S. Motivação do aluno durante o processo de ensino-aprendizagem. **Revista Eletrônica de Educação**, ano I, n. 1, ago./dez. 2007. Disponível em: <http://web.unifil.br/docs/revista_eletronica/educacao/Artigo_06.pdf>. Acesso em: 18 abr. 2018.	Leitura complementar.

(continua)

(conclusão)

Tema	Referência ou *link*	Atividade a desenvolver
Gamificação nas empresas	HEIN, R. Como usar a gamificação para envolver os funcionários. **CIO**: gestão, estratégias e negócios em TI para líderes corporativos. Disponível em: <http://cio.com.br/como-usar-a-gamificacao-para-envolver-os-funcionarios/>. Acesso em: 18 abr. 2018.	Leitura complementar.
Gamificação em educação	A GAMIFICAÇÃO na educação. **BHBIT**: soluções para o terceiro setor, Belo Horizonte, 2018. Disponível em: <https://www.bhbit.com.br/gamificacao-na-educacao/>. Acesso em: 18 abr. 2018.	Leitura complementar associada a artigo de opinião.

Questões para revisão

1. Cite pelo menos uma razão para a resistência acadêmica em utilizar a proposta de recompensas como forma de incentivar o aluno a estudar.

2. Aponte pelo menos uma razão para que a gamificação tenha o dom de engajar os alunos nos processos de ensino e aprendizagem de forma ativa e eficaz.

3. Cite pelo menos uma crítica contra o uso das tabelas de liderança (mérito) publicadas nos portais de entrada de disciplinas submetidas a um processo de gamificação.

4. Reflita sobre a ideia de os processos de gamificação "tornarem a aprendizagem um processo viciante" e faça pelo menos uma crítica com relação a esse fato.

5. Apresente pelo menos uma crítica ao uso de roteiros fantásticos para direcionar atividades de ensino e aprendizagem.

Estudo de caso

Analise a seguinte situação e desenvolva, em forma de relatório, a solução para o problema proposto.

Alerta às mudanças no setor acadêmico no que diz respeito ao uso de novas metodologias, uma IES, na figura de seus diretores, resolve criar um grupo de estudo para orientar seus professores quanto à proposta de gamificação dos conteúdos utilizando a mecânica dos *videogames*, que desperta inegável e grande atração pelos jogos, para obter o mesmo nível de motivação nas atividades de ensino e aprendizagem.

O grupo de trabalho deve apresentar sugestões para que os professores trabalhem nessa perspectiva. Cada sugestão apresentada no relatório deve ser justificada.

10

APRENDIZAGEM SIGNIFICATIVA

FINK (2013) CONSIDERA, como consenso geral, que a aprendizagem significativa ocorre quando o aluno sabe o que está aprendendo; compreende porque está aprendendo o que está aprendendo; relaciona a aprendizagem com o que ocorre no mercado corporativo, na área do conhecimento em que o processo em foco se localiza; e consegue atingir os objetivos que estavam propostos ou aqueles a que ele mesmo ou seu grupo se propôs.

Facilitadores

Para facilitar a efetivação da aprendizagem independente – que pode ocorrer em qualquer ambiente, desde que cuidados sejam tomados e atividades sejam direcionadas para tal –, o contexto pode privilegiar a tecnologia educacional e a utilização de algumas estratégias. Esse tipo de aprendizagem tem maiores possibilidades de se efetivar em ambientes nos quais:

- o conectivismo está posto como o suporte teórico a ser utilizado no ambiente;
- a aprendizagem baseada em problemas é a abordagem do processo de ensino e aprendizagem;
- está prevista a utilização de diferentes metodologias: *games* em educação, gamificação, salas de aula invertidas etc.

Em um ambiente assim construído, as possibilidades de se atingir a aprendizagem significativa são maiores, mas isso não significa que ela pode acontecer somente nesse ambiente. Ela pode ocorrer desde em salas de aula tradicionais até em ambientes de alta tecnologia, desenvolvidos com processos de imersão total do aluno, com efetivação da aprendizagem independente.

Conceituação

O conceito de aprendizagem significativa, como tantos outros apresentados no campo educacional, provém da psicologia educacional. Sua efetivação tem um balizador importante: o **conhecimento prévio apresentado pelo aluno**, chave para que a aprendizagem significativa aconteça.

Segundo Santos (2009), em sentido estrito, a aprendizagem vista sem adjetivação deve estar concebida no ambiente como um **processo de significação-construção**. No ambiente se exige a aprendizagem ativa, desenvolvida com elevado desempenho dos agentes educacionais.

Ausubel (2000), criador do conceito de aprendizagem significativa, considera que, quanto mais conhecimento a pessoa adquire, mais facilidade ela tem em adquirir novos conhecimentos. Uma teoria de tal porte, apresentada em um meio behaviorista por excelência, nos idos dos anos 1963, provocou polêmica. A visão da época, que ainda prevalece em algumas iniciativas educacionais, não considerava o saber do estudante como influente na aquisição de novos conhecimentos. Somente propostas assistencialistas eram aceitas e o aluno era considerado uma **tábula rasa**.

Moreira e Masini (2006) consideram que aprender significativamente equivale a ampliar e reconfigurar ideias que já existiam na estrutura mental, o que atua como facilitador para aquisição de novos conteúdos, relacionando-os com conteúdo previamente existentes. Lemos (2011) considera que, quanto maior o número de *links* feitos pela pessoa, ligando-os a conhecimentos anteriores, mais consolidado estará o conhecimento que adquire em seu dia a dia.

Uma das características da teoria é não confrontar outras correntes pedagógicas, ainda que algumas de suas ideias possam ocasionar discussões. Considera-se, com base nos estudos de Moreira e Masini (2006), que ela é mais compatível com as teorias de desenvolvimento cognitivo de Piaget (2013) e do sociointeracionismo de Vigotsky (2004).

Aplicação nos ambientes de ensino e aprendizagem

O uso da aprendizagem significativa é proveniente do projeto educacional, que baliza as ações tomadas nos projetos instrucionais. Ela deve ser adotada como ideia pedagógica na qual o olhar cuidadoso e o planejamento de atividades que incentivam a ligação de conhecimentos já adquiridos pelo aluno integram as metodologias e estratégias utilizadas.

A principal recomendação para seu uso é o fato de ela ser pensada estritamente para o contexto escolar. Em ambientes onde atividades em grupo e aprendizagens cooperativa e colaborativa estão postas como parte do direcionamento, fica facilitado o desenvolvimento de situações que favoreçam a valorização do que o aluno já sabe.

A proposta envolve apresentar conteúdo potencialmente revelador e que o aluno, por meio da intervenção do orientador ou por direcionamento próprio, esteja disposto a relacionar o material que lhe é entregue com aquilo que já conhece. Um olhar ainda que superficial no ambiente dos cursos ofertados em ambientes enriquecidos com a tecnologia, na atualidade, mostra que essa realidade ainda é ignorada pelas instituições de ensino superior (IES).

Quando se tem em mente a andragogia, torna-se incompreensível não valorizar o que o participante já sabe. Assim, para Ausubel (2000), quando o novo conhecimento parece solto, sem ter onde se ancorar, o ambiente perde em motivação. Mas quando o participante de um grupo enxerga utilização prática e favorável de seus conhecimentos, sua participação é mais efetiva.

Isso se reflete no sentimento percebido nos ambientes tradicionais de ensino e aprendizagem, onde o direcionamento automático da aprendizagem retira dos participantes a disposição para aprender, uma vez que não sabem por qual motivo estão aprendendo o que estão aprendendo. A falta de vontade acompanha o aluno. No projeto instrucional, a orientação para que o conteúdo não fique solto, ou com fraca ligação no que se refere à prática anterior do aluno, pode evitar problemas.

O projeto instrucional deve enxergar a proposta da aprendizagem significativa como mais duradoura que qualquer tipo de aprendizagem mecânica, na qual o aluno é um participante não ativo, que armazena conteúdos e trabalha na perspectiva de sua memorização temporária, até que a lembrança, em um processo de avaliação, seja utilizada como mensuração de aquisição de conhecimento – uma visão totalmente distorcida do processo de ensino e aprendizagem.

Se a **aprendizagem mecânica** tem sentido em determinadas ocasiões, quando é necessária a aprendizagem de alguma técnica que envolve apenas o **domínio psicomotor**, na maior parte das vezes ele se revela insuficiente para garantir o aprendizado por meio de novos conhecimentos fundados solidamente na cultura do aluno.

O simples treinamento para decorar deve ser substituído por uma situação distinta, na qual o aluno seja levado a pensar. A proposta do aprender a aprender dá ao aluno um diferencial que pode determinar, de forma mais segura, formas de abordagem. Nesse caso, o aluno deixa de ser um mero anotador e sua proposta se amplia em relação à solução imediata para que possa avançar para uma fase adiantada em seus estudos ("passar de ano").

Em busca da efetivação da aprendizagem significativa, o projeto instrucional deve orientar atividades no sentido de direcionar o aluno a interpretar, como pré-requisito, as informações que lhe são dadas, relacionar essas informações a seu conhecimento anterior e aplicar tal conhecimento no grupo de trabalho ao qual está ligado.

É preciso observar a importância da intervenção do professor orientador para que esta última proposta seja efetivada, pois ela acontece em tempo real e nem sempre o projeto instrucional pode apresentar o caminho mais correto, pois este depende de condições locais e temporais.

Dessa forma, ocorre uma profunda mudança na forma de avaliar a aquisição de conhecimento. É preciso que a avaliação coloque em jogo o que o aluno já fez e o que está fazendo em determinado momento, ao final de um percurso parcial ou final.

Assim, as avaliações objetivas não são a forma mais adequada de analisar o conhecimento do aluno. Menos ainda o são as questões fechadas, que admitem uma única resposta, geralmente a esperada pelo professor, algumas vezes escrita de forma literal em concordância o que ele pensa. Essa proposta apenas reforça a "decoreba". É por meio da solução de um problema, aproximado da vivência do aluno, que o processo de avaliação pode se mostrar mais efetivo.

A aprendizagem significativa, nesse sentido, não deve mais ser vista como um produto acabado, mas como um processo em construção, desenvolvido pelo aluno de forma substantiva, e não arbitrária, no qual a intencionalidade assume importância ímpar no processo. Nessa proposta, relacionar conhecimentos novos com conhecimentos já existentes ganha destaque, como ressaltado em pontos anteriores.

Barretos (2013) considera que tudo parte de uma situação de ensino potencialmente significativa, planejada pelo professor, que leve em conta o contexto no qual o estudante está inserido e o uso social do objeto a ser estudado, somado ao que o mercado apresenta como prática corrente.

Assim, o processo de ensino e aprendizagem passa a representar um incentivo à aprendizagem por meio da participação ativa, realizada pelo aluno de forma independente e em um processo construtivo, desenhado como resultado de interações desenvolvidas em redes sociais e comunidades de prática.

O projeto instrucional parte para o desenvolvimento de novas estratégias de ensino, trazendo para o aluno um conjunto de ferramentas que lhe permitem construir a própria aprendizagem, de forma a contribuir para seu desenvolvimento integral.

Considerando essa visão, Moreira e Masini (2006) e Lemos (2011) consideram importante que o projeto instrucional contemple os seguintes aspectos:

- torne possível desenvolver adequadamente as competências referentes ao conteúdo;
- projete atividades que promovam a participação ativa dos alunos no processo de ensino e aprendizagem;
- estabeleça atividades de reforçar a componente autonomia na aprendizagem;
- facilite a integração dos conteúdos teóricos que mais tarde possam ser aplicados ao campo profissional;
- incentive e promova o trabalho em equipe e a aprendizagem colaborativa.

Quando a proposta de aprendizagem significativa é inserida no ambiente, as estratégias de ensino devem ser utilizadas como parte de um contexto ativo. Ele deve estar voltado para a aprendizagem integral, a qual acontece em um ambiente afetivo que favoreça a integração dos elementos em equipes de trabalho, com destaque para a aprendizagem em grupo, desenvolvida de forma colaborativa. Essas são condições favoráveis para o aluno chegar à solução de um problema resultante da problematização do currículo.

Após a definição do problema, todas as demais orientações derivam dela, o que destaca a importância de, segundo Berbel (1998), essa definição ser acompanhada pelo professor orientador, considerado participante eventual do grupo. Quando as decisões são tomadas em conjunto, as capacidades individuais se destacam não para a valorização pessoal de cada um, mas para benefício do grupo.

Como conclusão, é importante destacar as colocações de Illeris (2015), que analisa a aprendizagem significativa em um contexto no qual outras teorias podem conviver com esta, ou seja, ela não é exclusiva. Outras vertentes didáticas e pedagógicas, tecnológicas e sociais que influenciam o processo de ensino e aprendizagem podem ser consideradas sem prejuízo do resultado final.

De forma geral, as pesquisas indicam que em ambientes assim construídos é possível esperar melhor desenvolvimento acadêmico dos alunos envolvidos.

Glossário do Capítulo 10

Aprendizagem mecânica
Braathen (2012) considera essa forma de efetivação da aprendizagem como aquela retida na memória da pessoa enquanto necessária e esquecida assim que a pessoa faz uso das informações guardadas.

Conhecimento prévio apresentado pelo aluno
Munhoz (2016a) valoriza esse processo como uma atitude importante, principalmente em ambientes nos quais ocorre a educação

de jovens e adultos. Tal importância decorre do fato de o participante do grupo poder ganhar maior motivação para aumentar seu nível de participação e ensejar uma aprendizagem ativa, desenvolvida de forma mais eficaz.

Domínio psicomotor

Bloom (citado por Gershon, 2015) considera que esse domínio, no qual pode acontecer a aprendizagem, está relacionado com habilidades físicas específicas, em que se pode observar reflexos, percepção e habilidades e indicar os comportamentos da pessoa em relação à forma como ela aprende.

Links

Todo relacionamento possível entre coisas, entre coisas e pessoas e entre pessoas recebe essa denominação (ligação), mas seu uso mais comum é na informática, onde sua função é indicar uma localidade na grande rede[1].

Processo de significação-construção

Processo considerado por Piaget (2013) como uma fase de atribuição de significados e sentidos aos objetos e acontecimentos. É trabalhado por muitos pedagogos cujo foco é a educação de crianças.

Tábula rasa

Nassif (2005) assinala esse termo como um dos mitos que cerca a educação e que, apesar de toda a evolução dos estudos cognitivos, ainda está presente em alguns ambientes escolares presenciais tradicionais. De acordo com esse conceito, ao nascer, o ser humano não tem informação alguma em seu cérebro, no qual o

---

[1] Significado... (2014e).

conhecimento é adicionado aos poucos por meio dos processos educacionais.

Saiba mais

A seguir são sugeridas leituras para você complementar o estudo desenvolvido neste capítulo. Veja o tema proposto na primeira coluna, acesse o material indicado na segunda coluna e desenvolva a tarefa sugerida na terceira coluna.

Tema	Referência ou *link*	Atividade a desenvolver
Conhecimento prévio	FERNANDES, E. Esquemas de ação de Piaget. Nova Escola, 2011. Disponível em: <https://novaescola.org.br/conteudo/36/esquemas-de-acao-de-piaget>. Acesso em: 17 maio 2019.	Leitura complementar.
Significação e construção do conhecimento	SMOLKA, A. L. B. Construção de conhecimento e produção de sentido: significação e processos dialógicos. **Temas em Psicologia**, Ribeirão Preto, v. 1, n. 1, p. 7-15, abr. 1993. Disponível em: <http://pepsic.bvsalud.org/scielo.php?script=sci_arttext&pid=S1413-389X1993000100003>. Acesso em: 18 abr. 2018.	Leitura complementar.
Aprendizagem mecânica	BRAATHEN, P. C. Aprendizagem mecânica e aprendizagem significativa no processo de ensino-aprendizagem de Química. **Revista Eixo**, Brasília, v. 1, n. 1, p. 74-86, jan./jun. 2012. Disponível em: <http://revistaeixo.ifb.edu.br/index.php/RevistaEixo/article/view/53>. Acesso em: 15 maio 2019	Leitura complementar associada a artigo de opinião sobre o tema.

(continua)

(conclusão)

Tema	Referência ou *link*	Atividade a desenvolver
Tábula rasa	NASSIF, L. E. Tábula rasa: a negação contemporânea da natureza humana. **Psicologia: Teoria e Pesquisa**, v. 21, n. 3, p. 375-376, set./dez. 2005. Resenha. Disponível em: <http://www.scielo.br/pdf/ptp/v21n3/a15v21n3.pdf>. Acesso em: 18 abr. 2018.	Leitura complementar.

Questões para revisão

1. Comente pelo menos uma vantagem da aprendizagem significativa.

2. Comente pelo menos uma desvantagem da aprendizagem significativa.

3. Comente ao menos uma razão que justifique a criação de grupos de trabalho em ambientes com a proposta da aprendizagem significativa.

4. Como o projeto instrucional pode orientar a aprendizagem significativa?

5. Aponte casos em que a aprendizagem mecânica seja efetiva.

Estudo de caso

Analise a seguinte situação e desenvolva, em forma de relatório, a solução para o problema proposto.

Pesquisadores de uma IES destacaram a aprendizagem significativa como elemento de motivação dos alunos que participam de iniciativas educativas na EaD. Com base no resultado dessa pesquisa, uma equipe de trabalho foi consultada sobre a montagem de um pequeno tutorial que oriente como o projeto instrucional deve favorecer a sua utilização.

11

SALA DE AULA INTERATIVA

NA ATUALIDADE, BUSCA-SE uma série de novas metodologias. Algumas delas surgem como efetivação de procedimentos adotados por professores em sua prática profissional, sem que haja, por detrás dessas ações tomadas no dia a dia, um suporte teórico consistente e desenvolvido de acordo com o método científico. São procedimentos, comportamentos e atitudes que se desenvolvem como parte de "melhores práticas" desenvolvidas no mercado. Durante muito tempo, essa foi a situação do uso da sala de aula invertida. Por isso, essa proposta pode ser considerada como a nova embalagem daquilo que já é desenvolvido por alguns professores interessados em resolver a questão da falta de adaptação da geração digital às formas tradicionais de ensino e aprendizagem vigentes nos ambientes tradicionais.

Conceituação

Cockrum (2014a) considera a inversão da sala de aula tradicional como uma proposta em construção, mesmo que existam ambientes que já adotem esse método, como o meio acadêmico, onde já há um compromisso de exploração desse conceito.

O mesmo autor (Cockrum, 2014b) considera que a sala de aula invertida representa um compromisso experimental. O processo é simples e envolve a apresentação de um conteúdo por meio de textos, vídeos e outros recursos, com base nos quais o aluno desenvolverá uma aprendizagem independente, nos locais e horários de sua preferência. O que antes era tratado como "dever de casa" é desenvolvido em sala de aula, considerada um espaço para discussões entre as equipes, sessões de perguntas e respostas e apresentação de dúvidas e resultados de trabalhos desenvolvidos.

Essa prática já era realizada por alguns professores. Utilizar a sala de aula para experimentação era uma estratégia desenvolvida por eles para tentar reaproximar o aluno da instituição de ensino superior (IES) e de seus professores, o que tinha sucesso em alguns casos. Não havia estudos que relacionassem bons resultados à utilização da estratégia, mas, após a esquematização de uma proposta, a organização e a estruturação de um modelo, a ideia finalmente foi implantada na academia como uma metodologia inovadora.

Atualmente, as propostas de aprendizagem independente, participação ativa e perspectiva do aprender fazendo estão estabelecidas e organizadas como um conjunto de regras e orientações práticas ao professor. Com base nelas, o aluno é convidado a estudar com antecedência o conteúdo da aula por meio de leituras, vídeos, atividades independentes e atividades desenvolvidas no ambiente virtual, tendo o apoio de um grupo de estudos. Dessa maneira, a parte prática é trazida para o espaço da sala de aula física, conectada ou virtual.

Yarbro et al. (2013) não enxergam inovação no procedimento, apenas uma forma de desenvolver o conteúdo de forma diferente para motivar o aluno. Nela está prevista, em um projeto instrucional, a criação de situações agradáveis via esquema de recompensa.

O conteúdo não é mais entregue para o aluno da forma tradicional, via livro texto ou bibliografia indicada. Localidades de pesquisa, bibliotecas virtuais, *links* para materiais são colocados à disposição do aluno e novos materiais podem ser escolhidos, lidos e assistidos muitas vezes, em atividades de reforço e simulação, até sua compreensão.

Conferências trocadas por tarefas de casa e o desenvolvimento destas nas salas de aula modificadas provocam uma **surpresa inicial** nos alunos e exigem um preparo diferente do professor. Por meio dessa proposta, ele se torna um orientador e troca o foco das atividades de ensino para as atividades de aprendizagem.

Antes de criticar a incapacidade de alguns professores em desenvolver esse tipo de processo, o que é uma realidade inegável, é importante reconhecer que as salas de aula invertidas exigem deles comportamento e atitude diferentes, e que por isso as IES devem proporcionar processos de formação permanente e continuada, de forma a acrescentar ao perfil do professor competências e habilidades para ele desenvolver essa tarefa de forma confortável.

O processo traz embutida a proposta de oferecer recursos escassos e indicações profícuas, além de dar ao estudante a oportunidade de desenvolver as atividades no próprio ritmo, nos locais e horários que lhe forem mais apropriados. Ele tem aliados importantes: o conectivismo, a aprendizagem baseada em problemas (ABP), a aprendizagem em grupo e todo um conjunto de aprendizagens ativas que são utilizadas na atualidade como metodologias inovadoras, oferecidas na tentativa de se aproximar da geração digital.

Quando a sala de aula presencial é oferecida como sala de aula eletrônica, abre-se a possibilidade ao estudante de acessar cursos em diferentes instituições, em nível internacional (conhecidos como **Massive Open Online Courses** – MOOCs), que não apresentam exigências e procedimentos burocráticos.

Powell e Ray (2014) consideram que nessa metodologia há uma tendência de preparar o aluno para o futuro como um **profissional do conhecimento**, solucionador de problemas e com maiores condições de desenvolver escolhas, ante os desafios que a evolução apresenta para as empresas modernas.

Nas salas de aula eletrônicas, professores de todo o mundo podem ser contatados e alunos com diferentes formas de aprender podem ser atendidos. O multiculturalismo se manifesta de forma ampliada.

Flumerfelt e Green (2013) consideram que, nessa forma de ensino, os alunos com necessidades especiais, que estão cumprindo pena ou que representam algum risco à sociedade têm agora outro canal de formação aberto. Isso corrobora a proposta de democratização do processo de ensino e aprendizagem.

A entrega do controle dos meios de comunicação para os alunos tem, nos estudos desenvolvidos por Degraft-Johnson et al. (2013) junto a uma vasta comunidade na universidade British Columbia, a constatação do efeito positivo que podem ter as atividades de revisão e reforço. Quando aliadas à simulação de avaliações, o resultado pode dar maior segurança ao aluno com relação à utilização dessa metodologia. Os mesmos autores pontuam aspectos positivos no controle de interações, cujo volume fica a cargo do aluno. O destaque é dado em diferentes pontos por diversos alunos, evidenciando que nos ambientes tradicionais a atividade de ensino se apoia unicamente na visão do professor, o que pode ser considerado um fator limitante de importância. O autor registra que tais aspectos são positivos e podem atuar como motivadores intrínsecos quando o aluno tem sucesso e aprende de forma aberta, sem os efeitos negativos da coerção, natural nos ambientes tradicionais.

Abordagem mais recomendada

Há uma comunidade de pesquisadores (Bergmann; Sams, 2012; Bishop; Verleger, 2013; Enfield, 2013; Gaughan, 2014) que desenvolvem estudos com base em diferentes visões do processo de inversão da sala de aula tradicional dos quais se pode extrair uma série de recomendações para auxiliar professores (que podem agora agir de forma independente) e IES (que agora podem contar com instrutores internacionais em seus quadros).

Por meio do estudo desses especialistas, é possível considerar como abordagens mais recomendadas:

- Trabalhar com problemas e questionamentos.
- Utilizar ABP, desenvolvida de forma colaborativa em grupos.
- Evitar que as **conferências em vídeo** repitam a proposta de direcionar a instrução, caso em que não há inovação, pois assim elas não atuam como um paradigma motivador da participação ativa do aluno. Aumentar o número de iniciativas nas quais são ofertados *webinars* voltados para atender essa função.

- Desenvolver uma programação diferenciada para o "tempo de sala de aula", que deve ser tratado de forma diferenciada do modelo tradicional. Pequenas fatias de tempo podem ser reservadas para os grupos e equipes podem ser alternadas em momentos diferentes, entre outras técnicas aplicáveis.
- Preparar os alunos para a aplicação da nova metodologia, com uso extensivo de guias de orientação e um acompanhamento mais próximo do professor orientador.
- Explicar o processo de forma detalhada no primeiro encontro (que pode ser um vídeo, uma conferência, uma animação, uma multimídia).
- Destacar as vantagens da transformação da sala de aula tradicional em um local utilizável de forma diferenciada, para esclarecimento de dúvidas e apresentação de soluções.
- Utilizar de forma intensiva a tecnologia educacional para se aproximar do aluno (ainda que com o intermédio de uma equipe de trabalho), por meio de pequenas mensagens e textos sobre o que está previsto para a aprendizagem da semana.
- Criar um fórum permanente para registrar colaborações das turmas atuais e recuperar informações de turmas anteriores.
- Criar uma área com as perguntas colocadas mais frequentemente (*Frequently Asked Questions* – FAQ), mantendo-a ativa com o registro de dúvidas que ainda não surgiram.
- Desenvolver pequenos tutoriais na forma de vídeos ou animações (*videocast, screencast* e outros) para orientar o aluno sobre aspectos relacionados às atividades que lhe foram propostas.
- Oferecer algum tipo de recompensa para os alunos que inserirem colaborações no ambiente, liberando o acesso para que essas mensagens possam acontecer no formato de pequenos vídeos.

- Orientar cada grupo a criar um guia de referência de estudos, onde as atividades sejam registradas e colocadas à disposição da comunidade.
- Criar uma área *wiki* onde trabalhos colaborativos orientem a interação dos diferentes grupos formados para a solução do problema no qual o currículo a ser desenvolvido foi transformado.
- Incentivar, dentro dos limites estabelecidos ou de forma livre, a interação dos alunos com as redes sociais e permitir que dados do curso sejam publicados na rede e postagens na rede sejam utilizadas como material de consulta para os participantes.
- Sugerir que sejam desenvolvidas entre os grupos pequenas competições literárias, acadêmicas e técnicas, de modo a incentivar a transferência de conhecimentos tecnológicos entre os participantes.
- Criar o simulador de uma atividade *crowd learning* (**aprendizagem pela multidão**) por meio da apresentação dos resultados do trabalho ou de postagem de perguntas que representem dúvidas dos grupos.
- Utilizar a aprendizagem pelos pares (*peer instruction*) de forma extensiva, de modo a integrar todos os alunos em objetivos comuns.
- Proporcionar aos participantes um espaço para publicação de seus trabalhos, como relatos de pequenas conquistas desenvolvidas por cada grupo em particular.
- Criar uma **sala de leitura** e configurá-la como um espaço de lazer, onde alunos compartilhem artigos e outros recursos que conseguiram obter em suas atividades de pesquisa para compor os conteúdos que serão trabalhados para a solução do problema escolhido.

- Orientar os alunos a aproveitar espaços gratuitos (**Skype, Google Hangouts, Youtube** e outros) para a publicação de videoconferências, com o objetivo de disseminar os trabalhos de grupos e colocá-los à disposição dos parceiros.
- Aferir com frequência, via enquetes, o **grau de satisfação dos alunos** e solicitar a eles uma avaliação dos procedimentos e recursos oferecidos.
- Utilizar as redes sociais intensivamente. Incentivar a criação de *hashtags* dos grupos ou individuais e movimentar as atividades do curso na grande rede.
- Orientar cada grupo a criar o próprio *blog* e montar uma "**blogoteca**" onde todos os participantes possam captar recursos confiáveis.
- Utilizar técnicas de gamificação, ainda que não de forma institucional, para aproveitar a força de todos os motivadores que a mecânica pode proporcionar.
- Utilizar técnicas de recompensa e estabelecer uma *leaderboard* que classifique os alunos pelo nível de participação e de colaboração desenvolvido em favor do curso e da comunidade que gravita no entorno social.
- Trazer para o ambiente participantes que sejam especialistas e argumentos de autoridade na área de conhecimento do curso, em pequenas participações (*dropes*) nas quais os novos paradigmas sejam colocados para as empresas.

Muitas dessas medidas já são tomadas, ainda que não em sua totalidade nem orientadas por regras, por muitos educadores que buscam tornar sua prática profissional diferenciada e melhorar a qualidade do ensino oferecido ao aluno em ambientes enriquecidos com a tecnologia.

Glossário do Capítulo 11

Aprendizagem pela multidão
Munhoz (2015a) considera que, em diversos pontos relacionados como processos educacionais, o "poder da multidão" foi apontado como uma estratégia. Ela pode ser aproveitada para auxiliar o aluno, como prega o conectivismo, a utilizar o conhecimento de seus amigos, familiares e pares acadêmicos como auxiliar nas atividades de aprendizagem.

Conferências em vídeo
Trata-se de uma das formas de efetivação do contato não presencial do professor orientador com os alunos para a passagem de instruções, em vez de ele atuar como transmissor de conhecimentos prontos e acabados[1].

Google Hangouts™
Aplicativo que coloca à disposição do usuário bate-papo por texto, áudio ou vídeo, além do compartilhamento de imagens[2].

Grau de satisfação dos alunos
De acordo com Munhoz (2013b), trata-se da melhor forma de medir a qualidade de um curso oferecido, o engajamento e participação dos alunos e levantar dados estatísticos que permitam alterar pontos críticos assinalados pelos alunos durante o desenvolvimento de processos educacionais.

---

1 Videoconferência (2013).
2 Primeiros... (2019).

Massive Open Online Courses

Munhoz (2015c) define essa proposta como uma nova forma de efetivar a educação aberta, por meio da democratização do acesso ao ensino e aprendizagem que, na atualidade, está sendo bancado por grandes instituições de ensino tradicionais e consideradas ilhas de excelência em nível internacional e nacional.

Profissional do conhecimento

Melissa (2013) assim identifica a pessoa valorizada pela sua capacidade de captação, compreensão e aplicação de novos conhecimentos em uma perspectiva de "solucionador de problemas", que apresenta elevado conhecimento e desenvolve um processo de formação permanente e continuado, voltado para a aquisição de novas competências e habilidades, o que lhe dá grande diferencial competitivo.

Sala de leitura

Munhoz (2013b) indica para alunos e professores o uso de uma das técnicas mais utilizadas pelas IES, na qual materiais de leitura complementar ou textos-base são utilizados pelos alunos para tomar contato com conteúdos necessários a sua aprendizagem e aprofundar seu conhecimento.

Skype

Aplicativo que, quando baixado para o equipamento do usuário, permite a este conversar com pessoas situadas em diversas localidades do mundo, via chamadas de voz, com ou sem vídeo, além da troca de mensagens de *chat* e compartilhamento de arquivos[3].

---

3   Significado de Skype, 2012.

Surpresa inicial

Munhoz (2013b), ao analisar o comportamento mais indicado para avaliar o aluno, considera esta a primeira impressão em turmas de alunos aos quais são propostas novas metodologias. É um momento que precisa ser tratado com cuidado pelo professor orientador, sob pena de perder o interesse dos alunos.

Webinars

Pequenos encontros desenvolvidos na grande rede, via *streaming* de vídeo ou arquivos de vídeo copiados e baixados para a máquina dos usuários. Por meio do *streaming* é possível efetuar a troca de mensagens em tempo real entre os participantes[4].

Youtube

É uma rede social que permite aos usuários carregarem e compartilharem vídeos em formato digital[5].

■ ─────────────────────── Saiba mais

Veja o tema proposto na primeira coluna, acesse o material indicado na segunda coluna e desenvolva a tarefa sugerida na terceira coluna.

---

4   Webinar (2018).
5   Significado... (2014h).

Tema	Referência ou *link*	Atividade a desenvolver
MOOCS	ALSOP, R. Rápidos e gratuitos: os cursos MOOCs vão substituir os MBAs?. **BBC Brasil**, 2014. Disponível em: <http://www.bbc.com/portuguese/noticias/2014/10/141029_vert_cap_mba_mooc_dg>. Acesso em: 18 abr. 2018.	Leitura complementar associada a artigo de opinião sobre o tema.
Profissional do conhecimento	O TRABALHADOR Do Conhecimento No Mundo Trabalho. **RHPortal**, 2015. Disponível em: <https://www.rhportal.com.br/artigos-rh/o-trabalhador-do-conhecimento-no-mundo-trabalho/>. Acesso em: 25 junho 2019.	Leitura complementar.
Sala de leitura	HARTMAN, N. The Use of Lectures? **Education Development Unit**, 2007. Disponível em: <https://vula.uct.ac.za/access/content/group/951be155-f1ea-4ed1-bdf2-0e0dfc55e6e0/Website/Resources/The%20use%20of%20lectures.pdf>. Acesso em: 18 abr. 2018.	Leitura complementar.
Webinars	Webinar: o que é e como fazer um que gera resultados incríveis. **Resultados Digitais**, 2018. Disponível em: <http://resultadosdigitais.com.br/blog/passo-a-passo-para-criar-webinars-para-diferentes-objetivos-do-seu-negocio/>. Acesso em: 18 abr. 2018.	Leitura complementar associada ao acompanhamento dos *links*.

Questões para revisão

1. Aponte pelo menos uma vantagem do processo de ensino e aprendizagem que utilize os conceitos estabelecidos na metodologia da sala de aula invertida.

2. Aponte pelo menos uma desvantagem do processo de ensino e aprendizagem que use os conceitos estabelecidos na metodologia da sala de aula invertida.

3. Procure inferir qual orientação deve ser dada para o aluno superar, de forma positiva, a surpresa inicial que a proposta da sala de aula invertida pode estabelecer no ambiente.

4. Qual você considera ser a forma de preparo ideal do professor para que ele possa trabalhar de forma confortável em ambientes de sala de aula invertida?

5. Registre pelo menos uma vantagem e uma desvantagem em relação ao uso dos MOOCs.

Estudo de caso

Analise a situação descrita a seguir e desenvolva, em forma de relatório, a solução para o problema proposto.

> Uma instituição de ensino superior resolveu adotar a metodologia da sala de aula invertida. Para isso, ela considera necessário um processo de nivelamento para alunos e professores, de forma a superar a surpresa inicial e orientar os participantes sobre como proceder. No relatório de apresentação todas as orientações devem estar justificadas.

12

PENSAMENTO CRÍTICO

12

O PROFESSOR, COMO **detentor universal do conhecimento**, ao adotar um modelo pronto e acabado de ensino, associado a uma **visão assistencialista** e efetivado em um mesmo ambiente, transforma o aluno em um expectador passivo, em um mero receptor de conceitos e ideias que se acumulam em sua mente de forma passageira, com um único intuito: a promoção para a fase seguinte, dentro de um processo de educação formal. Isso leva a uma situação indesejada: os alunos, na grande maioria, chegam aos bancos das universidades mal formados; não sabem ler nem interpretar textos; não sabem apresentar suas ideias por meio da escrita; não são acostumados a pensar. Nesse sentido, não têm senso crítico, criatividade, inovação e iniciativa. Em muitos casos, há necessidade de **cursos de nivelamento** e muito sacrifício dos professores na adoção de estratégias diferenciadas, como as que estão sendo apresentadas no presente estudo.

Uma primeira visão

Sternberg (2003) procura desmistificar a dificuldade, alegada pelos professores, de levar o aluno a desenvolver o pensamento crítico. Ele também acredita ser um erro considerar que os docentes aptos a desenvolver a tarefa são melhores que os demais. Para o autor, a questão é modificar a cultura do processo de ensino e aprendizagem e criar ambientes nos quais os alunos sejam levados ao desenvolvimento do pensamento crítico.

O que é preciso, segundo o mesmo autor em estudos aprofundados sobre o tema (Sternberg, 1985a, 1985b), é começar a desenvolver o pensamento crítico dos alunos nas séries iniciais e intensificá-lo no ensino médio. Dessa forma, eles poderiam chegar ao ensino superior mais bem preparados. Essa é uma das razões para o afunilamento e das altas **taxas de evasão** observadas nas estatísticas, que revelam o fato de apenas um pequeno percentual de alunos que iniciam estudos formais levar a proposta até o final do tempo previsto. Muitos abandonam os estudos no meio do curso, exatamente pelo fato de não estarem acostumados a "escolher", "pensar" e aplicar conhecimentos.

É preciso que os professores tomem consciência da importância de transmitir ao aluno a essência do pensamento crítico e das vantagens que dele podem advir para aqueles que o adotam em sua aprendizagem.

Ritchhart e Perkins (2005) consideram que qualquer atividade de aprendizagem tende a melhorar em todos os campos do conhecimento quando um aluno demonstra ter competências e habilidades para desenvolver o pensamento crítico. Considera-se que um **pensador crítico** vê de maneira mais clara os objetivos a que se propõe e, ao duvidar de todas as informações e conclusões apresentadas a ele, está mais capacitado a escolher as melhores dentre as opções que lhe são colocadas ou a criar novas situações de aprendizagem.

Clareza na expressão de suas ideias, exatidão nas soluções que propõe e relevância do conteúdo captado na grande rede são consequências imediatas do exercício do pensamento crítico. A superficialidade demonstrada pelas gerações atuais reclama que esse exercício volte a ser desenvolvido.

Quem trabalha nessa perspectiva consegue penetrar abaixo da superfície (muitas vezes enganosa) das coisas, compreender o que está escrito, comunicar o que pensa por meio de uma escrita correta e se manifestar de forma oral. As áreas de ciência e matemática, que exigem raciocínio lógico, são as primeiras beneficiadas. Imediatamente a seguir vêm as áreas de sociologia e filosofia, que exigem reflexões. O praticante do pensamento crítico pode abrir portas para ser mais competitivo e ter sucesso em sua vida profissional e pessoal.

Um bom professor procura, logo no início dos trabalhos, preferencialmente por meio de metodologias inovadoras, destacar a utilidade do pensamento crítico para cada um. E como faz isso? Por meio de exemplos claros, provenientes de resultados anotados no desempenho de equipes que anteriormente tiveram sua assistência. A aplicação do raciocínio baseado em casos funciona nessa ocasião.

Razões de utilização

A primeira razão para a utilização do pensamento crítico está na confirmação de que, quando o **foco da atenção** deixa de ser disperso e passa para uma posição crítica, a qualidade de nosso pensamento melhora. Sternberg (1987), em seus estudos na área médica, onde erros podem ser fatais, coloca o pensamento crítico como uma proposta indispensável. Segundo o autor, o pensamento inferior nessas áreas pode apresentar um custo muito elevado.

Cabe esclarecer que o pensamento crítico não é uma qualidade inata. Tishman (1994) considera que ele consiste em competência e habilidade que podem ser criadas por meio do exercício constante de uma lista de recomendações que devem fazer parte de um guia de consulta diário, e que este deve ser um objetivo de vida para o estudante que deseja sucesso em sua vida pessoal e profissional. A **alienação**, resultado da ausência do pensamento crítico, muitas vezes oblitera a visão do que está por trás do que é apresentado como verdade.

Tishman (2000) arrisca uma definição simples, mas carregada de significado, ao considerar o pensamento crítico a arte de analisar e avaliar o próprio pensamento a respeito das coisas, desenvolvida com a intenção de melhorá-lo.

Ritchhart e Perkins (2005) consideram que diversas habilidades podem ser adquiridas ao se desenvolver o pensamento crítico. Entre elas, os autores citam como resultado da proposta formar um profissional que:

- levante perguntas vitais;
- analise o conteúdo e o transforme em um problema a ser resolvido com a utilização de estratégias inteligentes;
- reúna e avalie informações relevantes para a solução do problema escolhido;
- não se furte a utilizar ideias abstratas para interpretar o problema, deixando o pragmatismo de lado;
- teste todas as suas conclusões contra padrões e critérios relevantes;

- pense de forma compreensiva dentro de sistemas alternativos de pensamento, dirigindo a solução do problema para o mais adequado;
- desenvolva um eficiente processo de troca efetiva com outras pessoas no ambiente como forma final de validar as soluções que tem em mãos para determinado problema.

A proposta torna-se cada vez mais atraente quando se observa que o pensamento crítico leva o aluno a uma solução apoiada em dados, que tornam o processo de tomada de decisão mais efetivo.

Ao adotar essa linha de ação, o sujeito revela maior grau de disciplina e mostra capacidade de autocontrole e desenvolvimento de autocorreção nas soluções que ele próprio adotou como possíveis.

O que se apresenta para os pesquisadores consultados revela o acerto de inserir, nos ambientes enriquecidos pela tecnologia, no qual circulam nativos digitais, a proposta de adoção do pensamento crítico não como uma teoria de aprendizagem, mas como uma estratégia educacional, uma ideia didática e pedagógica que já apresentou e ainda apresenta resultados favoráveis ao desenvolvimento do processo de aprendizagem pelo aluno.

Formas de utilização

Perkins, Jay e Tishman (1993) e mais recentemente Holyoak e Morrison (2005) apontam para o acerto de manter no ambiente um pequeno guia de utilização do pensamento crítico que oriente não apenas os professores, mas também os alunos, a desenvolver essa proposta e se apropriar de seus benefícios.

Nos trabalhos desenvolvidos sobre ao assunto, principalmente por Holyoak e Morrison (2005), são pontuadas algumas formas de utilização do pensamento crítico:

- Ao iniciar um trabalho de busca de informações, é preciso que o aluno tenha em mente que necessita colocar de forma clara e inequívoca um objetivo a atingir. Depende dele a forma e muitas vezes o conteúdo a ser coletado nas pesquisas.
- Colocar como objetivo "compreender" o fenômeno que se deseja analisar, se possível em todas as facetas sob as quais ele possa ser olhado.
- Utilizar a tática de "dividir para vencer", ou seja, procurar quebrar uma ideia complexa em pequenas partes, formada por conceitos mais simplificados.
- Antes de iniciar o processo de análise, criar um conjunto de suposições e de dúvidas que cada uma delas pode suscitar.
- Substituir **crença** por evidência.
- Adotar um ponto de vista após avaliar as fraquezas e as forças presentes na argumentação que irá utilizar.
- Coletar quantos dados for possível. Um raciocínio apoiado em grande volume de dados, transformados em informações, torna a decisão final mais segura.
- Buscar um referencial teórico de conceitos e teorias, de modo a sustentar a decisão que irá tomar. Além de dar maior credibilidade ao trabalho que está desenvolvendo, isso aumenta o cabedal de conhecimentos do aluno.
- Apoiar as conclusões em um exercício de lógica que utilize as inferências e interpretações possíveis, relacionando cada uma delas ao contexto de aplicação, que pode influenciar de forma decisiva na funcionalidade da solução adotada.

- Contar com o apoio dos professores orientadores, das redes sociais e das comunidades que circundam o contexto de análise, como forma de validar a solução adotada.

(Adaptado de Perkins; Jay; Tishman, 1993)

Ao adotar esse tipo de procedimento durante a análise de algum problema e a busca de sua solução, é possível esperar melhores resultados, como indicam pesquisas desenvolvidas pelos autores citados.

Sugestão de perguntas significativas

Facione, Facione e Giancarlo (2000) sugerem que a atividade de "fazer perguntas", além de satisfazer a curiosidade do ser humano, quando levada a um extremo na área de pesquisas acadêmicas pode ser orientada de acordo com o questionário seguinte, que traz perguntas usuais que podem ajudar o trabalho do pesquisador:

- O que tento realizar?
- Qual é o meu objetivo central?
- Estou considerando as complexidades do objeto da pesquisa?
- Que informação uso para chegar a conclusões?
- Que experiência o pesquisador tem no assunto?
- Em que nível uma experiência menor pode prejudicar o estudo?
- Estou seguindo o caminho correto?

- Qual é a ideia principal aqui? Posso explicar essa ideia?
- O que já deu certo em trabalhos anteriores?
- Foram levantadas todas as consequências possíveis da adoção da solução proposta?
- O suporte teórico utilizado foi suficiente?
- A solução foi balizada de forma suficiente?

Trata-se de um conjunto padrão que pode orientar de forma mais eficaz o trabalho do pesquisador. Os autores apresentam outro questionário, agora relacionado à apresentação da solução escolhida. Ela deve apresentar as seguintes qualidades (Facione; Facione; Giancarlo, 2000):

- Clareza na exposição, tanto oral quanto escrita. Somente assim outras pessoas compreenderão o que se está querendo apresentar.
- O máximo de exatidão, de modo que seja possível analisar se o que está sendo dito é verdadeiro e possíveis caminhos para verificação.
- Precisão e rigor nas conceituações, com o fornecimento do máximo de detalhes possível sobre o assunto.
- Especificidade, de modo a não suscitar dúvidas.
- Relevância, de modo a despertar o interesse e permitir o relacionamento da questão com os objetivos propostos e as características do mercado.
- Profundidade suficiente para permitir que seja uma solução a ser adotada em diferentes contextos.
- Abrangência, para que possa ser utilizada em outras áreas do conhecimento, ainda que não sejam similares àquelas nas quais o estudo foi desenvolvido.
- Ser lógica o suficiente para as pessoas saberem que faz sentido o que está sendo dito.

- Fidelidade ao assunto e a todos os problemas relacionados a ele, de modo a se acreditar que o pesquisador agiu de boa fé e que nenhum ponto da informação foi alterado de forma a modificar as conclusões finais do trabalho e dar mais credibilidade ao resultado.

Comportamento desejado do aluno (pesquisador)

Sempre que uma nova metodologia é utilizada em ambientes enriquecidos com a tecnologia, novas atitudes e novos comportamentos são colocados como desafio para o aluno. Com a utilização da estratégia do pensamento crítico não é diferente. Ainda que apresentem alguma redundância com o que é exigido por outras metodologias, é importante destacar essa expectativa. Assim, espera-se do aluno que use o pensamento crítico de forma a apresentar um comportamento no qual:

- a humildade contraposta à arrogância intelectual o oriente para que saiba os limites de seu conhecimento e o erro de um comportamento egocêntrico, quando apresenta facilidades que podem não ser apresentadas por outros participantes.
- a coragem contraposta à covardia intelectual o oriente no sentido de abandonar e crença e creditar à ciência a capacidade de criar novos conhecimentos.
- a empatia contra a pouca visão intelectual o oriente no sentido de saber se colocar no lugar do outro, para que possa compreender suas reações e conviver com opiniões contrárias.

- a autonomia contra a coerção intelectual o oriente no sentido de não favorecer **correntes ideológicas**, falseando resultados em benefício destas.
- a integridade contra o **falseamento intelectual** o oriente no sentido de que o conjunto de informações obtidos, que pode dar um diferencial significativo para a tomada de decisões, represente a verdade.
- a perseverança contra a preguiça intelectual o oriente no sentido de evitar que "zonas de conforto", a não aceitação de ajuda ou as críticas o levem a desistir de propósitos.
- a confiança contraposta à desconfiança o oriente evitar a adoção do conhecimento de outras pessoas.
- a honestidade contraposta à deslealdade intelectual o oriente para tratar de forma diferenciada os pontos de vista preferenciais do pesquisador.

Por meio desses comportamentos e da obediência às sugestões apresentadas neste capítulo, que devem ser consideradas como tais e não como regras fixas e imutáveis, a utilização do pensamento crítico no ambiente poderá trazer resultados positivos.

Para fechar esse conjunto de orientações, é preciso ressaltar que a aplicação do pensamento crítico em um ambiente enriquecido com a tecnologia necessita ser avaliada. Assim, recomenda-se utilizar um padrão, que no ambiente deste estudo está colocado como um guia, o qual os participantes devem acessar e avaliar antes da adoção do que foi recomendado. Ele é parte integrante dos metadados sugeridos pelo projeto instrucional do curso. Dessa forma, para avaliar os resultados da metodologia, é preciso que:

- as pesquisas tenham um objetivo fundamental e claramente especificado;
- exista linha de ação que tenha como proposta a confirmação ou a negação de alguma hipótese ou alternativa direcionada

por uma ou mais questões norteadoras, submetidas ao método científico, para se obter uma resposta aceitável na academia;
- sejam utilizadas fontes de consulta confiáveis;
- os resultados das pesquisas sejam submetidos ao crivo crítico do aluno, do grupo e do grupo social no qual estão sendo desenvolvidas;
- conclusões sejam apresentadas e o resultado não deixe em suspenso mais perguntas do que certezas;
- pontos de vista estejam claramente definidos, escolhidos e sejam seguidos durante todo o desenvolvimento da pesquisa;
- o trabalho não se desvie das suposições e proposições iniciais, que podem balizar o desenvolvimento da solução do problema, sob um enfoque crítico seguro e confiável;
- ao final seja possível apresentar uma conclusão ou definição, de forma que, com base nesses dados, outras pessoas possam conceituar corretamente o objeto de estudo;
- as consequências e implicações da adoção da proposta sejam analisadas de forma cuidadosa.

Glossário do Capítulo 12

Alienação
Interessa aqui a conceituação filosófica do termo, que o considera como uma diminuição da capacidade do ser humano, como cidadão, de pensar ou agir por si próprio[1].

---
1 Significado... (2016).

Correntes ideológicas

Novamente interessa a conceituação filosófica do termo, que, de acordo com Cancian (2007), é a corrente formada por pessoas que, em uma visão crítica, estão reunidas para exercer o domínio de outras pessoas por meio de persuasão ou de outras formas de levar à alienação.

Crença

Aquilo que a pessoa acredita como verdade e que, quando levada a extremos, se torna para ela uma "verdade absoluta", podendo obliterar uma visão clara sobre o contexto que a cerca, quando ele é oposto àquilo em que ela acredita[2].

Cursos de nivelamento

Munhoz (2013b) pontua essa proposta como aquela que privilegia a criação de pequenos tutoriais desenvolvidos sobre diferentes conhecimentos e oferecidos como forma de nivelar o conhecimento de um participante de iniciativas educacionais, conferindo a ele competências e habilidades necessárias a um bom trabalho.

Detentor universal do conhecimento

Werneck (2006) define o termo como um estereótipo usado para caracterizar os professores que trabalham em ambientes centrados no professor, nos quais o interesse e a forma de aprender dos alunos não é levada em consideração.

Falseamento intelectual

Severino (2000) assim nomeia e critica a posição adotada pelos pesquisadores que ocultam dados obtidos e criam outros que

---

[2] Crença (2009).

falseiam a situação real, de forma a esconder falhas nas hipóteses que utilizaram para direcionar seu trabalho de pesquisa.

Foco da atenção
Munhoz (2016a) considera essa uma das principais recomendações para alunos que irão trabalhar na perspectiva de se tornarem "solucionadores de problemas". A manutenção do foco permite à pessoa que se propõe a resolver um problema se aprofundar no objeto de estudo que está analisando.

Pensador crítico
Munhoz (2016a) considera assim o profissional que ouve, lê e escreve de forma atenta; avalia os argumentos que utiliza; procura e encontra suposições; e determina, antes de apresentar resultados, as consequências de qualquer afirmação que irá colocar para justificar os resultados de seus trabalhos.

Taxas de evasão
São as estatísticas que relacionam o número de alunos que iniciaram a vida escolar ao número de estudantes que conseguem completar sua educação acadêmica ou em outros níveis. Com relação à conclusão de estudos acadêmicos, essa taxa é elevada. Ela é maior em cursos oferecidos em modalidade semipresencial ou não presencial e apresenta elevados índices nos MOOCS[3].

Visão assistencialista
Francisco (2010) define as propostas assistencialistas, apesar de todas as críticas a elas colocadas, como situações ainda presentes nos ambientes de ensino e aprendizagem. Elas são trazidas

---
3   Significado... (2014d).

para as IES em ambientes enriquecidos com a tecnologia e são recusadas por jovens e adultos que não mais aceitam uma proposta apresentada por um professor que tem pouco ou nenhum comprometimento com o desenvolvimento cognitivo dos alunos.

Saiba mais

Veja o tema proposto na primeira coluna, acesse o material indicado na segunda coluna e desenvolva a tarefa sugerida na terceira coluna.

Tema	Referência ou *link*	Atividade a desenvolver
Alienação e escola	OLIVEIRA, M. M. de. Autonomia x alienação: faces do trabalho docente em escolas públicas de Campina Grande – PB. In: AGUIAR, M. A. da S. (Org.). **Seminários regionais da Anpae**. Recife: Anpae, 2018. Disponível em: <http://seminariosregionaisanpae.net.br/numero1/1comunicacao/Eixo04_37/Monica%20Martins%20de%20Oliveira%20_int_GT4.pdf>. Acesso em: 17 maio 2019.	Leitura complementar.
Ideologia em educação	GALLO, S. Subjetividade, ideologia e educação. **Perspectiva**, Florianópolis, v. 16, n. 29, p. 133-152, jan./jun. 1998. Disponível em: <https://periodicos.ufsc.br/index.php/perspectiva/article/viewFile/10581/10115>. Acesso em: 18 abr. 2018.	Leitura complementar associada a artigo de opinião sobre o tema.

(continua)

(conclusão)

Tema	Referência ou *link*	Atividade a desenvolver
Assistencialismo	KUHLMANN, M. Menos assistencialismo, mais pedagogia. **Fundação Carlos Chagas**: Difusão de Ideias, maio 2007. Disponível em: <http://www.fcc.org.br/conteudosespeciais/difusaoideias/pdf/menos_assistencialismo_mais_pedagogia.pdf>. Acesso em: 18 abr. 2018.	Leitura complementar.
Evasão no ensino superior.	SILVA FILHO, R. L. L. et al. A evasão no ensino superior brasileiro. **Cadernos de Pesquisa**, v. 37, n. 132, p. 641-659, set./dez. 2007. Disponível em: <http://www.alfaguia.org/alfaguia/files/1341268055_925.pdf>. Acesso em: 18 abr. 2018.	Leitura complementar.

Questões para revisão

1. Cite pelo menos uma providência a ser tomada para evitar que a aprendizagem continue a ser desenvolvida pelos professores sob uma visão assistencialista.

2. Cite um conjunto de medidas que podem ser consideradas positivas para evitar que o aluno continue a ser um receptor passivo do conhecimento transmitido pelos professores.

3. Analise e apresente alguma alternativa para se evitar os elevados números de evasão no ensino superior na atualidade.

4. Cite pelo menos uma desvantagem de as crenças orientarem o processo de ensino.

5. Apresente pelo menos uma vantagem de orientar o aluno a desenvolver a proposta de aprender pela pesquisa.

Estudo de caso

Analise a seguinte situação e desenvolva, na forma de relatório, a solução para o problema proposto.

Consciente da necessidade de inovar para se tornar mais competitiva, uma IES resolveu solicitar a seu Departamento de Tecnologias Inovadoras um estudo sobre o pensamento criativo. Ao adotar essa proposta, solicitou ao projetista instrucional a inserção no currículo de atividades que avaliassem o nível de pensamento crítico dos participantes. A equipe, completada por um professor e um *designer* gráfico, deve apresentar um tutorial voltado para os professores sobre como utilizar as instruções emanadas do projeto instrucional desenvolvido. Cada orientação apontada deve ser justificada.

13

APRENDIZAGEM BASEADA EM QUESTIONAMENTOS (*INQUIRED BASED LEARNING* – IBL)

EM ALGUNS AMBIENTES não nominados como *ambientes* IBL (*Inquired Based Learning*) as propostas que ela traz são utilizadas por muitos docentes interessados na descoberta de novas metodologias. Esse conhecimento é importante tanto ao projetista instrucional quanto ao professor, mas sua utilização deve seguir um conjunto de sugestões para tornar essas iniciativas independentes mais produtivas.

Tema

Bateman (1990) desenvolveu a ideia de sistematizar procedimentos que já estavam sendo utilizados no ambiente acadêmico, mas de forma não estruturada, como uma ideia pedagógica de alto valor, que se aproximava de um método maiêutico esquematizado algum tempo depois por Copeland (2005).

Apoiados nesses estudos, outros pesquisadores aprofundaram a proposta em trabalhos mais recentes. Elder e Paul (2005), Tienken, Goldberg e Dirocco (2009), e mais recentemente Pagliaro (2011) desenvolveram novos estudos que hoje permitem estabelecer uma proposta segura e aceita na comunidade acadêmica, para que as atividades de ensino e aprendizagem sejam direcionadas por meio da estratégia educacional denominada *aprendizagem baseada em questionamentos*.

O conhecimento dessa proposta pelos projetistas instrucionais e pelo professor orientador pode trazer subsídios a serem utilizados como estratégia ou ideia pedagógica complementar às outras metodologias que foram apresentadas como aprendizagens ativas. Desses estudos é possível retirar um conjunto de orientações sobre como essa estratégia pode ser utilizada de forma proveitosa em cursos oferecidos em ambientes enriquecidos com a tecnologia.

Morgan e Saxton (2006) consideram que a arte de saber fazer as perguntas certas pode abrir as portas para a percepção e a compreensão estudantil, para o valor das experiências de vida e da capacidade do ser humano de enfrentar desafios e solucionar problemas. Implantar uma **cultura de questionamento** nas salas de aula pode trazer bons resultados, permitindo a transformação de eventuais obstáculos em desafios e despertando a curiosidade dos participantes, o que cria motivações intrínsecas no ambiente.

Uma pergunta essencial pode ser considerada uma bússola a direcionar o aluno para um porto seguro. Um conjunto de boas perguntas essenciais, reunidas, pode criar elevado nível de sinergia e tornar o ambiente de aprendizagem mais gratificante e motivador para o aluno.

É preciso não confundir esse conjunto de perguntas com propostas de avaliação do desempenho do estudante, pois aquele atua em contexto diferenciado, que revela dúvidas e sugere comportamentos e atitudes diversificados. Assim, é preciso evitar essa confusão antes que o estudo seja iniciado.

Categorias de perguntas

Partindo dos bons princípios enunciados no capítulo imediatamente anterior, a primeira pergunta colocada pelos projetistas instrucionais e pelos professores orientadores é: "Como utilizar essa ideia na prática?". Para tanto, foi organizado na seção de metadados um guia como parte de todo o projeto instrucional de curso, cujos aspectos principais serão discutidos nos próximos parágrafos. O guia deve ser utilizado como um manual para orientação de como efetuar os questionamentos corretos. Marzano, Pickering e Pollock (2001) consideram que o conjunto de questionamentos pode atender a uma taxonomia que os divide em:

- **Perguntas acessíveis**: Aquelas perguntas que são eminentemente úteis para o desenvolvimento do processo.
- **Perguntas essenciais**: São aquelas perguntas que fornecem o direcionamento do processo de descoberta utilizado pelos alunos.

Essa proposta pode ser utilizada em conjunto com outras metodologias, principalmente a aprendizagem baseada em problemas (ABP), que pode utilizar o padrão desenhado pelos autores citados até o momento a fim de determinar as estratégias a serem utilizadas para se obter melhores resultados.

O método é considerado pelos autores citados como apropriado e de acordo com a modernização da aprendizagem desenvolvida com o uso de instrumentos digitais, meios de comunicação e outras metodologias inovadoras. Os autores abordados neste estudo consideram que esta ideia pedagógica colabora para a construção da autonomia estudantil.

Como se sabe, o passo mais importante é sempre o primeiro. Ele está colocado como um desafio àqueles que se propõem a utilizar a metodologia: "O que faz uma pergunta ser essencial ao desenvolvimento das atividades de ensino e aprendizagem?". Lembrando que uma pergunta pode ser considerada essencial quando se busca evidências científicas para corroborar determinado ponto de discussão. Ela também pode ser utilizada como variável em uma hipótese ou como norteadora para o desenvolvimento do projeto.

Quem identifica a melhor abordagem? O aluno ou o grupo colocado em frente ao problema e a uma série de questionamentos resultantes de atividades de *brainstorming*. Nesse afã, eles contam com o apoio do professor orientador, que não sabe de antemão qual problema seria escolhido. A seleção dos problemas é responsabilidade do grupo, que, no entanto, pode sempre contar com o apoio do orientador.

Um exemplo de pergunta essencial seria, durante a análise da violência na sala de aula: "Qual(is) evento(s) fazem com que a violência esteja estabelecida nas salas de aula tradicionais na atualidade?". Já a pergunta "Que medidas estão sendo tomadas para diminuir a violência nas salas de aula e que novas recomendações são possíveis?" não é considerada essencial, no sentido de que ela é operacional e não dirige o desenvolvimento do trabalho.

Essa análise deve ser efetuada em todas as questões para que, ao final da classificação destas, se possa ter uma visão da estratégia (definida pelas questões essenciais) e se saiba quais passos devem ser desenvolvidos (definidos pelas perguntas acessíveis, como são consideradas todas as demais).

Para facilitar o trabalho do projetista e do professor, existem perguntas-padrão para cada área do conhecimento. Elas estão disponíveis em diversas localidades e são apresentadas em um guia, como o que é utilizado no ambiente no qual o presente estudo foi desenvolvido.

Eis algumas das "qualidades" que essas perguntas devem apresentar (são metadados sobre o que é uma pergunta essencial), conforme McTighe e Wiggins (2015):

- Ela pode ser aplicada em diferentes contextos (apresenta a qualidade do **polimorfismo**)?
- Ela é sugestiva e atraente, captando a atenção do aluno?
- Ela sugere o desenvolvimento de **pensamentos de mais alta ordem**?
- Ela direciona o aluno para ideias importantes?
- Ela aceita **respostas abertas**, colocadas sob diferentes pontos de vista?

Um problema a ser evitado centra-se mais nas respostas do que nas perguntas. É preciso evitar que as respostas sejam transferidas para fora da área de conhecimento onde se encontra o objeto de estudo, pois assim podem dispersar o aluno. Por isso, recomenda-se a manutenção de um foco que atenda a essa recomendação.

O conjunto de perguntas essenciais pode estar centrado em disciplinas acadêmicas, nas quais as questões se referem a assuntos que são tratados no currículo. Os autores citados consideram que tais perguntas podem ser dirigidas para outros campos, relacionados a questões metacognitivas ou reflexivas, que são perguntas mais abrangentes.

McComas e Rossier (2004) reúnem algumas dessas perguntas em uma lista, a saber:

- O que sei e o que preciso saber?
- Por onde devo começar?
- Quando devo modificar o curso de uma pesquisa?
- Como saberei quando isso será necessário?
- O que não é ou contraria o que outras pessoas pensam?
- Quais ajustes são necessários?

Todas elas são perguntas essenciais porque são úteis quando a aprendizagem pela pesquisa tem como proposta a produção de relatórios científicos, formatados para a apreciação acadêmica e validação de novos conhecimentos.

Em contrapartida, a classificação inicialmente proposta pode, e normalmente o é nos trabalhos acadêmicos, ser ampliada ao classificar os questionamentos resultantes das atividades de *brainstorming* como perguntas dispensáveis, que não trazem nenhuma colaboração para o trabalho. Apesar da divergência em utilizar essa classificação, isso representa uma realidade: há questionamentos que em nada contribuem para a criação de novos conhecimentos. Ainda assim, eles podem interessar a pontos específicos ou a um tipo de público-alvo diferenciado (nichos específicos de mercado).

Essa classificação é aumentada na proposta de McTighe e Wiggins (2015), que a consideram como um complemento depois que a(s) pergunta(s) é (são) efetuada(s). Os autores consideram possível, ainda, inserir três outros tipos de perguntas (McTighe; Wiggins, 2015):

1. *Aquelas que conduzem o trabalho e são adequadas para programação de atividades pelo projetista instrucional.*
2. *Aquelas que servem de guia são adequadas para a programação das rotas de aprendizagem). Elas são diretivas e indicam um caminho a seguir.*
3. *Aquelas que servem de "gancho", permitindo o salto para outro ponto a ser considerado, onde respostas ou novas perguntas podem ser encontradas. Elas representam alternativas e são muito utilizadas para enviar o aluno para uma nova lição.*

Outra taxonomia pode ser utilizada:

- Perguntas fechadas, que admitem uma única resposta (*sim, não, correta, incorreta*). Elas são utilizadas pelos projetistas para o desenvolvimento de enquetes.
- Perguntas abertas, que podem ter mais de uma solução ou cuja solução pode ser aplicada em diferentes contextos. Elas são muito úteis para a problematização dos currículos e muito utilizadas quando se usa a ABP.

Assim, é possível resumi-las em uma lista:

- Essenciais (uma ou mais).
- Acessíveis, as quais:
    - conduzem o trabalho;
    - servem de guia;
    - servem de gancho.

Todos os demais questionamentos derivam da escolha inicial associada à proposta colocada por McTighe e Wiggins (2015).

Aplicação prática

A aplicação prática da metodologia está centrada em dois pontos. O primeiro está no trabalho do projetista instrucional e do professor orientador. São eles que olham para o currículo e decidem em conjunto com toda a equipe (que pode envolver coordenadores de curso, outros professores, psicopedagogos e todo um conjunto de *expertises*) o projeto instrucional mais adequado.

O segundo ponto é a efetivação de perguntas pelos alunos, como "melhor prática" para a solução de problemas. Cabe alertar para o fato de que deve existir no ambiente um grupo de perguntas, normalmente utilizadas em determinada área do conhecimento. Assim, não cabe no escopo deste estudo apresentar tal conjunto de perguntas devido ao fato de ele ser extremamente variável.

Por meio dessas colocações, fica claro que a efetivação de perguntas representa uma das atividades mais importantes para a solução de problemas, uma das aprendizagens ativas utilizadas no ambiente onde este estudo foi desenvolvido. Assim, a primeira meta a ser colocada em ambientes que levam as ideias deste capítulo como forma de desenvolvimento do processo de ensino e aprendizagem é desenvolver um processo de interrogação bem-sucedido. Para que isso seja possível, recomenda-se o uso do *brainstorming* e de mapas mentais, que colocam esses questionamentos como ideias.

Se o professor orientador e o projetista se propuserem a fazer um "passeio" por iniciativas de cursos oferecidos em ambientes virtuais, enriquecidos com a tecnologia, poderão confirmar que os cursos nos quais essa proposta é utilizada normalmente são bem avaliados pelos participantes. Isso decorre do fato de os alunos efetuarem os questionamentos essenciais, por meio de perguntas feitas por eles ou pelo grupo a que pertencem, o que dá aos participantes um empoderamento e a sensação de "estarem no comando", situação em que a motivação intrínseca ganha destaque e se torna a motivadora mais potente no ambiente.

Cabe dizer aqui que as redes sociais são uma ferramenta inestimável no desenvolvimento das atividades de *brainstorming*. Ainda que as atividades não sejam desenvolvidas da forma tradicional (presencial), com um grupo de pessoas isoladas do resto do mundo em ambientes presenciais, é possível verificar que esse isolamento pode acontecer em salas de conferência privadas ou diretamente nas redes sociais. O uso de **hashtags do Twitter** manifesta-se como uma metodologia complementar no que diz respeito à obtenção de novas ideias. O poder da multidão (*crowdsourcing*) pode ser utilizado em toda a sua extensão.

Nas aplicações desenvolvidas com esse enfoque, é possível a construção de unidades de aprendizagem que se tornem intelectualmente atraentes, por chamar a atenção do aluno, entregar-lhe o controle e ter uma história fantástica como roteiro, ainda que não utilize a gamificação (metodologia recomendável como possibilidade complementar em casos específicos).

Chegada a hora de fazer as perguntas, os estudos de Dantonio e Beisenherz (2001) e de Dillon (2009) recomendam uma série de possibilidades que podem ser adaptadas e apresentadas em uma lista para facilitar a compreensão da proposta dos autores. Antes de colocar suas sugestões, fica o alerta para uma consideração convergente entre os diversos pesquisadores citados neste capítulo: as perguntas mais interessantes são aquelas que tornam a atividade de aprendizagem mais ativa e agradável.

Para utilizar essa metodologia, é recomendável:

- uma reunião do professor orientador com os alunos, com o objetivo de repassar a eles a metodologia;
- apresentar o guia de perguntas de acordo com a área do conhecimento ao qual o processo educacional se refere;
- orientar a escolha das equipes;
- apresentar as rotas de aprendizagem;
- programar a entrega das perguntas efetivadas;
- acompanhar a primeira reunião do grupo (recomenda-se que seja um *brainstorming* sobre como responder o conjunto de perguntas programado).

Se os próprios alunos desejarem, individualmente ou se a orientação do grupo for criar uma série de questionamentos, não importando o assunto ou a área do conhecimento, eles podem adotar o seguinte roteiro:

- O que ainda não conhecemos?
- Quais dados temos sobre o assunto?
- Há condições para se levantar outros dados?
- Há algum problema relacionado já resolvido?
- É possível declarar novamente o problema?
- Que nível de aceitação está imposto?
- Qual a possibilidade da aprendizagem pelo erro?
- Qual a possibilidade de troca com redes sociais ou outras equipes?
- Há interações interdisciplinares?
- As interações interdisciplinares podem ser utilizadas?
- Que inferência lógica posso desenhar, baseado no assunto em foco?
- Que evidência específica no texto posso utilizar para apoiar as minhas ideias?
- O texto tem uma ideia central?

- Como a ideia central se desenvolve?
- É possível colocar "ganchos" para outros pontos?

As atividades relacionadas anteriormente devem ser desenvolvidas com atenção, cuidado e registro da concordância de todos os participantes da solução do problema escolhido.

Exemplo prático

Será apresentada como exemplo prático uma proposta efetivada por McTighe e Wiggins (2015). Os autores se referem a um tópico de nutrição para exemplificar suas propostas e a de outros pesquisadores.

Conceito trabalhado: obesidade.

Perguntas que podem ser efetivadas:

- O que preciso saber sobre obesidade?
- Quais questionamentos podem ser feitos sobre dietas?
- O que é peso ideal?
- O que devemos comer?
- Como a dieta afeta a vida das pessoas?
- O governo deve dar opinião sobre o que as pessoas comem e bebem?
- O que é natural é melhor?
- Com que frequência devemos comer?
- O que podemos utilizar como argumento de autoridade sobre matérias dietéticas?

Outras perguntas podem ser colocadas e elas devem estar diretamente ligadas a interesses que o aluno ou o grupo a que ele pertence definiram como relevantes, de forma que a aprendizagem seja significativa e esteja relacionada ao mercado de trabalho, no qual irão desenvolver sua ação e prática profissional.

Glossário do Capítulo 13

Cultura de questionamento
Munhoz (2013b), ao analisar o comportamento de alunos em ambientes nos quais a aprendizagem independente foi recomendada, considera essa orientação uma estratégia pedagógica de alto valor e que facilita o desenvolvimento de metodologias inovadoras em educação, a qual, pela ação do professor orientador, pode ser estabelecida no ambiente de ensino e aprendizagem.

Hashtags do Twitter
Trata-se de palavras-chave precedidas do sinal # que são utilizadas para criar dinâmica e movimentação na rede a fim de atender a interesses específicos, como temas relacionados com o currículo a ser trabalhado[1].

Pensamentos de mais alta ordem
Oliveira e Amaral (2001) pontuam o termo, também denominado *pensamento de ordem superior,* como a forma de aprender que exige um processo cognitivo mais elaborado do que formas menos complexas. Ele geralmente inclui análise, avaliação e síntese, utilizadas para a criação de novos conhecimentos.

---

[1] Significado... (2018a).

Polimorfismo

Algo que pode ser utilizado em diferentes contextos no campo educativo para resolver problemas em diferentes áreas do conhecimento, o que dá a esse conhecimento um valor adicional de transferência[2].

Respostas abertas

Munhoz (2016a) considera assim as respostas não exatas, que podem ou não representar a verdade ou ter funcionalidade prática em contextos específicos. Elas são colocadas pelo aluno como resultado de perguntas "mal estruturadas" utilizadas na ABP e na aprendizagem por questionamentos.

■ ─────────────────────────────── **Saiba mais**

Veja o tema proposto na primeira coluna, acesse o material indicado na segunda coluna e desenvolva a tarefa sugerida na terceira coluna.

Tema	Referência ou *link*	Atividade a desenvolver
Pensamentos de mais alta ordem	CANGUILHEM, G. O cérebro e o pensamento. **Natureza Humana**, São Paulo, v. 8, n. 1, p. 183-210, jun. 2006. Disponível em: <http://pepsic.bvsalud.org/pdf/nh/v8n1/v8n1a06.pdf>. Acesso em: 18 maio 2019.	Leitura complementar.
Como fazer perguntas certas?	<https://www.minhavida.com.br/bem-estar/materias/12880-perguntas-eficientes-te-ajudam-a-solucionar-os-problemas>	Leitura complementar.

(continua)

---

2   Polimorfismo (2009).

(conclusão)

Tema	Referência ou *link*	Atividade a desenvolver
O uso do Twitter em educação	<http://revistapontocom.org.br/artigos/o-impacto-do-twitter-na-educacao>	Leitura complementar.
A cultura de questionamentos	<http://hsmeducacaoexecutiva.com.br/tecnologia/o-poder-questionamento-como-um-simples-porque-pode-mudar-tudo/>	Leitura complementar. associada a artigo de opinião sobre o tema.

∎

Questões para revisão

1. Cite pelo menos uma vantagem da utilização do método maiêutico no processo de ensino e aprendizagem.

2. Aponte pelo menos uma razão que justifique o uso em profusão de metadados nos ambientes virtuais de aprendizagem.

3. Cite alguma técnica que você já aplicou ou conhece para orientar o professor a "fazer as perguntas certas" quando adotar a aprendizagem baseada em problemas ou a aprendizagem baseada em questionamentos em seu trabalho didático e pedagógico.

4. Analise a afirmativa de que "o polimorfismo de uma ideia pode fazer com que ela perca a intensidade intelectual" e a questione com uso do pensamento crítico.

5. Quais técnicas pedagógicas você poderia indicar de forma a levar o aluno a desenvolver pensamentos de mais alta ordem?

Estudo de caso

Analise a seguinte situação e desenvolva, em forma de relatório, a solução para o problema proposto.

Uma IES que já utiliza uma série de metodologias, com destaque para a aprendizagem baseada em problemas e salas de aula invertidas em ambientes semipresenciais, solicitou ao Departamento de Inovações Tecnológicas um relatório para apontar formas de utilizar as atividades previstas em um projeto instrucional, de modo a incentivar o uso das recomendações da aprendizagem baseada em questionamentos.

O relatório final deve conter essas orientações, com justificativa para cada uma delas.

14

DESIGN THINKING

14

POR APRESENTAR UMA tradução insatisfatória em nosso idioma, o tema é tratado por seu nome original, o que pode ser comprovado em várias publicações nacionais sobre ele. Trata-se de uma proposta que foi inicialmente criada para o mercado corporativo, sem integração com a área acadêmica. Na busca de aprendizagens ativas, considerou-se que os bons resultados apresentados pela proposta de aplicação dos fundamentos do *design thinking* o inseriram no conjunto de "melhores práticas" desenvolvidas e que terminam por serem utilizadas com propósitos educacionais.

Definição

O ***design thinking*** é definido por Vianna et al. (2014) como um conjunto de métodos e processos adotados para desenvolver a abordagem de problemas relacionados à aquisição e ao armazenamento de informações (***data mining*** e ***datawarehouse***), que nos dias atuais originou o conceito de *big data* e trouxe ao mercado novos profissionais que desenvolvem a atividade *Analysis*, uma das mais bem remuneradas na atualidade.

Os autores defendem que o projeto, quando adotado na empresa, tem o dom de colocar as pessoas no centro do processo, dando a elas um empoderamento que tem como consequência imediata o aumento da motivação, a transformação de motivações extrínsecas em motivações intrínsecas e a participação mais ativa do colaborador nos projetos internos de tomada de decisões (por meio de captação de grande volume de informações).

Sua repercussão se deve ao fato de representar uma forma de implantar uma das abordagens mais desejadas no mercado atual: a criação de competências e habilidades que tornem os colaboradores "solucionadores de problemas". O processo tem como premissa entender os métodos e processos que os projetistas utilizam para criar soluções. A criatividade é a melhor moeda de troca nesse ambiente.

A proposta é ampliada para abranger e priorizar o trabalho em grupos, desenvolvido de forma colaborativa, no qual há uma convergência do que se está propondo como aprendizagens ativas, que tratam dos mesmos temas, na área educacional.

Características da metodologia

A proposta ganhou interesse dos gestores e aos poucos vem se integrando à cultura de alguns dos especialistas na organização, principalmente aqueles que trabalham com gestão de pessoas e no trato com universidades corporativas, para os quais o tema é destaque e uma das palestras mais solicitadas na atualidade.

A descoberta de como diferentes grupos buscam soluções para problemas comuns no dia a dia das empresas passa a ser um ponto de destaque e também ponto de partida, para que se dê início à criação das grandes **bases de dados** que apoiam a adoção do raciocínio baseado em casos, direcionado à reaplicação de comportamentos e atitudes que deram certo em ambientes similares ou totalmente diferenciados (transferência, também chamada de *polimorfismo*).

Se o mesmo problema for proposto para diferentes grupos de colaboradores, de setores diferentes (preferencialmente) ou do mesmo setor (desde que consigam manter um mínimo de isolamento enquanto resolvem o problema), é possível verificar que as soluções encontradas podem diferir total ou parcialmente umas das outras.

A descoberta mais importante foi quando se tornou possível inferir, por meio da observação, que os projetistas (engenheiros) desenvolviam a solução de problemas com base na análise extensiva, enquanto as equipes que envolviam *designers* (projetistas) desenvolviam a solução dos problemas por meio da síntese. Enquanto em uma proposta o tema é dissecado e desconstruído em suas partes constituintes (análise), na outra ponta da pesquisa a proposta adotava um caminho inverso, o de reunir partes, para se chegar a uma solução para o problema.

Quando uma proposta (a de **análise**) é a primeira posição e é colocada junto a outra (a de **síntese**), tem-se a proposição dialética, utilizada no método científico. Isso resulta na adoção de uma linha de raciocínio que privilegia a visão dos projetistas como a mais aplicável ao processo, como o querem os especialistas envolvidos com a solução de problemas, de acordo com postulado por Stickdorn (2014).

Essa é a razão da nomenclatura que foi dada ao tema: o desenvolvimento da solução de problemas apoiado em uma visão do projetista, que leva os envolvidos a "pensar em projetos" – *design thinking*. Tudo se desenvolve de forma colaborativa em um processo que está centrado no ser humano (os profissionais envolvidos).

O processo se inicia como no método científico tradicional. Primeiro ocorre a imersão preliminar, quando o projeto é enquadrado como uma pesquisa (exploratória ou outra abordagem possível). Em termos de administração de empresas e projetos, é a fase de determinação de escopo e dos limites do projeto. A essa etapa inicial se segue aquela na qual o *design* ganha destaque. Denominada *imersão de profundidade*, nessa fase se desenvolve o projeto tal qual ele está proposto nas normas adotadas pelas instituições de ensino superior (IES), para o desenvolvimento de trabalhos de conclusão de curso ou a produção de artigos científicos.

Em cada uma dessas etapas são coletados dados que serão utilizados na desconstrução e na reconstrução subsequente do problema (**método dialético**) que está sendo tratado, surgindo nessa fase a solução do problema. O mercado corporativo finalmente toma emprestadas diversas ferramentas do método científico (suporte teórico, referenciais de qualidade etc.). A proposta de **aprender do mais fácil ao mais complexo** é atraente, em todos os casos em que é possível sua aplicação.

Terminadas as fases de imersão propostas na metodologia *design thinking*, têm início, de forma significativa para a empresa, as etapas de análise e síntese. A visualização gráfica é a mais recomendada, principalmente por permitir que se veja o todo com base nessas apresentações. Essa forma mais resumida é mais apropriada que qualquer outra para chefias atarefadas e que querem ver resultados sem levar em consideração as etapas pelas quais se chegou até eles.

Na fase complementar, denominada *ideação*, são acareadas aquelas pessoas que serão "servidas" – os usuários finais ou a comunidade acadêmica" – pela solução dos problemas que foram levantados como desafios ou obstáculos a fim de que a empresa consiga manter os trabalhos em ordem, no sentido de manter ou ampliar a competitividade no mercado (a qualidade do ensino proporcionado pela IES). A ferramenta mais utilizada nessa fase é a manutenção de sessões de *brainstorming* com os envolvidos, para que novas ideias possam ser aplicadas.

A fase de prototipagem fecha o processo. É quando as ideias abstratas ganham um conteúdo formal e material, de modo a refletir a realidade capturada no contexto no qual o estudo foi desenvolvido. É importante destacar que o contexto é decisivo em todas as etapas, o que significa que alterá-lo em qualquer momento exige que todo o processo seja reiniciado.

Aplicação no setor educacional

A primeira constatação é que a utilização do *design thinking* no setor educacional representa mais uma proposta diretamente derivada de boas práticas desenvolvidas no mercado corporativo. É possível observar, no quadro funcional de empresas que utilizam o *design thinking* para a solução de problemas, o aumento do entusiasmo das equipes e um engajamento quase total no processo. Com esses benefícios, o processo é trazido para o setor educacional a fim de ser testado como uma nova metodologia, como mais uma das aprendizagens ativas existentes no mercado.

Quando se coloca o projeto em ação no setor acadêmico, a primeira constatação que se faz, conforme Lupton (2013), é a entrada em ação de aspectos que estimulam os alunos a tratar a solução de problemas não mais como um processo isolado, levando-os a buscar uma aproximação interdisciplinar e a compreender o problema. Assim, deixa-se de tratar a aprendizagem baseada em problemas (ABP) sobre apenas uma disciplina de e passa-se a tratá-la de forma global, abordando todas as disciplinas do currículo. Como isso ainda é algo difícil, muitas instituições trabalham a abordagem de uma única disciplina, ainda que o processo seja aplicado a diversas delas.

O segundo destaque já era utilizado de forma extensiva no setor acadêmico, principalmente em iniciativas inovadoras aplicadas em ambientes enriquecidos com a tecnologia. A orientação é para que a aprendizagem em grupos seja utilizada e venha a ser aplicada uma proposta de desenvolvimento de trabalhos colaborativos, no contexto do grupo, e cooperativos, em relação às grandes redes sociais.

A seguir são apresentadas algumas recomendações da abordagem do pensamento em projetos:

- A proposta orienta alunos e professores a aceitarem os desafios dos ambientes centrados no aluno.
- Em um segundo momento, ela trabalha a necessidade de se compreender que, na vida real, no contexto da sociedade,

não existe resposta ou solução perfeita, mas que se pode atingir resultados mais fortes, mais fracos ou até mesmo não obter nenhum resultado, a depender do contexto. Difícil é convencer o setor acadêmico que a não obtenção de resultados já representa por si só um resultado, e por isso tem seu valor.

- A proposta sugere parceria coativa, interativa e criativa entre professores orientadores. Ela deve ser desenvolvida de forma ativa entre os grupos e com a comunidade que pode ser agregada ao processo.

A principal dificuldade de ensinar esse método tem sido explicar o que é *empatia*, palavra comumente confundida com diversos outros conceitos, o que recomenda uma análise sobre ela antes que o processo tenha lugar. Como as metodologias propostas no *design thinking* não substituem a ABP, é possível considerar que, segundo a proposta de Brown (2010), o pensamento em projeto seja apenas uma nova forma de enunciar, encarar e desenvolver essa abordagem da aprendizagem.

Empatia

Os trabalhos desenvolvidos por Brown (2010) permitem aprimorar esse conceito em sua totalidade. Primeiramente, eles apresentam uma definição para *empatia* que é similar a diversas outras colocadas no mercado. De forma complementar, os autores apresentam outra colocação que representa um diferencial em relação ao que já havia sido dito sobre o assunto. O conceito, proveniente da área psicológica, é normalmente confundido com *simpatia*, com uma proposta afetiva inserida em processos. É preciso desfazer essa confusão e observar que, em sua essência, a empatia é, segundo os autores citados, a capacidade psicológica que uma pessoa tem de sentir o que outra pessoa está sentindo, caso a primeira seja colocada perante o mesmo problema, nas mesmas condições e no mesmo contexto. Quando se atinge esse objetivo, considera-se que se chegou a um clima de empatia.

Em termos práticos, para o projetista instrucional ou para o *designer*, ser empático consiste em tentar compreender os sentimentos e as emoções que o aluno sente ante determinado problema (o desenvolvimento do currículo transformado em um problema, como orienta o método).

Esse sentimento, conquistado na prática desses profissionais, leva-os a compreender situações que outras pessoas podem sentir e a aproximar soluções propostas para situações específicas de forma mais segura.

Quando se exercita a empatia em um ambiente onde diversas pessoas atuam com interesse e objetivo comuns, ela se mostra como um processo que leva as pessoas a ajudarem umas às outras.

Nesse ponto, é possível aprofundar o conceito que considera a *empatia* similar à *simpatia*. A primeira é mais abrangente e pode ser considerada um dos requisitos mais importantes para as pessoas que desenvolvem projetos que serão aplicados a outras pessoas.

Para aqueles que buscam justificativa na afetividade, como Berengueres (2013), o processo tenta compreender sentimentos e emoções e pode envolver o altruísmo, que aumenta a capacidade das pessoas de se inter-relacionar com outras e ter vontade de ajudar, sem que benefícios sejam esperados em troca.

Para o projetista e o professor envolvidos em motivar outras pessoas a ensinar, essa é uma qualidade ímpar. Ela pode acrescentar resultados ótimos no desenvolvimento dos projetos instrucionais colocados sob a responsabilidade de profissionais com tais características.

Em termos de relacionamento pessoal, é possível considerar, segundo o mesmo autor, que ser empático é ter afinidade e se identificar com outras pessoas. Quando se determina um clima de empatia, um sentimento de prazer e alegria se estabelece. É isso o que se está tentando, ainda sem muito sucesso, em iniciativas educacionais, por favorecer o desenvolvimento de atividades de aprendizagem pelos alunos.

Para concluir a divagação sobre o termo, é possível citar Lockwood (2010), que considera a empatia o pressuposto de uma comunicação afetiva com outra pessoa, a forma de estabeler identificação e aproximação psicológica com o que sentem outros indivíduos. Para que ela exista, é preciso que tanto o projetista quanto o professor exercitem uma capacidade natural ao ser humano: a solidariedade.

O autor apresenta como exemplo de empatia o relacionamento entre um terapeuta e seu paciente em atividades de psicanálise, nas quais um sentimento afetivo e intuitivo é chave para o sucesso da iniciativa.

Para finalizar, é possível considerar que ter simpatia por uma pessoa é ter vontade de estar com ela, enquanto que ter empatia por uma pessoa é ter vontade de compreendê-la e conhecê-la. A diferença pode parecer pequena, mas ela é sensível quando aplicável em uma ótica educacional.

Papel dos agentes educacionais

Para uma metodologia ser utilizada com sucesso, o professor deve ser visto como a pessoa capaz de levar os alunos a inovar, colaborar e desenvolver o pensamento crítico – condição fundamental e, por si só, uma das formas de aprendizagem ativas, como foi estudado em capítulo anterior.

Brown (2010) acredita que essa proposta também pode ser considerada de aprendizagem investigativa. Nessa visão, o aluno não é mais considerado um mero receptor de informações, tampouco o professor é visto como transmissor de conhecimentos prontos e acabados. Ao contrário, este assume o papel de orientador, sendo considerado um intelectual capaz de transformar a sala de aula (não importando a forma de entrega do processo). O aluno, por sua vez, assume o papel de formador de novos conhecimentos. Isso não é uma visão poética e idealista, mas um objetivo a se atingir para que o processo de ensino e aprendizagem possa ser desenvolvido com maior eficácia em ambientes enriquecidos com a tecnologia, nos quais a aprendizagem independente está posta como forma de desenvolvimento dos estudos pelo aluno.

Assim, este capítulo é encerrado considerando que a proposta de *design thinking* aplicada ao setor educacional representa um processo criativo, que ajuda o professor a criar soluções significativas na sala de aula, na instituição de ensino e em sua comunidade (lembre-se da definição de *empatia* apresentada em parágrafo anterior).

Antes de ser uma técnica, a empatia é uma abordagem centrada no ser humano, voltada para a inovação e que agrega à tecnologia educacional a proposta de integrar as necessidades individuais dos alunos no processo de aprendizagem. Esse é um dos requisitos fundamentais para que as pessoas tenham sucesso em uma sociedade complexa e perplexa, como demonstra ser a contemporânea.

Glossário do Capítulo 14

Análise
Juliani, Cavaglieri e Machado (2015) apontam a análise como parte de um projeto de pesquisa que toma em mãos os dados coletados ou desconstrói uma ideia em seus princípios elementares. Essa fase representa um exame minucioso, por meio do qual se adquire um maior volume de conhecimento sobre o objeto de pesquisa, auxiliando a identificação de soluções para o problema em foco.

Aprender do mais fácil ao mais complexo
Munhoz (2013b) considera que essa proposta apresenta elevado valor didático e pedagógico por permitir ao aluno que saiba como determinado conhecimento foi criado, tendo informações detalhadas sobre o contexto no qual isso aconteceu. É a proposta da utilização de objetos de aprendizagem.

Bases de dados
Conjunto de tabelas planas e de arquivos que armazenam os atributos das entidades consideradas de importância e que têm existência real em algum processo desenvolvido pelo gênio humano[1].

Data mining
Trata-se da coleta de dados desenvolvida em fontes de pesquisa diversas, a maioria delas presente nas redes, mas que pode incluir jornais, revistas e outros elementos físicos que podem ou não ser digitalizados[2].

---

1 Oliveira (2013).
2 Significado... (2013b).

Data warehouse
Refere-se a um grande armazém de dados, que é a representação figurada da base de dados na qual os dados foram armazenados e de onde serão estudados para criar novas informações que, quando submetidas a uma análise, serão transformadas em informações estruturadas e preparadas para a tomada de decisões[3].

Design thinking
Brown (2010) considera que essa proposta leva o aluno por um caminho de descoberta, interpretação, criação, experimentação e aprimoramento dos conhecimentos de que ele necessita em sua vida profissional. Quando inicialmente trabalhado no mercado corporativo, o *design thinking* adquire consistência e se expande para o setor acadêmico, no qual diversas iniciativas devem se suceder em futuro próximo.

Método dialético
Severino (2000) aponta esse método como eficaz para desenvolver estudos que recomendam um exame detalhado, com a desconstrução de um objeto em suas partes componentes e sua subsequente reconstrução sob a luz de novos conhecimentos, para dar respostas a questionamentos feitos pelo pesquisador.

Síntese
Ao analisar o método científico, Severino (2000) considera a síntese a união das partes que foram descontruídas na etapa de análise, reunidas sob a luz de uma nova ótica para compor a solução de um problema, dar resposta a perguntas norteadoras e confirmar ou falsear uma ou mais hipóteses.

---

3   Significado... (2013c).

Saiba mais

Veja o tema proposto na primeira coluna, acesse o material indicado na segunda coluna e desenvolva a tarefa sugerida na terceira coluna.

Tema	Referência ou *link*	Atividade a desenvolver
Aprender pela pesquisa	SILVA, I. R. et al. Aprender pela pesquisa: do ensino da ciência ao campo assistencial da enfermagem. **Escola Anna Nery**, v. 21, n. 4, 2017. Disponível em: <http://www.scielo.br/pdf/ean/v21n4/pt_1414-8145-ean-2177-9465-EAN-2016-0329.pdf>. Acesso em: 18 maio 2019.	Leitura complementar.
Método dialético	ZAGO, L. H. O método dialético e a análise do real. **Kriterion: Revista de Filosofia**, Belo Horizonte, v. 54, n. 127, p. 109-124, jun. 2013. Disponível em: <http://www.scielo.br/scielo.php?script=sci_arttext&pid=S0100-512X2013000100006>. Acesso em: 18 abr. 2018.	Leitura complementar associada a artigo de opinião sobre o tema.
Abordagem do mais fácil ao mais complexo	REIS, F. F. et al. A inserção da abordagem desenvolvimentista nas aulas de Educação Física em uma instituição pública. **EFDeportes.com**, Buenos Aires, ano 19, n. 192, maio 2014. Disponível em: <http://www.efdeportes.com/efd192/abordagem-desenvolvimentista-de-educacao-fisica.htm>. Acesso em: 18 abr. 2018.	Leitura complementar.

(continua)

Tema	Referência ou *link*	Atividade a desenvolver
Big Data em educação	SCAICO, P. D.; QUEIROZ, R. J. G. B. de; SCAICO, A. O conceito big data na educação. In: CONGRESSO BRASILEIRO DE INFORMÁTICA NA EDUCAÇÃO, 3., 2014, Dourados. **Anais**... Disponível em: <http://www.br-ie.org/pub/index.php/wie/article/view/3115/2623>. Acesso em: 18 abr. 2018.	Leitura complementar.

Questões para revisão

1. Cite pelo menos uma vantagem da utilização combinada de *data mining* e *data warehouse* em educação.

2. Aponte como o fenômeno *big data* pode influenciar os processos de ensino e aprendizagem.

3. Efetue um comparativo sobre o uso da análise e da síntese de forma isolada e combinadas no desenvolvimento da solução de problemas.

4. Aponte pelo menos uma vantagem e uma desvantagem da utilização do método dialético na abordagem do desenvolvimento de algum estudo na área educacional.

5. Analise o conceito de empatia como ele foi apresentado neste estudo e assinale pelo menos uma vantagem e uma desvantagem de sua utilização.

Estudo de caso

Analise a seguinte situação e desenvolva, em forma de relatório, a solução para o problema proposto.

Uma IES pretende implantar em seus procedimentos uma forma de aplicação prática da teoria do *design thinking*. Para isso, professores e projetistas devem orientar atividades para efetuar essa abordagem.

O produto final deve ser entregue na forma de um tutorial, com exemplos, no qual sejam justificadas todas as orientações sobre como o professor deve se comportar.

15

APRENDIZAGEM PELOS PARES

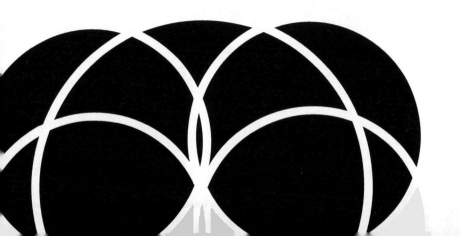

15

APESAR DE NÃO ser uma novidade, por já ser utilizada de forma extensiva em iniciativas internacionais voltadas para o ensino e a aprendizagem em áreas de ciências, a aprendizagem pelos pares é mais uma metodologia possibilitada pela evolução das tecnologias educacionais. Ela permite aos estudantes ampliar o espaço da sala de aula e criar novos conhecimentos com base em uma ação conjunta, que envolve seus pares acadêmicos e as comunidades estabelecidas na grande rede.

Justificativas

Um bom indicativo do uso dessa metodologia é expresso por Mazur (1996), que já na primeira utilização do seu método observou o despertar da curiosidade do aluno com relação à metodologia quando foi possível associar novos elementos ao currículo e proporcionar acesso a elementos não tratados nas salas de aula.

Nos estudos de Sachs e Parsell (2014) esse registro foi ampliado quando a avaliação de um conjunto de turmas às quais a metodologia foi aplicada apresentou resultados impressionantes. O rendimento foi comparado com o de turmas similares, nas quais a metodologia não foi aplicada.

A aprendizagem pelos pares é uma metodologia que valoriza sobremaneira as contribuições dos alunos, o que lhes dá empoderamento e facilita a instalação da motivação intrínseca no ambiente. Dessa forma, os autores confirmam um dos pressupostos para a recomendação do uso de uma metodologia. Com a proposta, há aumento de **sentimento de participação**, **comprometimento**, **percepção de competência** e valorização de conhecimentos anteriores angariados pelos alunos. É tudo o que estes parecem querer em um ambiente de ensino e aprendizagem.

Assim se atinge o objetivo das aprendizagens ativas, que, além da satisfação pessoal, como relatado pelos autores, promove a autonomia do aluno e aumenta o potencial da influência pedagógica, com a recuperação da valorização do papel do professor como orientador.

O ambiente fica cercado por novas dinâmicas e as perguntas, como aquelas colocadas por Schmidt, Smyth e Kowalski (2014), ganham significado e são respondidas:

- Como ensinar em um contexto em que os ambientes escolares e a própria sociedade se mostram cada vez mais interativos?
- O que fazer para mudar a cultura do professor?
- O que fazer para mudar a cultura do aluno?
- A quem cabe a busca de alternativas com aplicação de novas metodologias: ao professor? Aos alunos? Às instituições de ensino superior (IES)?

Os autores consideram que essas perguntas são respondidas na íntegra quando a metodologia "aprendizagem pelos colegas" é proposta como abordagem do processo de ensino e aprendizagem. É importante destacar o contexto apresentado nos capítulos iniciais. Quando mais próximo dele for o ambiente em que você trabalha, maiores as possibilidades das conclusões deste estudo se mostrarem eficazes.

Outro grande mérito da abordagem é a utilização da aprendizagem baseada em problemas (ABP), colocada em destaque por Knight (2002) ao avaliar resultados em uma equipe de estudos sobre física. Foi o que incentivou um maior envolvimento ativo dos alunos no processo.

O exercício de **liberdade e autonomia**, somado a uma postura pedagógica diferenciada dos professores (entre eles o autor, que participou de forma ativa), foram estabelecidos como os pontos favoráveis.

Miller et al. (2014) faz um curioso reparo quanto à tradução. Estes, entre outros pesquisadores, alertam ser melhor utilizar a nomenclatura original. Os autores questionam a tradução "aprendizagem pelos pares", alegando que pode parecer ser algo desenvolvido por um par de alunos, o que não representa a realidade. Eles consideram como melhor tradução a expressão "instrução pelos colegas". Como o projeto envolve basicamente o comportamento dos alunos, voltados para aprender, o presente estudo utiliza o termo "aprendizagem pelos pares" como a nomenclatura mais indicada.

Definições

Uma das definições mais aceitas parte do próprio criador do método: Mazur (1996). Segundo o autor, ela representa uma metodologia ativa, destinada a incentivar o desenvolvimento do processo de ensino e aprendizagem, levando a maior participação e interesse do aluno. Nessa proposta, o aluno é incentivado a ler, pensar e refletir antes da aula (tal como se faz na proposta da sala de aula invertida).

O professor comunica-se ativamente e de modo constante com seus alunos por meio de acesso nas grandes redes e nas salas de aula. Ele não diz o que acha sobre o currículo ou o que e como os alunos devem aprender, mas atende ao que eles querem saber (também similar à sala de aula invertida). Os assuntos tratados são aqueles sobre os quais os estudantes tiveram dúvida na leitura dos conteúdos e na aprendizagem independente, via material multimídia entregues aos alunos, somados a *links* com artigos de interesse.

Outro ponto que Mazur destaca é o desenvolvimento de atividades de reforço, que são extensivas e envolvem um trabalho conjunto dos alunos. A discussão entre os pares é incentivada. O professor deve movimentar os alunos tanto no interior de seus próprios grupos como em disputas e trabalhos conjuntos com outros grupos.

Tais propósitos se confundem com os de outras metodologias inovadoras e têm origem na ABP, colocada como a abordagem indicada.

Em termos de metodologia, todos os questionamentos feitos pelos alunos, pautados em experiências anteriores, estão registrados em uma base de dados que pode ser consultada por eles. O resultado do trabalho que está sendo desenvolvido também é registrado e o acesso a ele é livre para todos os alunos, o que permite uma integração ativa entre todos os participantes.

É, então, incentivada a discussão entre os pares sobre esse material resultante. São discutidas ainda as orientações do professor, além dos materiais colocados por outros alunos. O resultado final é obtido dessas discussões e ele aponta para uma solução conjunta do problema, sem individualizar em grupos, o que é proposto na abordagem tradicional do método. Aqui é colocado um problema para todos resolverem de forma conjunta.

Bruff (2009) e Chism (2007) que também aplicaram o método considerando as seguintes características marcantes do método:

- Leitura prévia do material entregue pelo professor.
- Participação ativa do aluno em atividades independentes e em atividades desenvolvidas pelo aluno de forma *on-line* no ambiente.
- Exposição, durante os momentos presenciais, efetuada de forma rápida por cada uma das equipes (máximo de 10 minutos), seguida da interação com os demais alunos.
- Resposta individual dos alunos ao "teste de conceito" – *concept test* após a explanação.
- Análise das respostas colocadas para as questões iniciais. A análise dos resultados dessa fase direciona a forma como o restante da "aula" será desenvolvido.
- Se os acertos são inferiores a 30%, o professor repete a explicação do conteúdo e o processo é reiniciado. Se os acertos estiverem na margem entre 30% e 70%, são formados grupos de alunos para discussão dos resultados; se o índice

de acertos supera 0%, o professor dá o tema como encerrado e passa para outro ponto.

O método é simples, mas exige disciplina em sua aplicação e participação ativa de todos os alunos. Ressalta-se que o problema é colocado para toda a classe, o que diferencia essa metodologia da ABP, em que cada grupo escolhe o problema que mais interessa aos participantes.

Em termos tecnológicos, é importante que a captação das respostas dos alunos e o processamento dos resultados, desenvolvidos em tempo real, venham a ocorrer em tempo reduzido, de forma que os resultados possam ser tratados no decorrer do tempo dedicado à aula presencial.

Sempre que há mudança de tema, um relatório é produzido no qual fica registrado o processo de evolução de cada aluno. Em física, por exemplo, os temas cinemática, estática e dinâmica podem ser tratados dessa forma quando do estudo da mecânica.

Assim, há um registro da evolução da turma, que corresponde a um processo de avaliação formativa, com base em um percentual em relação ao conceito final que os alunos vão conseguir de acordo com a proposta (variável) de como será o método de avaliação somativa.

Mattar (2012) considera que tais relatórios, além de servirem para atestar o trabalho do professor, representam uma forma mais eficaz de mensurar a aprendizagem dos alunos, que assim passam a ser os atores principais do próprio projeto de ensino e aprendizagem, com o apoio do professor como orientador e acompanhante de sua caminhada em direção à aquisição de novos conhecimentos.

Gould (2014) e Novak et al. (1999) consideram que a aprendizagem pelos pares tem como desafio sensibilizar os alunos para uma participação ativa; ao contrário, há um desmonte das propostas do processo.

A alfabetização tecnológica é necessária devido ao fato de sua utilização ser extensiva durante a aplicação do método. Ela deve englobar todos os participantes do ambiente.

Os alunos gostam da dinâmica que a sala de aula adquire e relatam o desejo de que todas as disciplinas sejam assim tratadas, mas ainda não existem experiências, pelo menos não relatadas, com o uso do método científico que permitam uma avaliação de resultados.

Aqui acontece o mesmo de quando a ABP é utilizada. A situação ideal é que o estudo e a aprendizagem fossem interdisciplinares e que um problema agregasse todo o curso, mas não é o que acontece na prática. Enquanto isso, alguns professores resolvem adotar o método por vontade própria.

Quando a proposta é proveniente de um projeto instrucional há uma tendência a serem obtidos, com menor esforço, resultados positivos da iniciativa, já que estudos preliminares foram desenvolvidos e um detalhamento maior foi obtido com a proposta. As coisas chegam na "sala de aula" de forma mais organizada, e assim os resultados obtidos podem apresentar maior rendimento.

Mazur (1996) considera que a grande vantagem da proposta do método está no engajamento mental dos estudantes, uma vez que são estimulados a pensar, a participar de um debate coletivo e com os pares acadêmicos. Uma das vantagens assinaladas pelos próprios alunos é relativa ao retorno (*feedback*). O monitoramento feito por computadores tende a ser mais exato, e métodos estatísticos podem ser aplicados para emitir relatórios apoiados em diversos parâmetros. Eles permitem que diferentes visões possam ser obtidas com base no que foi registrado sobre o processo de ensino adotado e suas características.

Mazur considera que o trabalho desenvolvido entre os alunos contribui para melhorar a capacidade de reflexão e o desempenho conceitual deles, além de despertá-los para o aprender fazendo, com resultados concretos.

Glossário do Capítulo 15

Comprometimento
Segundo Munhoz (2016a), é o resultado da formação de grupos e representa a responsabilidade dos alunos que participam dessa metodologia, orientando para uma participação mais ativa e maior empenho no desenvolvimento das atividades.

Liberdade e autonomia
Munhoz (2013b) considera que essas são condições necessárias, ainda que não sejam suficientes, para o aluno ter maior engajamento, participação e satisfação em relação à atividades propostas em ambientes de ensino e aprendizagem.

Percepção de competência
Munhoz (2013b), ao orientar novas formas de ensinar e aprender em ambientes virtuais, considera que o aluno deve desenvolver essa proposta para orientar como as atividades previstas podem ser executadas ou sugerir aos professores orientadores a aplicação de outras atividades, considerando a flexibilidade no ambiente.

Sentimento de participação

Munhoz (2016a) considera que esse sentimento deriva da efetivação da presença social do professor orientador e da instituição de ensino na vida do aluno e que pode trazer grande benefício na atividade de aprendizagem desenvolvida por ele.

Saiba mais

Veja o tema proposto na primeira coluna, acesse o material indicado na segunda coluna e desenvolva a tarefa sugerida na terceira coluna.

Tema	Referência ou *link*	Atividade a desenvolver
Presença social do professor	SILVA, G. DE J.; MACIEL, D. A. A presença docente do professor-tutor online como suporte à autonomia do estudante. **Psicologia da Educação**, São Paulo, n. 38, p. 35-48, jan./jun. 2014. Disponível em: <http://pepsic.bvsalud.org/pdf/psie/n38/n38a04.pdf>. Acesso em: 18 maio 2019.	Leitura complementar associada a artigo de opinião sobre o tema.
Valor do conhecimento anterior do aluno	SMOLE, K. C. S. Aprendizagem significativa: o lugar do conhecimento e da inteligência. **Mathema: Formação e Pesquisa**. Disponível em: <http://mathema.com.br/reflexoes/aprendizagem-significativa-o-lugar-do-conhecimento-e-da-inteligencia-2/>. Acesso em: 18 maio 2019.	Leitura complementar.

(continua)

(conclusão)

Tema	Referência ou *link*	Atividade a desenvolver
Autonomia do aluno	LIMA, J. de M.; SILVA, C. V. A. P. da; PAIVA, C. M. de. Autonomia em educação a distância: relatos a partir da prática de tutoria na disciplina Fundamentos Psicológicos da Educação em dois cursos de licenciatura da UFPBvirtual. **Abed**, 2010. Disponível em: <http://www.abed.org.br/congresso2010/cd/352010000839.pdf>. Acesso em: 18 abr. 2018.	Leitura complementar.
Engajamento do aluno	<https://www.escolaweb.com.br/blog/artigos/5-maneiras-de-engajar-os-alunos-nas-atividades-escolares/>	Leitura complementar.

Questões para revisão

1. Cite pelo menos uma vantagem de se transferir ao aluno um sentimento de participação no ambiente de ensino e aprendizagem.

2. Cite pelo menos uma vantagem da proposta de valorizar o conhecimento anterior do aluno quando no desenvolvimento de atividades em grupo.

3. Cite pelo menos uma vantagem e uma desvantagem da proposta de autonomia ao aluno que acontece em algumas iniciativas acadêmicas.

4. Assinale cuidados que devem ser tomados no ambiente com relação a conflitos que podem surgir quando a abordagem do estudo em grupos é utilizada.

5. Enumere algumas ideias sobre como incentivar o engajamento do aluno em iniciativas que adotam a linha de raciocínio da aprendizagem pelos pares.

Estudo de caso

Analise a seguinte situação e desenvolva, em forma de relatório, a solução para o problema proposto.

> Uma IES deseja utilizar a metodologia de aprendizagem pelos pares em seus cursos da área tecnológica. A proposta deve ser efetivada em momentos presenciais e por meio da sala de aula invertida, de forma a se utilizar os equipamentos adquiridos para efetivar a proposta de resposta interativa sugerida na metodologia.
>
> O relatório apresentado pela equipe de estudo deve orientar sobre o comportamento dos professores e alunos, apresentando justificativa para todas as orientações.

16
APRENDIZAGEM VESTÍVEL

16

A APRENDIZAGEM VESTÍVEL ainda representa uma proposta em estudos e testes. Ela deriva da evolução prevista para o uso das tecnologias vestíveis e das grandes possibilidades que ela pode apresentar na utilização em atividades de ensino e aprendizagem. O aumento quase ilimitado da mobilidade pode fazer com que a tecnologia educacional tenha outras potentes ferramentas à disposição.

Tecnologias vestíveis

Eglantine (2012) monitorou o surgimento de tecnologias vestíveis, consideradas uma coqueluche nos últimos congressos.

Usuários ansiosos fazem economia para comprar o novo relógio que irá medir a pressão e os batimentos do usuário e avisá-lo em caso de irregularidade. Óculos que gravam tudo o que se passa ao redor da pessoa permitem que ela ouça suas músicas preferidas e assista a seus filmes com alta qualidade de imagem. Utilizar camisas que regulam automaticamente a temperatura do corpo de acordo com o meio ambiente pode trazer maior conforto e proteção à saúde. São novidades que surgem e que logo devem chegar ao ambiente educacional.

Tudo ainda está no meio de campo entre a **ficção científica** e a realidade subjacente. Assim, óculos, vidros, relógios, joias, agora rotulados como *inteligentes*, ganham destaque nas manchetes de todos os *sites* de tecnologia, e os comentários sobre sua utilização se espalham pela grande rede. Rettberg (2014) considera perdida toda a privacidade do ser humano. Todos nós podemos filmar e ser filmados de pontos de onde não imaginamos que possa estar o **"espião eletrônico"**. Parece que estamos destinados a viver na sociedade do grande irmão.

Estudos desenvolvidos pela Red Orbit Press (2014) mostram um entusiasmo crescente com o que está sendo chamada de uma *nova era*: **wearable age**. As novidades podem ter desbancado os telefones inteligentes e os *tablets*, mas ainda não os tirou do mercado, uma vez que as tecnologias ainda estão em desenvolvimento, o que deve mantê-los no mercado por um bom tempo.

Mas o sinal amarelo da obsolescência acendeu, o que leva as grandes empresas a pensarem em inovações e na compra de pequenas **empresas *startups*** ou a fusão delas. Esses fatores estão prestes a criar uma nova **bolha na grande rede**. Assim, a Red Orbit tem como uma de suas prioridades orientar seus clientes para o desenvolvimento e a utilização das tecnologias vestíveis. Nos próximos anos, o mercado deve ser inundado com essas novas tecnologias.

A utilização atual das novas tecnologias ainda está na base do exibicionismo pessoal, considerando o elevado custo destas. Elas ainda não atingiram um estado de escalabilidade no mercado. Os *early adopters* (que compram mais cedo as novas tecnologias) ainda terão de esperar um pouco mais para que seus aparelhos possam ser compartilhados com uma multidão de aficionados pela tecnologia.

Por enquanto, somente as empresas são as grandes beneficiadas. Mas os grandes problemas derivados dessas tecnologias começam a aparecer e estão no campo da segurança e da privacidade. Processos começam a correr dos colaboradores contra as empresas e de pessoas físicas que se consideram prejudicadas com as possibilidades de invasão.

O que era **Bring Your Own Device** (BYOD) tende a se transformar em **Bring Your Own Wearable** (BYOW) e, um pouco mais adiante, em **Wear Your Own Device** (WYOD). Por enquanto, a evolução dessas tecnologias segue o caminho de tantas outras, do deslumbramento para uma realidade que pode ser problemática, até que soluções sejam encontradas para evitar a pirataria de imagens e de vidas pessoais.

Praticamente todas as regras de etiqueta são quebradas com o uso das tecnologias vestíveis. A definição mais comumente utilizada é dada por Lalli e Prunesti (2014). Os autores consideram as tecnologias vestíveis como uma nova abordagem advinda da evolução tecnológica que redefine a interação entre o ser humano e a máquina, na qual os *gadgets* estão, agora, diretamente conectados com os usuários. Essa é a definição mais comumente utilizada e que será a adotada neste estudo.

Weareables na área educacional

Delgado (2014) considera que o uso dessas tecnologias não irá seguir a proposta posta pela miniaturização (**interfaces responsivas**) para os dispositivos móveis. O autor acredita que a inovação proposta será tão grande que os pesquisadores serão levados a pensar de forma diferente sobre como tais dispositivos vestíveis podem ser utilizados para aumentar a motivação, apoiar a aprendizagem e permitir aumento de desempenho.

Esslinger (2009), ao analisar como as empresas irão se comportar quando, além de a outras tecnologias, a evolução tecnológica chegar aos dispositivos vestíveis, considera que elas devem redesenhar praticamente todas as suas práticas, e que o mesmo irá acontecer com as instituições de ensino superior (IES).

As coisas devem acontecer de forma diferente ao que aconteceu com o *m-learning* (a aprendizagem móvel). Para o autor, quando essa evolução atingir um ponto de barateamento que a torne atraente, as atividades de ensino e aprendizagem serão totalmente diferentes das que são efetuadas na atualidade. Sem ser **apocalíptico**, ele considera que as mudanças serão drásticas e muitas pessoas ficarão fora do setor educacional, até que novos projetos de democratização sejam propostos, tendo como consequência uma nova onda de inclusão tecnológica e social (Esslinger, 2009).

Delgado (2014) arrisca lançar um olhar para a sala de aula do futuro, incluindo a possibilidade de evolução das tecnologias vestíveis em educação. Ele desenvolve sua linha de pensamento na busca dos impactos que a adoção dessas tecnologias pode causar no tecido social e na orientação para novos comportamentos e atitudes.

O autor considera que, após a adoção das tecnologias móveis, que já provocaram e ainda irão provocar mudanças nas formas de ensinar e aprender, o choque cultural relacionado à adição das tecnologias vestíveis não será tão grande como o foi nesse caso. As IES parecem ter aberto as portas e janelas para as tecnologias educacionais. Assim, a nova onda de adotar tecnologias vestíveis em educação não será problemática, mas, da mesma forma, irá exigir novos comportamentos e novas atitudes. Dessa maneira, o autor evolui em sua linha de pensamento, apresentando exemplos relacionados a esse tema (Delgado, 2014). Nesse sentido, apresenta-se o exemplo a seguir.

> Imagine um estudante ocupado com seu trabalho no laboratório de química. A experiência pode lhe causar problemas se a mistura não atender às medidas exatas e às condições externas. Ao seu lado, uma auxiliar utiliza um relógio que mede o grau de nocividade e interrompe a experiência assim que eles chegaram a um nível não aceitável.

Esse exemplo retrata uma das utilizações possíveis da tecnologia vestível, mas para a qual ainda não se exigiu mudança de comportamentos: ela apenas registrou uma condição desfavorável e avisou o pesquisador. No entanto, se nas aulas de Física, ela informar ao professor que os batimentos cardíacos de um determinado aluno estão perigosamente elevados, isso já representa uma forma diferenciada de utilização.

Assim, fazer com que esses dispositivos acessem diversas localidades na rede e facilitem as pesquisas adquire contornos diferenciados, relacionando-os a tarefas mais diretamente ligadas ao educacional.

Se um professor resolve renunciar aos processos tradicionais de ensino e delega uma pesquisa para os alunos, levando-os a interagir com algum tipo de tecnologia vestível que lhe permite enxergar o que cada aluno está fazendo, por meio de um dispositivo central, os contornos educacionais da atividade se reforçam ainda mais.

Um aluno com dificuldade de fixação pode acionar em seu óculo especial um comando para gravar a aula e assisti-la novamente como atividade de reforço. Aos poucos surgem aplicações que estão mais afeitas ao educacional, mas aquelas que realmente podem modificar as formas de ensinar e aprender ainda estão no campo das conjecturas.

Um professor pode acionar seu relógio e avisar a turma sobre a proximidade da data de entrega de algum trabalho. Essa é outra atividade que pode ser feita de modo mais eficaz com as tecnologias *wearables*.

O tratamento desse tema como uma aprendizagem ativa tem o propósito não somente de alertar para a evolução tecnológica, mas também para que os gestores das IES saibam o que vem pela frente e comecem a se preparar para novidades que devem chegar em um tempo não muito distante.

Muitas das vantagens que os dispositivos portáteis trazem para a educação estão começando a aparecer. Você pode imaginar outros cenários como esses? À medida que a tecnologia se torna mais arraigada em sala de aula, os professores e os alunos irão descobrir as melhores formas de utilizar todos os seus benefícios. A *wearable technology* deve ser usada para que as as salas de aula sejam mais produtivas e eficientes, acelerando o processo de aprendizagem.

Glossário do Capítulo 16

Apocalíptico
Aquele que enxerga apenas desgraças no horizonte, como consequência de comportamentos e atitudes inadequados e politicamente incorretos que os seres humanos estão desenvolvendo contra seus semelhantes e contra a natureza[1].

Bolha na grande rede
Ocorre uma bolha na grande rede quando uma tecnologia, metodologia, um serviço ou produto se torna viral e tem uma venda inicial devastadora antes de se tornar estável ou de ser substituída por alguma novidade[2].

Bring Your Own Device
Termo relacionado à mobilidade, indicando que a pessoa pode levar para onde desejar seus dispositivos móveis e os utilizar, prescindindo de equipamentos locais[3].

---

1 Apocalíptico (2014).
2 A bolha da Internet (2011).
3 Maia (2013).

Bring Your Own Wearable
Adaptação do termo anteriormente definido e com o mesmo significado quando se refere ao fato de a pessoa levar para onde desejar seus dispositivos vestíveis para com eles desenvolver as tarefas do dia a dia.

Empresas *startups*
Empresas de pequeno porte apoiadas no empreendedorismo individual e que recebem créditos financeiros ou de prestígio pela inovação de suas ideias. Elas normalmente sobem de forma estratosférica e geralmente são compradas pelas gigantes do setor, que se sentem ameaçadas por elas[4].

Espião eletrônico
Braga (2005) considera que, como o advento e a disseminação da internet, a espionagem eletrônica se faz presente nos inúmeros dispositivos que estão espalhados no meio ambiente, nas empresas e nas casas das pessoas, retirando delas praticamente toda a privacidade.

Ficção científica
Relato com maior ou menor grau de fantasia sobre projeção futura de novos equipamentos. Ainda são consideradas assim muitas inovações que estão presentes no horizonte, para as quais as pessoas ainda fecham os olhos. Muito do que hoje existe na sociedade era, há bem pouco tempo, considerado como pertencente ao campo da ficção científica (veja o exemplo das impressoras 3D e outras tecnologias avançadas)[5].

---

4   Significado... (2015d).
5   Ficção científica (2018).

Interfaces responsivas

Ser responsivo significa responder rapidamente e do modo mais adequado à situação em questão. Assim, uma interface responsiva é aquela que reage de forma diferente para cada dispositivo onde os programas são executados (*desktops*, *notebooks*, *netbooks*, dispositivos móveis, *smartphones* e tecnologias vestíveis)[6].

Wear Your Own Device

Munhoz (2016d) assim define o fato de uma pessoa, ao sair de casa para o trabalho e do trabalho para a diversão, levar consigo as tecnologias vestíveis que lhe são de interesse levar.

Wearable age

Munhoz (2016d) assim considera a quadra de tempo atual, a era das tecnologias vestíveis, que nos próximos anos deverão apresentar elevada evolução e massificação, com barateamento que permita a expansão de suas vendas.

Saiba mais

Veja o tema proposto na primeira coluna, acesse o material indicado na segunda coluna e desenvolva a tarefa sugerida na terceira coluna.

---

[6] O que é uma interface responsiva (2015).

Tema	Referência ou *link*	Atividade a desenvolver
Desafios sociais contemporâneos	WERTHEIN, J. A sociedade da informação e seus desafios. **Ciência da Informação**, Brasília, v. 29, n. 2, p. 71-77, maio/ago. 2000. Disponível em: <http://www.scielo.br/pdf/ci/v29n2/a09v29n2.pdf>. Acesso em: 18 abr. 2018.	Leitura complementar associada a artigo de opinião sobre o tema.
Perda da privacidade	SANTOS, S. H. Sociedade de Controle: a perda da privacidade a partir dos avanços tecnológicos. In: CONGRESSO BRASILEIRO DE CIÊNCIAS DA COMUNICAÇÃO, 32., 2009, Ilhéus. **Anais...** Ilhéus: Intercom, 2009. Disponível em: <http://www.intercom.org.br/papers/nacionais/2009/resumos/R4-2196-1.pdf>. Acesso em: 18 abr. 2018.	Leitura complementar.
Mobilidade total	GOUVEIA, F. Inovações tecnológicas priorizam mobilidade e segurança ao cliente. **Inovação Uniemp**, Campinas, v. 3, n. 6, dez. 2007. Disponível em: <http://inovacao.scielo.br/scielo.php?script=sci_arttext&pid=S1808-23942007000600024&lng=pt&nrm=is>. Acesso em: 18 abr. 2018.	Leitura complementar.
Tecnologia vestível	SOUZA, R. de. 7 tecnologias vestíveis que poderão nos dar poderes de super-herói. **Tecmundo**, 2013. Disponível em: <http://www.tecmundo.com.br/tecnologia/43783-7-tecnologias-vestiveis-que-poderao-nos-dar-poderes-de-super-heroi.htm>. Acesso em: 18 abr. 2018.	Leitura complementar.

Questões para revisão

1. Enuncie pelo menos uma vantagem do uso de alguma tecnologia vestível.

2. Enuncie pelo menos uma desvantagem do uso de alguma tecnologia vestível (a mesma escolhida na primeira questão).

3. Assinale uma vantagem da mobilidade total aplicada ao processo de ensino e aprendizagem.

4. Assinale uma desvantagem da mobilidade total aplicada ao processo de ensino e aprendizagem.

5. Como você enxerga a perda da privacidade na sociedade contemporânea?

Estudo de caso

Analise a seguinte situação e desenvolva, em forma de relatório, a solução para o problema proposto.

Uma IES, em fase de reestruturação de seus cursos semipresenciais, pretende utilizar a metodologia da aprendizagem vestível nos cursos oferecidos na modalidade EaD. Ela então solicita ao Departamento de Tecnologias Inovadoras o estudo de algum desses artefatos, com a apresentação de exemplos e a montagem de um guia de orientação para os professores, no qual todas as recomendações sejam justificadas, bem como a escolha do aparato.

Considerações finais

Parece ser possível afirmar, como conclusão, que os ambientes educacionais estão diante de mudanças significativas que irão alterar de forma profunda e definitiva a cara da educação como hoje a conhecemos.

Com base em tudo o que foi apresentado, não há mais sentido a manutenção das metodologias atuais de ensino e aprendizagem. Afinal, para todos os lados que se olhe a tecnologia está presente.

A observação do comportamento humano evidencia seu estado de perplexidade com o que está ocorrendo na sociedade contemporânea. Isso faz com que ele se recolha a um individualismo sem precedentes e pouco se importe com o que ele próprio pode fazer, para mudar situações indesejáveis.

As metodologias inovadoras para efetivação da aprendizagem ativa já fazem parte do pensamento das novas gerações e, infelizmente, as pessoas que não estão olhando para a frente, para o futuro no qual irão viver, poderão ser excluídas da evolução social e tecnológica.

Segundo Feenberg (1999), podemos estar em frente à "última geração que está indo para a universidade" e muitas pessoas ainda não se prepararam, principalmente os professores, para atuar no palco das grandes mudanças que o futuro próximo pode nos apresentar.

A ponta do *iceberg* pode ser percebida neste estudo, mas uma parte ainda está oculta, aguardando que questões éticas sejam resolvidas ou que o ser humano se decida a escondê-las de forma total e definitiva, com a degradação anunciada por muitas pessoas que tem visões apocalípticas de um final do mundo próximo e terrível.

Não são poucos os documentos divulgados na grande rede que analisam o futuro da educação, biblioteca da qual este trabalho faz parte integrante quando vier a lume. A emoção e o medo tomam conta de grande parte das previsões. Muitas delas são acertadas, outras precipitadas. Esta última perspectiva é que muitas vezes impede que uma solução aflore da criatividade humana.

Quando se olha para a tela de um computador e nela se visualiza a possibilidade de acessar cursos sobre os mais diversos assuntos, com a imagem de especialistas de grande *expertise* entrando por seu quarto de estudos adentro, não é difícil compreender que uma grande mudança está em trânsito.

Estas propostas ocorrem em um ambiente onde coexistem, e de forma não muito pacífica, iniciativas construtoras e iniciativas destrutivas, o que aumenta a perplexidade e o medo.

Na grande rede, tem-se acesso a tudo e a todos: bibliotecas, jornais, agências de viagem, páginas amarelas, RSS, postagens na rede provenientes de todos os lugares do mundo. É possível que hoje tenhamos acesso ao discurso do presidente dos Estados Unidos obtido diretamente da biblioteca do congresso americano.

A separação entre aprendizagem e sala de aula, que se transforma em um novo espaço, é inevitável, e talvez chegue bem antes da década de previsão para a manutenção da estrutura atual.

Vê-se a oferta de cursos criados sob demanda, por instrutores espalhados por toda a parte do mundo. Espera-se que logo a acreditação dessas inovações venha a ser total, frustrando todos aqueles que consideram a educação aberta e os MOCCS como coisa passageira, como uma modalidade menor de ensinar as pessoas e possibilitar aprendizagem em novos locais.

Quem tem o crédito não mais será a universidade, mas o próprio curso, apoiado no seu criador e orientador como argumento de autoridade. Não demorará muito para que essa forma de acreditação deixe de ser necessária: basta o indivíduo demonstrar competência e habilidade para o desempenho da função e sua formação será reconhecida. É o caso de reconhecer uma árvore pelos frutos que ela produzindo diretamente ao pomar.

A concessão de diplomas, documento extremamente poderoso que confere posição e privilégio a seus beneficiários, começará a corroer como os futuros alunos são confrontados com uma vasta gama de opções, melhores rápido, mais barato "status".

O poder que a instituição de ensino tem hoje vai definhar, e o conceito de Instituições de Ensino Superior (IES) deve mudar radicalmente. Pode ser que elas não deixem de existir, mas a sua face será totalmente diferente: prédios receberão uma nova maquiagem; cursos serão projetados de forma diferente. Tudo deve mudar. Com essa mudança, também os comportamentos e as atitudes de professores e de estudantes devem mudar.

Estamos vivendo na idade da experimentação, onde o aprender fazendo e o aprender pelo erro se estabelecem como aspectos naturais, como algumas das múltiplas facetas que o processo de ensino e aprendizagem deverá apresentar.

Para as faculdades e universidades atuais, tudo isso se encontra no plano das conjecturas, em um território desconhecido, no quintal de algum vizinho que não preza as estruturas acadêmicas. Elas estão podres e logo devem ruir com grande fragor.

Apesar de séculos terem sido gastos em sua constituição, seus muros estão prestes a desabar ante o murmúrio popular, tal qual caíram os muros de Jericó. Essa visão é uma realidade. Pode ser triste, mas é uma realidade da qual fugir apenas revela fraqueza de caráter.

Os anseios de pedagogos, mestres e doutores são inevitáveis rotas de colisão com os desejos da sociedade. Enquanto eles se considerarem donos da verdade, colocam-se em uma posição cada vez mais frágil. Com isso não se quer diminuir o valor que a IES sempre teve no meio social, que somente está abandonando por decisão de adotar o imobilismo e a perplexidade como parte de um comportamento que ela nunca teve antes.

Todos os aspectos da vida humana estão sob controle, menos a capacidade de enfrentar e vencer desafios. A educação dos seus, a transferência de conhecimentos de uma geração para outra parecem perder o significado ante a grande velocidade como as coisas ocorrem na atualidade.

A contrapartida das IES ao desenvolvimento social que elas próprias criaram se apequena e, assim, elas tendem a sumir, a serem engolfadas por um *tsunami* de alterações sociais e de novas metodologias, algumas das quais foram trabalhadas neste estudo.

Se mudar, a IES poderá sobreviver e prosperar, mas ainda estão sem respostas aqueles que se perguntam: O que mudar? Por onde começar?

De intermediária entre o conhecimento e o que as outras pessoas querem saber, ela deve se transformar em companheira de caminhada, vivenciando as inovações juntamente com aqueles que descobrem novas formas de ensinar e aprender, sem a insistência de manter uma educação jesuítica que não mais tem propósito nos dias atuais.

Parece que as tecnologias e as metodologias disruptivas a tudo derrubam. As propostas de destruição construtiva propostas por Schumpeter (1985) parecem voltar suas baterias para a universidade como ela hoje se apresenta.

É preciso acreditar nos números que mostram que a quase totalidade das universidades utilizam, sob algum aspecto, a educação *on-line*, e isso é uma fato que tende a crescer. O profissional do conhecimento, que a IES não mais consegue formar, é a exigência do mercado.

Ao longo dos anos, as faculdades têm evoluído de um simples lugar de aprendizagem para um ambiente com vasta gama de experiências. Na realidade, salas de aula e professores são apenas uma pequena parte da faculdade.

É preciso mudar, e isso pode ocorrer quando as IES adotarem novas metodologias nos processos educativos que oferecem para a sociedade e se inserirem de forma diferenciada no seio dessa sociedade, sem mais ser a "velha senhora" que exige respeito. Ela está mais para assumir o papel do "moleque travesso", que tem senso crítico, criatividade, inventiva, inovação e iniciativa, sem ficar parada em algum desvão do tempo, como hoje ela se apresenta.

Referências

A BOLHA da internet. **Ponto-com**, 2011. Disponível em: <http://ppi3pontocom.blogspot.com.br/p/bolha-da-internet.html>. Acesso em: 18 abr. 2018.

AKILLI, G. K. Games and Simulations: a New Approach in Education? In: GIBSON, D.; ALDRICH, C.; PRENSKY, M. (Ed.). **Games and Simulations in Online Learning**: Research and Development Frameworks. Hershey: Information Science Publishing, 2007. p. 1-20.

ALENCAR, V. de. Edutainment, a união entre educação e entretenimento. **Porvir**, 26 abr. 2013. Disponível em: <http://porvir.org/edutainment-uniao-entre-educacao-entretenimento/>. Acesso em: 16 abr. 2018.

ALMEIDA, V. Corporativismo, apadrinhamento e o fim do mérito acadêmico: dilemas na UFPa hoje. **Profpito**. Disponível em: <http://www.profpito.com/CorporativismoUFPahoje.html>. Acesso em: 16 abr. 2018.

ALVES, G. F. de. O. O que é um banco de dados? **Dicas de Programação**, 26 mar. 2013. Disponível em: <http://www.dicasdeprogramacao.com.br/o-que-e-um-banco-de-dados/>. Acesso em: 18 abr. 2018.

ANDERSEN, E. Learning to Learn. **Harvard Business Review**, Mar. 2016. Disponível em: <https://hbr.org/2016/03/learning-to-learn>. Acesso em: 16 abr. 2018.

ANDERSON, L. W.; KRATHWOHL, D. R. (Ed.). **A Taxonomy for Learning, Teaching, and Assessing**: a Revision of Bloom's Taxonomy of Educational Objectives. New York: Longman Publishing Group, 2000.

APOCALÍPTICO. In: **Dicionário Informal**, 2014. Disponível em: <http://www.dicionarioinformal.com.br/apocal%C3%ADptico/>. Acesso em: 18 abr. 2018.

ARANHA, M. L. de A. **História da educação e da pedagogia**: geral e Brasil. 3. ed. São Paulo: Moderna, 2006.

ARNAB, S. et al. Promoting Cross-Cultural Awareness Through Exposure in Game-Based Learning. **IEEE Learning Technology Newsletter**, v. 12, n. 1, p. 40-43, Jan. 2010. Disponível em: <http://twixar.me/KQ53>. Acesso em: 12 dez. 2018.

ASSUNÇÃO, R. Gamificação: um diferencial para otimizar o engajamento. **Tudo sobre incentivos**, 24 set. 2018. Disponível em: <http://tudosobreincentivos.com.br/gamificacao/?utm_source=site&utm_medium=blogvaluenet&utm_campaign=indicacaotsi>. Acesso em: 16 abr. 2018.

AUSBURN, L. J. Course Design Elements Most Valued by Adult Learners in Blended Online Education Environments: an American Perspective. **Educational Media International**, v. 41, n. 4, p. 327-337, 2004.

AUSUBEL, D. P. **Educational Psychology**: a Cognitive View. New York: Holt, Rinehart & Winston, 1968.

_____. **The Acquisition and Retention of Knowledge**: a Cognitive View. Dordrecht: Springer, 2000.

AVILES, C. Gamify. **Teched Up Teacher**, 2015. Disponível em <http://www.techedupteacher.com/?s=gamify>. Acesso em: 15 maio 2019.

AXT, M. Estudos cognitivos: mapeando tendências. In: SILVA, D. F. da; VIEIRA, R. (Org.). **Ciências cognitivas em semiótica e comunicação**. São Leopoldo: Ed. da Unisinos, 1999. p. 67-92.

AZEVEDO, T. Aprendizagem por tentativa e erro e Edward Thorndike. **Psicoativo**, 2016. Disponível em: <http://psicoativo.com/2016/08/aprendizagem-por-tentativa-e-erro-e-edward-thorndike.html>. Acesso em: 18 abr. 2018.

BARKLEY, E. F.; CROSS, K. P.; MAJOR, C. H. **Collaborative Learning Techniques**: a Handbook for College Faculty. San Francisco: Jossey-Bass, 2005.

BARRA, D. C. C. et al. A avaliação da tecnologia Wiki: ferramenta para acesso à informação sobre ventilação mecânica em terapia intensiva. **Revista Brasileira de Enfermagem**, Brasília, v. 65, n. 3, p. 466-473, maio/jun. 2012. Disponível em: <http://www.scielo.br/pdf/reben/v65n3/v65n3a11.pdf>. Acesso em: 16 abr. 2018.

BARRETOS, S. R. **Aprendizagem significativa**, 2013. Disponível em: <http://www.educacao.sp.gov.br/spec/wp-content/uploads/2013/02/Digital-Diet-Silmara-Ramadan-Barretos.pdf>. Acesso em: 16 abr. 2018.

BATEMAN, W. L. **Open to Question**: the Art of Teaching and Learning by Inquiry. San Francisco: Jossey-Bass, 1990.

BEETHAM, H.; SHARPE, R. (Ed.). **Rethinking Pedagogy for a Digital Age**: Design and Delivering E-learning. London: Routledge, 2009.

BELLONI, M. L. Mídia-educação e educação a distância na formação de professores. In: MILL, D. R. S.; PIMENTEL N. M. (Org.). **Educação a distância**: desafios contemporâneos. São Carlos: EdUFSCar, 2010. p. 245-266.

BEMBEM, A. H. C.; SANTOS, P. L. V. A. da C. Inteligência coletiva: om olhar sobre a produção de Pierre Lévy. **Perspectivas em Ciência da Informação**, v. 18, n. 4, p. 139-151, out./dez. 2013. Disponível em: <http://www.scielo.br/pdf/pci/v18n4/10.pdf>. Acesso em: 16 abr. 2018.

BENFICA, A. O que é smartphone? **Telefones celulares.com.br**, 2011. Disponível em: <http://www.telefonescelulares.com.br/o-que-e-smartphone/>. Acesso em: 18 abr. 2018.

BENNETT, S.; MATON, K.; KERVIN, L. The "Digital Natives" Debate: a Critical Review of the Evidence. British Journal of Educational Technology, v. 39, n. 5, p. 775-786, Aug. 2008. Disponível em: <https://www.researchgate.net/publication/200772429_The_'Digital_Natives'_Debate_A_Critical_Review_of_the_Evidence>. Acesso em: 19 dez. 2018.

BERBEL, N. A. N. A problematização e a aprendizagem baseada em problemas: diferentes termos ou diferentes caminhos? **Interface – Comunicação, Saúde, Educação**, Botucatu, v. 2, n. 2, p. 139-154, fev. 1998. Disponível em: <http://www.scielo.br/pdf/icse/v2n2/08.pdf>. Acesso em: 15 maio 2019.

BERENGUERES, J. **The Brown Book of Design Thinking**. 6. ed. Arab Emirates: UAE University College, 2013.

BERGMANN, J.; SAMS, A. **Flip your Classroom**: Reach Every Student in Every Class Every Day. Eugene: International Society for Technology in Education, 2012.

BERK, R. A. Survey of 12 Strategies to Measure Teaching Effectiveness. **International Journal of Teaching and Learning in Higher Education**, v. 17, n. 1, p. 48-62, 2005.

BISHOP, J. L.; VERLEGER, M. A. The Flipped Classroom: a Survey of Research. In: 120TH ASEE ANNUAL CONFERENCE & EXPOSITION, 2013, Atlanta. American Society for Engineering Education, 2013. Disponível em: <https://www.asee.org/public/conferences/20/papers/6219/view>. Acesso em: 20 nov. 2018.

BLOOM, B. S. **Taxonomy of Educational Objectives, handbook cognitive**. New York: David Domains Mackay Group Inc., 1959.

BLOOM, B. S. (Ed.).**Taxonomy of Educational Objectives**: Handbook I – Cognitive Domain. New York: David McKay Company, 1956.

BOAVIDA, A. M.; PONTE, J. P. da. Investigação colaborativa: potencialidades e problemas. In: GTI – Grupo de Trabalho sobre Investigação (Org.). **Refletir e investigar sobre a prática profissional**. Lisboa: APM, 2002. p. 43-55.

BONK, C. J.; KIM, K.-J. The Future of Online Teaching and Learning in Higher Education: the Survey Says. **Educause Quarterly**, v. 29, n. 4, p. 22-30, 2006. Disponível em: <https://er.educause.edu/articles/2006/1/the-future-of-on line-teaching-and-learning-in-higher-education-the-survey-says>. Acesso em: 16 abr. 2018.

BONK, C. J.; GRAHAM, C. R. **The Handbook of Blended Learning**: Global Perspectives, Local Designs. San Francisco: Pfeiffer Publishing, 2005.

BOYLE, T. et al. Using Blended Learning to Improve Student Success Rates in Learning to Program. **Journal of Educational Media**, v. 28, n. 2-3, p. 165-178, 2003. Disponível em: <https://www.tandfonline.com/doi/abs/10.1080/135 8165032000153160>. Acesso em: 19 dez. 2018.

BRAATHEN, P. C. Aprendizagem mecânica e aprendizagem significativa no processo de ensino-aprendizagem de Química. **Revista Eixo**, Brasília, v. 1, n. 1, p. 74-86, jan./jun. 2012. Disponível em: <http://revistaeixo.ifb.edu.br/index.php/RevistaEixo/article/view/53>. Acesso em: 15 maio 2019.

BRAGA, N. C. **Espionagem e contraespionagem eletrônica**. São Paulo: Saber, 2005.

BROWN, T. **Design Thinking**: uma metodologia poderosa para decretar o fim das velhas ideias. Tradução de Cristina Yamagami. Rio de Janeiro: Elsevier, 2010.

BRUFF, D. **Teaching with Classroom Response Systems**: Creating Active Learning Environments. New Jersey: Jossey-Bass, 2009.

BRUFFEE, K. A. **Collaborative Learning**: Higher Education, Interdependence, and the Authority of Knowledge. Baltimore: The Johns Hopkins University Press, 1998.

BUSH, M. et al. Student Success in Online Learning. In: NATA, R. (Ed.). **Issues in Higher Education**. Hauppauge: Nova Science Publishers, 2005. p. 1-14.

BUZAN, T. **Mapas mentais e sua elaboração**. Tradução de Euclides Luiz Calloni e Cleusa Margô Wosgrau. 7. ed. São Paulo: Cultrix, 2014.

CANCIAN, R. Ideologia: termo tem vários significados em ciências sociais. **Uol Educação**, Sociologia, maio 2007. Disponível em: <http://educacao.uol.com.br/disciplinas/sociologia/ideologia-termo-tem-varios-significados-em-ciencias-sociais.htm>. Acesso em: 16 abr. 2018.

CARNELL, E. Conceptions of Effective Teaching in Higher Education: Extending the Boundaries. **Teaching in Higher Education**, v. 12, n. 1, p. 25-40, Jan. 2007.

CASTELLS, M. **A era da informação**: economia, sociedade e cultura – A sociedade em rede. Tradução de Roneide Venâncio Majer. São Paulo: Paz e Terra, 2000. v. 1.

CATANO, V. M.; HARVEY, S. Student Perception of Teaching Effectiveness: Development and Validation of the Evaluation of Teaching Competencies Scale (ETCS). **Assessment & Evaluation in Higher Education**, v. 36, n. 6, p. 701-717, 2011.

CAVELLUCCI, L. C. B. Estilos de aprendizagem: em busca de diferenças individuais. **Instituto de Artes da Unicamp**, 2002. Disponível em: <http://www.iar.unicamp.br/disciplinas/am540_2003/lia/estilos_de_aprendizagem.pdf>. Acesso em: 16 abr. 2018.

CAZDEN, C. B. **Classroom Discourse**: the Language of Teaching and Learning. New York: Heinemann Educational Books, 2001.

CHATTI, M. A.; JARKE, M.; QUIX, C. Connectivism: the Network Metaphor of Learning. **International Journal of Learning Technology**, v. 5, n. 1, p. 80-99, 2010. Disponível em: <http://www.dbis.rwth-aachen.de/~quix/papers/jlt2010.pdf>. Acesso em: 16 abr. 2018.

CHISM, N. V. N. **Peer Review of Teaching**: a Sourcebook. 2. ed. New York: Jossey-Bass, 2007.

CHOU, Y-K. Octalysis – the Complete Gamification Framework. **Yu-kai Chou: Gamification & Behavioral Design**. Disponível em: <http://www.yukaichou.com/gamification-examples/octalysis-complete-gamification-framework/#.Vk9kVurzPWE>. Acesso em: 16 abr. 2018.

CIRIACO, D. O que é inteligência artificial? **Tecmundo**, 2008. Disponível em: <http://www.tecmundo.com.br/intel/1039-o-que-e-inteligencia-artificial-.htm>. Acesso em: 18 abr. 2018.

COCKRUM, T. Flipped Writing Instruction. In: **Flipping your English Class to Reach all Learners**: Strategies and Lesson Plans. New York: Routledge, 2014a.

_____. Why a Flipped Class Works in Language Arts. In: **Flipping your English Class to Reach all Learners**: Strategies and Lesson Plans. New York: Routledge, 2014b.

COMO AS tecnologias vestíveis irão revolucionar a educação. **O futuro das coisas**, 18 jun. 2015. Disponível em: <http://ofuturodascoisas.com/como-as-tecnologias-vestiveis-irao-revolucionar-a-educacao/>. Acesso em: 18 abr. 2018.

CONNOLLY, T. M.; STANSFIELD, M. H. From Elearning to Online Games-Based Elearning: Implications and Challenges for Higher Education and Training. In: LI, F. (Ed.). **Social Implications and Challenges of E-Business**. Hershey: IGI Global, 2007. p. 42-56.

CONSENSUAL. In: **Dicionário Informal**, 2009. Disponível em: <http://www.dicionarioinformal.com.br/significado/consensual/3562/>. Acesso em: 18 abr. 2018.

COPELAND, M. **Socratic circles**: Fostering Critical and Creative Thinking in Middle and High School. Portland: Stenhouse, 2005.

CORREIA, F. Vantagem competitiva: revisitando as ideias de Michael Porter. **Administradores**, 2009. Disponível em: <http://www.administradores.com.br/artigos/marketing/vantagem-competitiva-revisitando-as-ideias-de-michael-porter/36860/>. Acesso em: 16 abr. 2018.

COSTA, A. C. dos S.; MARCHIORI, P. Z. Gamificação, elementos de jogos e estratégia: uma matriz de referência. **InCID: Revista de Ciência da Informação e Documentação**, Ribeirão Preto, v. 6, n. 2, p. 44-65, 2015-2016. Disponível em: <http://www.revistas.usp.br/incid/article/viewFile/89912/103928>. Acesso em: 16 abr. 2018.

COURCY, E. de. Defining and Measuring Teaching Excellence in Higher Education in the 21st Century. **College Quarterly**, v. 18, n. 1, 2015.

COUTINHO, K. H. F. et al. Testes objetivos e testes projetivos: conceito e aplicação. **EFDeportes.com**, Buenos Aires, ano 18, n. 182, jul. 2013. Disponível em: <http://www.efdeportes.com/efd182/testes-objetivos-e-testes-projetivos.htm>. Acesso em: 18 abr. 2018.

CRENÇA. **Dicio:** Dicionário Online de Português, 2009. Disponível em: <http://www.dicio.com.br/crenca/>. Acesso em: 18 abr. 2018.

DALMAZO, L. **Um fenômeno chamado Big Data**, 2014. Disponível em: <https://www.trabalhosfeitos.com/ensaios/Um-Fen%C3%B4meno-Chamado-Big-Data/49621302.html>. Acesso em: 19 dez. 2018.

DANTAS, G. C. da S. Estilos de aprendizagem. **Brasil Escola**. Disponível em: <http://brasilescola.uol.com.br/educacao/estilos-aprendizagem.htm>. Acesso em: 16 abr. 2018.

DANTONIO, M.; BEISENHERZ, P. C. **Learning to Question, Questioning to Learn**: Developing Effective Teacher Questioning Practices. Boston: Allyn and Bacon, 2001.

DARVASI, P. Can Games and Badges Motivate College Students to Learn? **KQED**, 20 Apr. 2015. Disponível em: <http://ww2.kqed.org/mindshift/2015/04/20/can-games-and-badges-motivate-college-students-to-learn/>. Acesso em: 16 abr. 2018.

DAVIES, W. K.; LONGWORTH, N. **Lifelong Learning**. Londres: Routledge, 2014.

DAVIS, B. G. **Tools for Teaching**. 2. ed. San Francisco: Jossey-Bass. 2009.

DAY, C. New Lives of Teachers. **Teacher Education Quarterly**, p. 7-26, 2012. Disponível em: <https://files.eric.ed.gov/fulltext/EJ977354.pdf>. Acesso em: 19 dez. 2018.

DECLARAÇÃO REA de Paris em 2012. CONGRESSO MUNDIAL SOBRE RECURSOS EDUCACIONAIS ABERTOS (REA), 2012. Paris: Unesco, 2012. Disponível em: <http://www.unesco.org/new/fileadmin/MULTIMEDIA/HQ/CI/WPFD2009/Portuguese_Declaration.html>. Acesso em: 15 maio 2019.

DE COURCY, E. Defining and Measuring Teaching Excellence in Higher Education in the 21st Century. **College Quarterly**, v. 18, n. 1, 2015. Disponível em: <http://files.eric.ed.gov/fulltext/EJ1070007.pdf>. Acesso em: 19 dez. 2018.

DEESE-ROBERTS, S.; KEATING, K. **Library Instruction**: a Peer Tutoring Model. Englewood: Libraries Unlimited, 2000.

DEGRAFT-JOHNSON, C. et al. Relating Five Factor Personality Traits to Video Game Preference. **Human-Computer Interaction Technical Report**, 2013. Disponível em: <http://hcil2.cs.umd.edu/trs/2013-08/2013-08.pdf>. Acesso em: 19 dez. 2018.

DELGADO, R. Imagining the Classroom of 2016, Empowered by Wearable Technology. **EmergingEdTech**, 2014. Disponível em: <http://www.emergingedtech.com/2014/04/imaging-the-classroom-of-2016-empowered-by-wearable-technology/>. Acesso em: 16 abr. 2018.

DELORS, J. **Educação**: um tesouro a descobrir – relatório para a Unesco da Comissão Internacional sobre Educação para o Século XXI. Tradução de Guilherme João de Freitas Teixeira. Paris: Unesco, 2010. Disponível em: <http://unesdoc.unesco.org/images/0010/001095/109590por.pdf>. Acesso em: 16 abr. 2018.

DEMO, P. **Qualidade e educação**. 6. ed. Campinas: Papirus, 2001.

DILLON, J. T. The Questions of Curriculum. **Journal of Curriculum Studies**, v. 41, n. 3, p. 343-359, Jun. 2009.

DOMÍNIO afetivo. **Redes de computadores e suas aplicações na educação**: UFRGS. Disponível em: <http://penta2.ufrgs.br/edu/bloom/domafet.htm>. Acesso em: 18 abr. 2018.

DOWNES, S. 'Connectivism' and Connective Knowledge. **Huffington Post**, 2011. Disponível em: <https://www.huffingtonpost.com/stephen-downes/connectivism-and-connecti_b_804653.html>. Acesso em: 19 dez. 2018.

_____. Places to Go: Connectivism and Connective Knowledge. **Innovate: Journal of Online Education**, v. 5, n. 1, Oct./Nov. 2008. Disponível em: <https://nsuworks.nova.edu/cgi/viewcontent.cgi?article=1037&context=innovate>. Acesso em: 19 dez. 2019.

DUFOUR, R. et al. **Learning by doing**. A Handbook for Professional Learning Communities at Work. New York: Solution Tree Press, 2010.

DUNWELL, I.; JARVIS, S.; FREITAS, S. de. **Serious Games**: Pedagogic Factors in Open and Closed Immersive Virtual Environments. Coventry: Coventry University & Selex Systems, 2009.

DZIUBAN, C.; MOSKAL, P.; HARTMAN, J. Success, Withdrawal, and Student Satisfaction when the Numbers are Very Large. **Educause Learning Initiative**, 2010.

EGLANTINE, C. C. (Ed.). **Wearable Technology**. New York: Typpress, 2012.

ELDER, L.; PAUL, R. **The Thinker's Guide to the Art of Asking Essential Questions**. New York: The Foundation for Critical Thinking Press, 2005.

EMAIL. In: **Dicionário Informal**, 2010. Disponível em: <http://www.dicionarioinformal.com.br/significado/email/3358/>. Acesso em: 18 abr. 2018.

EMPODERAMENTO. In: **Dicionário Informal**, 2008. Disponível em: <http://www.dicionarioinformal.com.br/empoderamento/>. Acesso em: 18 abr. 2018.

ENFIELD, J. Looking at the Impact of the Flipped Classroom Model of Instruction on Undergraduate Multimedia Students at CSUN. **TechTrends**, v. 57, n. 6, p. 14-27, Nov. 2013. Disponível em: <http://link.springer.com/article/10.1007%2Fs11528-013-0698-1#/page-1>. Acesso em: 16 abr. 2018.

ENNIS, R. H. A Taxonomy of Critical Thinking Dispositions and Abilities. In: BARON, J. B.; STERNBERG, R. J. (Ed.).**Teaching Thinking Skills**: Theory and Practice. New York: W. H. Freeman, 1987. p. 9-26.

_____. Critical Thinking: a Streamlined Conception. **Teaching Philosophy**, v. 14, p. 5-25, 1991.

ESSLINGER, H. **A Fine Line**: How Design Strategies are Shaping the Future of Business. New York: Jossey-Bass, 2009.

ESTRATÉGIAS Pedagógicas. **Educris**: Fundação Secretariado Nacional da Educação Cristã. Disponível em: <http://www.educris.com/v2/98-didatica-da-disciplina/880-estrategias-pedagogicas>. Acesso em: 18 abr. 2018.

ESTUDO mostra novas tendências sobre uso de tecnologias vestíveis. **TI Inside Online**, 2016. Disponível em: <http://tiinside.com.br/tiinside/webinside/estrategia/08/06/2016/estudo-mostra-novas-tendencias-sobre-uso-de-tecnologias-vestiveis/>. Acesso em: 15 maio. 2019.

FACIONE, P. A.; FACIONE N. C.; GIANCARLO, C. A. The Disposition Toward Critical Thinking: its Character, Measurement, and Relationship to Critical Thinking Skill. **Journal of Informal Logic**, v. 20, n. 1, p. 61-84, Jan. 2000.

FEENBERG, A. **Questioning Technology**. London; New York: Routledge, 1999.

FELDER, R. M.; FELDER, G. N.; DIETZ, E. J. A Longitudinal Study of Engineering Student Performance and Retention. V. Comparisons with Traditionally Taught Students. **Journal of Engineering Education**, v. 87, n. 4, p. 469-480, Oct.1998.

MEME. In: **Dicionário Informal**, 2011. Disponível em: <https://www.dicionarioinformal.com.br/meme/>. Acesso em: 19 dez. 2018.

FERRAZ, A. P. do C. M.; BELHOT, R. V. Taxonomia de Bloom: revisão teórica e apresentação das adequações do instrumento para definição de objetivos instrucionais. **Gestão & Produção**, São Carlos, v. 17, n. 2, p. 421-431, 2010. Disponível em: <http://www.scielo.br/pdf/gp/v17n2/a15v17n2.pdf>. Acesso em: 16 abr. 2018.

FICÇÃO científica. In: **Conceito.de**. Disponível em: <http://conceito.de/ficcao-cientifica>. Acesso em: 18 abr. 2018.

FILATRO, A. **Design instrucional na prática**. São Paulo: Pearson, 2008.

FINK, L. D. **Creating Significant Learning Experiences**: an Integrated Approach to Designing College Courses. New York: Jossey-Bass, 2013.

FITZMAURICE, M. Considering Teaching in Higher Education as a Practice. **Teaching in Higher Education**, v. 15, n. 1, p. 45-55, Jan. 2010.

FLUMERFELT, S.; GREEN, G. Using Lean in the Flipped Classroom for at Risk Students. **Journal of Educational Technology & Society**, v. 16, n. 1, p. 356-366, Jan. 2013.

FONSECA, V. da. Desenvolvimento psicomotor e aprendizagem. In: CONGRESO INTERNACIONAL EDUCACIÓN INFANTIL Y DESARROLLO DE COMPETENCIAS, Madrid, 2008. Madrid: Amei-Waece, 2008 Disponível em: <http://www.waece.org/AMEIcongresocompetencias/ponencias/victor_da_fonseca.pdf>. Acesso em: 16 abr. 2018.

FRANCISCO, F. C. Assistencialismo: uma visão ainda encarada na educação infantil. **Só Pedagogia**, 2010. Disponível em: <http://www.pedagogia.com.br/artigos/assistencialismo/>. Acesso em: 16 abr. 2018.

FREITAS, H. C. L. de. A reforma do ensino superior no campo da formação dos profissionais da educação básica: as políticas educacionais e o movimento dos educadores. **Educação & Sociedade**, ano XX, n. 68, dez. 1999. Disponível em: <http://www.scielo.br/pdf/es/v20n68/a02v2068.pdf>. Acesso em: 16 abr. 2018.

GADOTTI, M. Qualidade em educação: uma nova abordagem. CONGRESSO DE EDUCAÇÃO BÁSICA: QUALIDADE NA APRENDIZAGEM, Florianópolis, 2013. **Anais...** Florianópolis: Rede Municipal de Ensino de Florianópolis, 2013. Disponível em: <http://www.pmf.sc.gov.br/arquivos/arquivos/pdf/14_02_2013_16.22.16.85d3681692786726aa2c7daa4389040f.pdf>. Acesso em: 16 abr. 2018.

GAGNÉ, R. M. **The Conditions of Learning and Theory of Instruction**. 4. ed. New York: Holt, Rinehart & Winston, 1985.

GAGNÉ, R. M.; BRIGGS, L. J.; WAGER, W. W. **Principles of Instructional Design**. 4. ed. Fort Worth: Harcourt Brace Jovanovich College Publishers, 1992.

GALVÃO, R. H. Percebemos o que nos interessa. **Instituto Harrop**, 2004. Disponível em: <http://www.harrop.com.br/artigo-percepcao-seletiva.html >. Acesso em: 15 maio 2019.

GANDRA, A. Quase metade dos domicílios brasileiros tem computador, mostra Pnad. **Agência Brasil – EBC**, 2014. Disponível em: <http://agenciabrasil.ebc.com.br/economia/noticia/2014-09/quase-metade-dos-domic%C3%ADlios-brasileiros-tem-computador>. Acesso em: 18 abr. 2018.

GARDNER, H. **Inteligências múltiplas**: a teoria na prática. Tradução de Maria Adriana Veríssimo Veronese. Porto Alegre: Artmed, 1995.

GASPAR, A. A educação formal e a educação informal em ciências. In: MASSARANI, L.; MOREIRA, I. de C.; BRITO, F. (Org.). **Ciência e Público**: caminhos da divulgação científica no Brasil. Rio de Janeiro: Casa da Ciência – Centro Cultural de Ciência e Tecnologia da UFRJ; Fórum de Ciências e Cultura, 2002. p. 171- 183. Disponível em: <http://www.redpop.org/wp-content/uploads/2015/06/Ci%C3%AAncia-e-P%C3%BAblico-caminhos-da-divulga%C3%A7%C3%A3o-cient%C3%ADfica-no-Brasil.pdf>. Acesso em: 16 abr. 2018.

GAUGHAN, J. E. The Flipped Classroom in World History. **The History Teacher**, v. 47, n. 2, p. 221-244, Feb. 2014. Disponível em: <http://www.societyforhistoryeducation.org/pdfs/F14_Gaughan.pdf>. Acesso em: 16 abr. 2018.

GERSHON, M. **How to Use Bloom's Taxonomy in the Classroom**: the Complete Guide. EBook Kindle, 2015. (The 'How To...' Great Classroom Teaching Series Book 8).

GIBSON, R. The 'Art' of Creative Teaching: Implications for Higher Education. **Teaching in Higher Education**, v. 15, Issue 5, p. 607-613, Sept. 2010.

GIDDENS, A. **As consequências da modernidade**. Tradução de Raul Fiker. São Paulo: Ed. da Unesp, 1991.

GIKOVATE, F. O homem, um ser gregário por excelência. **STM – Somos Todos Um**, 14 fev. 2007. Disponível em: <http://somostodosum.ig.com.br/conteudo/c.asp?id=06034>. Acesso: 19 dez. 2018.

GIVING Students the Opportunity to Drive Lessons. **Edutopia**, 2015. Disponível em: <http://www.edutopia.org/practice/inquiry-based-learning-teacher-guided-student-driven>. Acesso em: 18 abr. 2018.

GÖBEL, S. et al. Narrative Game-Based Learning Objects for Story-Based Digital Educational Games. In: KICKMEIER-RUST, M. D. (Ed.). **Proceedings of the International Open Workshop on Intelligent Personalization and Adaptation in Digital Educational Games**, Graz, Austria, Oct. 2009. p. 113-124.

GOLEMAN, D. **Liderança**: a inteligência emocional na formação do líder de sucesso. Tradução de Ivo Korytowski. São Paulo: Objetiva, 2015.

GOMES, R. C. G. et al. Comunicação multidirecional: um ambiente de aprendizagem na educação a distância. **ABED – Associação Brasileira de Educação a Distância**, 2005. Disponível em: <http://www.abed.org.br/site/pt/midiateca/textos_ead/640/2005/11/comunicacao_multidirecional_-_um_ambiente_de_aprendizagem_na_educacao_a_distancia_>. Acesso em: 16 abr. 2018.

GONTIJO, J. Educação é diferencial competitivo. **Diário do Comércio**, 2007. Disponível em: <http://diariodocomercio.com.br/noticia.php?tit=educacao_e_diferencial_competitivo_&id=120636>. Acesso em: 16 abr. 2018.

GOULD, T. H. P. Do We Still Need Peer Review? An Argument for Change. New York: Springer, 2014.

GOUVÊA, M. T. A. de; PARANHOS, C.; MOTTA, C. L. R. da. Promovendo o aprendizado organizacional por meio de Comunidades de Prática. **Boletim Técnico do Senac**, Rio de Janeiro, v. 34, n. 3, p. 48-61, set./dez. 2008. Disponível em: <http://www.bts.senac.br/index.php/bts/article/view/286/269>. Acesso em: 15 maio 2019.

GOZZI, M. P. et al. Comunidades de aprendizagem: uma vivência no ensino de pós-graduação. **Abed**, p. 1-8, 2008. Disponível em: <http://www.abed.org.br/congresso2008/tc/513200874332AM.pdf>. Acesso em: 16 abr. 2018.

GREGÁRIO. **Dicio**: Dicionário Online de Português. Disponível em: <http://www.dicio.com.br/gregario/>. Acesso em: 18 abr. 2018.

GROFF, J. Technology-Rich Innovative Learning Environments. **OECD**, p. 1-30, Feb. 2013. Disponível em: <http://www.oecd.org/edu/ceri/Technology-Rich%20 Innovative%20Learning%20Environments%20by%20Jennifer%20Groff. pdf>. Acesso em: 16 abr. 2018.

HAUTSCH, O. como funciona a realidade aumentada. **Tecmundo**, 19 maio 2009. Disponível em: <http://www.tecmundo.com.br/realidade-aumentada/21 24-como-funciona-a-realidade-aumentada.htm>. Acesso em: 18 abr. 2018.

HOLMBERG, B. **Theory and Practice of Distance Education**. 2. ed. London: Routledge, 2005.

HOLYOAK, K.; MORRISON, R. G. (Ed.). **The Cambridge Handbook of Thinking and Reasoning**. Cambridge: Cambridge University Press, 2005.

HORN, M. B.; STAKER, H. **Blended**: Using Disruptive Innovation to Improve Schools. San Francisco: Jossey-Bass, 2014.

IIYOSHI, T.; KUMAR, M. S. V. (Ed.). **Educa**ção aberta: o avanço coletivo da educação pela tecnologia, conteúdo e conhecimento abertos. Tradução de Marcelo Vannini e Tatiana de Araújo Gomes. São Paulo: Abed, 2008. Disponível em: <http://www.abed.org.br/arquivos/Livro_Educacao_ Aberta_ABED_Positivo_Vijay.pdf>. Acesso em: 16 abr. 2018.

ILLERIS, K. (Org.). **Teorias contemporâneas da aprendizagem**. Tradução de Ronaldo Cataldo Costa. Porto Alegre: Penso, 2015.

INDIVIDUALIZAÇÃO. In: **Dicionário Informal**, 2014. Disponível em: <http:// www.dicionarioinformal.com.br/individualiza%C3%A7%C3%A3o/>. Acesso em: 18 abr. 2018.

INFERÊNCIA. In: **Conceito.de**. Disponível em: <http://conceito.de/inferencia>. Acesso em: 18 abr. 2018.

INICIATIVA. In: **Dicionário Informal**, 2010. Disponível em: <https://www. dicionarioinformal.com.br/iniciativa/>. Acesso em: 18 abr. 2018.

INOCÊNCIO, D.; CAVALCANTI, C. M. C. O papel do professor como mediador do processo de ensino-aprendizagem em ambientes on-line. **Cadernos de Psicopedagogia**, São Paulo, v. 6, n. 11, 2007. Disponível em: <http://pepsic.bvsalud.org/scielo.php?script=sci_arttext&pid= S1676-10492007000100007>. Acesso em: 16 abr. 2018.

JAPIASSU, H. MARCONDES, D. **Dicionário básico de filosofia**. Rio de Janeiro: Editora Zahar, 2001.

JESUS, E. A. de; RAABE, A. L. A. Interpretações da taxonomia de Bloom no contexto da programação introdutória. In: SIMPÓSIO BRASILEIRO DE INFORMÁTICA NA EDUCAÇÃO, 20., Florianópolis, 2009. **Anais**...Itajaí: Ed. da Univali, 2009. Disponível em: <http://www.niee.ufrgs.br/eventos/ SBIE/2009/conteudo/artigos/completos/61714_1.pdf>. Acesso em: 16 abr. 2018.

JOHNSON, C. G.; FULLER, U. Is Bloom's Taxonomy Appropriate for Computer Science? In: **Proceedings of the 6th Baltic Sea Conference on Computing Education (ACM)**, Koli Calling, 2007. p. 120-123,

JOHNSON, G. B. **Student Perceptions of the Flipped Classroom**. Okanagan: University of British Columbia, 2013.

JULIANI, J. P.; CAVAGLIERI, M.; MACHADO, R. B. Design thinking como ferramenta para geração de inovação: um estudo de caso da Biblioteca Universitária da Udesc. **InCID: Revista de Ciência da Informação e Documentação**, v. 6, n. 2, p. 66-83, out. 2015. Disponível em: <http://www.revistas.usp.br/incid/article/view/100887>. Acesso em: 16 abr. 2018.

KICKMEIER-RUST, M. D. (Ed.). **Proceedings of the International Open Workshop on Intelligent Personalization and Adaptation in Digital Educational Games**, Graz, Austria, Oct. 2009.

KIST, W. **Getting Started with Blended Learning**: How do I Integrate Online and Face-to-Face Instruction? Alexandria: ASCD, 2015.

KNIGHT R. D. **Five Easy Lessons**: Strategies for Successful Physics Teaching. New York: Pearson Education, 2002.

KNOWLES, M. S.; HOLTON III, E. F.; SWANSON, R. A. **Aprendizagem de resultados**: uma abordagem prática para aumentar a efetividade da educação corporativa. Tradução de Sabine Alexandra Holler. Rio de Janeiro: Elsevier, 2009.

LALK, S. **Gamification in the Classroom**. 2015. Disponível em <https://docs.google.com/a/fortosage.net/presentation/d/1c2uEl2xpKkmY6ufLCqp5wgza5Hsmdoj3h6HszWRp79E/edit#slide=id.p>. Acesso em: 16 maio 2019.

LALLI, F.; PRUNESTI, A. **Wearable**: Wearable Technologies, Marketing and Customer Experience. London: IQUII, 2014.

LANDIM, W. Como funciona a tecnologia 3D? **Tecmundo**, 2009. Disponível em: <http://www.tecmundo.com.br/video/2469-como-funciona-a-tecnologia-3d-.htm>. Acesso em: 18 abr. 2018.

LAUNDAUER, T. K.; DUMAIS, S. T. A Solution to Plato´s Problem: the Latent Semantic Analysis Theory of Acquisition, Induction, and Representation of Knowledge. **Psychological Review**, v. 104, n. 2, p. 211-240, 1997.

LEÃO, L. **O labirinto da hipermídia**: arquitetura e navegação no ciberespaço. São Paulo: Iluminuras; Fapesp, 1999.

LEMOS, E. dos S. A aprendizagem significativa: estratégias facilitadoras e avaliação, **Aprendizagem Significativa em Revista**, v. 1, n. 1, p. 25-35, 2011. Disponível em: <http://www.if.ufrgs.br/asr/artigos/Artigo_ID3/v1_n1_a2011.pdf>. Acesso em: 18 abr. 2018.

LÉVY. P. **A inteligência coletiva**: por uma antropologia do ciberespaço. Tradução de Luiz Paulo Rouanet. 9. ed. São Paulo: Loyola, 2014.

LOCKWOOD, T. **Design Thinking**: Integrating Innovation, Customer Experience, and Brand Value. New York: Allworth Press, 2010.

LONGHI, M. T. et al. **Um estudo sobre os fenômenos afetivos e cognitivos em interfaces para softwares educativos**. Disponível em: <http://www.cinted.ufrgs.br/ciclo9/artigos/9bMagali.pdf>. Acesso em: 18 abr. 2018.

LUPTON, E. (Org.). **Intuição, ação, criação**: Graphic Design Thinking. Tradução de Mariana Bandarra. São Paulo: Gustavo Gili, 2013.

MAIA, M. A. BYOD: produtividade X segurança. **Segurança da Informação**, 2013. Disponível em: <http://segurancadainformacao.modulo.com.br/o-que-e-BYOD>. Acesso em: 18 abr. 2018.

MAGNUSSEN. A.; CHRISTIANSEN, H.-C. **Comics and culture**: analytical and theoretical approaches to comics. Copenhague: University of Copenhagen, 2007.

MALYKHINA, E. Fact or Fiction?: Video Games are the Future of Education. **Scientific American**, Sept. 2014. Disponível em: <http://www.scientificamerican.com/article/fact-or-fiction-video-games-are-the-future-of-education/>. Acesso em: 18 abr. 2018.

MARQUES, J. R. A diferença entre motivação intrínseca e extrínseca. **Portal IBC**, 10 out. 2018a. Disponível em: <http://www.ibccoaching.com.br/portal/lideranca-e-motivacao/a-diferenca-entre-motivacao-intrinseca-e-extrinseca/>. Acesso em: 16 abr. 2018.

_____. O que é coaching educacional. **Portal IBC**, 6 jul. 2018b. Disponível em: <http://www.ibccoaching.com.br/portal/coaching/o-que-e-coaching-educacional/>. Acesso em: 18 abr. 2018.

_____. O que significa coach, coaching, coaches, coachee? **Portal IBC**, 2018c. Disponível em: <http://www.ibccoaching.com.br/portal/coaching/o-que-significa-coach-coaching-coaches-coachee/>. Acesso em: 16 abr. 2018.

MARTINS, A. Com desafios, missões e rankings, "gamificação" pode turbinar EaD. **Uol Educação**, 2014. Disponível em: <http://educacao.uol.com.br/noticias/2014/02/21/com-desafios-missoes-e-rankings-gamificacao-pode-turbinar-ead.htm>. Acesso em: 18 abr. 2018.

MARZANO, R. J.; PICKERING, D. J.; POLLOCK, J. E. **Classroom Instruction that Works**: Research-Based Strategies for Increasing Student Achievement. Alexandria: ASCD, 2001.

MASIE, E. **Big Learning Data**. New York: ASTD Press, 2014a.

_____. Elliot Masie Video Briefing on Learning Trends in 2014. **Learning News**, Aug. 2014b. Disponível em: <https://learningnews.com/news/the-masie-center/2014/elliott-masie-video-briefing-on-learning-trends-in-2014>. Acesso em: 16 dez. 2018.

MATTAR, J. **Games em educação**: como os nativos digitais aprendem. São Paulo: Pearson Prentice Hall, 2010.

_____. Metodologias ativas no processo de ensino e aprendizagem. **De Mattar**, 2012. Disponível em: <http://joaomattar.com/blog/2012/01/24/metodologias-ativas-no-processo-de-ensino-e-aprendizagem/>. Acesso em: 18 abr. 2018.

MAZUR, E. **Peer Instruction**: a User's Manual. New York: Addison-Wesley, 1996.

MCCOMAS, W. F.; ROSSIER, L. A. **Asking more Effective Questions**. Los Angeles: USC Center for Excellence in Teaching, University of Southern California, 2004.

MCGONIGAL, J. **A realidade em jogo**: por que os games nos tornam melhores e como eles podem mudar o mundo. Tradução de Eduardo Rieche. Rio de Janeiro: Best Seller, 2012.

_____. **Reality is Broken**: Why Games Make us Better and How they can Change the World. New York: Penguin, 2011.

MCGRATH, A. **Classroom in the Cloud**: Seizing the Advantage in the Blended Learning Revolution. London: John Catt Educational Ltd., 2014.

MCGUIRE, A. Top-down e bottom-up: entenda os modelos de projeção financeira. **Intuit Quickbooks**. Disponível em: <http://www.quickbooks.com.br/r/conceitos-financas/top-down-bottom-up-diferencas-projecao-financeira/>. Acesso em: 18 abr. 2018.

MCTIGHE, J.; WIGGINS, G. **Essential Questions**: Opening Doors to Student Understanding. New York: ASCD, 2015.

MELISSA, M. Você é um trabalhador do conhecimento? **Essenciação de Pessoas para Pessoas**, 2013. Disponível em: <https://essenciacao.wordpress.com/2013/02/22/voce-e-um-trabalhador-do-conhecimento/>. Acesso em: 18 abr. 2018.

MELLO, C. de M.; ALMEIDA NETO, J. R. M. de; PETRILLO, R. C. P. (Coord.). **Enade e taxonomia de Bloom**: maximização dos resultados nos indicadores de qualidade. São Paulo: Freitas Bastos, 2017.

MEMORIZAÇÃO. **Dicio**: Dicionário Online de Português. Disponível em: <http://www.dicio.com.br/memorizacao/>. Acesso em: 18 abr. 2018.

MENDES, R. D. Inteligência artificial: sistemas especialistas no gerenciamento da informação. **Ciência da Informação**, Brasília, v. 26, n. 1, jan./abr. 1997. Disponível em: <http://www.scielo.br/scielo.php?script=sci_arttext&pid=S0100-19651997000100006>. Acesso em: 18 abr. 2018.

MENEZES, E. T. de. Comunicação assíncrona, **Educabrasil**, 2001a. Disponível em: <http://www.educabrasil.com.br/comunicacao-assincrona/>. Acesso em: 18 abr. 2018.

_____. Comunicação síncrona. **Educabrasil**, 2001b. Disponível em: <http://www.educabrasil.com.br/comunicacao-sincrona/>. Acesso em: 18 abr. 2018.

METADO. **Dicionário Priberam**. Disponível em: <http://www.priberam.pt/dlpo/metadados>. Acesso em: 18 abr. 2018.

MICHAELSEN, L. K.; KNIGHT, A. B.; FINK, L. D. (Ed.). **Team-Based Learning**: A Transformative Use of Small Groups in College Teaching. Sterling: Stylus, 2004.

MILL, D. R. S.; PIMENTEL N. M. (Org.). **Educação a distância**: desafios contemporâneos. São Carlos: EduFSCar, 2010.

MILLER, K. et al. Conceptual Question Response Times in Peer Instruction Classrooms. **Physical Review Physics Education Research**, v. 10, n. 2, 2014. Disponível em: <https://journals.aps.org/prper/abstract/10.1103/PhysRevSTPER.10.020113>. Acesso em: 19 dez. 2018.

MIZUKAMI, M. da G. N. Ensino: as abordagens do processo. **Assessoria de Educação a distância**, 2014. Disponível em: <http://www.aedi.ufpa.br/parfor/letras/images/documentos/ativ1_2014/abaetetuba/tomeacu2011/ensino_as%20abordagens%20do%20processo.pdf>. Acesso em: 18 abr. 2018.

MONLEVADE, J. Brainstorming 6W3H. **Ebah**, 2010. Disponível em: <http://www.ebah.com.br/content/ABAAAfwcYAI/metodologia-6w-3h-brainstorming>. Acesso em: 18 abr. 2018.

MONTEIRO, A. et al. (Org.). **Blended Learning em contexto educativo**: perspectivas teóricas e práticas de investigação. 2. ed. Santo Tirso: De Facto, 2014.

MOREIRA, M. A. Aprendizagem significativa: um conceito subjacente. In: MOREIRA, M. A.; CABALLERO, M. C.; RODRIGUEZ, M. L. (Org.). **Actas del Encuentro Internacional sobre el Aprendizaje Significativo**. Burgos, 1997. Disponível em: <https://www.if.ufrgs.br/~moreira/apsigsubport.pdf>. Acesso em: 18 abr. 2018.

_____. **Mapas conceituais e a aprendizagem significativa**. 2012. Disponível em: <https://www.if.ufrgs.br/~moreira/mapasport.pdf>. Acesso em: 17 dez. 2018.

MOREIRA, M. A. **Teorias de aprendizagem**. São Paulo: EPU, 1999.

MOREIRA, M. A.; MASINI, E. F. S. **Aprendizagem significativa**: a teoria de David Ausubel. 2. ed. São Paulo: Centauro, 2006.

MORGAN, N.; SAXTON, J. **Asking Better Questions**. 2. ed. Markham: Pembroke Publishers, 2006.

MULTICULTURALISMO. **Dicio**: Dicionário Online de Português. Disponível em: <https://www.dicio.com.br/multiculturalismo/>. Acesso em: 18 abr. 2018.

MUNHOZ, A. S. Ambientes virtuais de aprendizagem. In: _____. **O estudo em ambiente virtual de aprendizagem**: um guia prático. Curitiba: Ibpex, 2011.

_____. **Aprendizagem baseada em problemas**: ferramenta de apoio ao docente no processo de ensino e aprendizagem. São Paulo: Cengage Learning. 2016a.

_____. Crowdsourcing: adote essa ideia. **Blasting News**, 2015a. Disponível em: <http://br.blastingnews.com/tecnologia/2015/02/crowdsourcing-adote-essa-ideia-00272515.html>. Acesso em: 18 abr. 2018.

_____. **Educação corporativa**: desafio para o século XXI. Curitiba: Intersaberes, 2015b.

_____. **MOOCS**: produção de conteúdos educacionais. São Paulo: Saraiva, 2015c.

_____. **Objetos de aprendizagem**. Curitiba: Intersaberes, 2013a.

_____. **O estudo em ambiente virtual de aprendizagem**: um guia prático. Curitiba: InterSaberes, 2013b. (Série Tecnologias Educacionais).

_____. **Projeto instrucional para ambientes virtuais**. São Paulo: Cengage Learning, 2016b.

_____. **Qualidade de ensino nas grandes salas de aula**. São Paulo: Saraiva, 2016c.

_____. **Tecnologias educacionais**. São Paulo: Saraiva, 2016d.

_____. Uma proposta para formação de professores para educação a distância. 167 p. Dissertação (Mestrado em Engenharia da Produção). Florianópolis: Universidade Federal de Santa Catarina, 2000. Disponível em: <https://repositorio.ufsc.br/handle/123456789/79199>. Acesso em: 14 maio 2019.

_____. **Vamos inverter sua sala de aula?** São Paulo: Clube de autores, 2015d.

MUNHOZ, A. S.; MARTINS, D. R. Gamificação: perspectivas de utilização no ensino superior. **ABED – Associação Brasileira de Educação a Distância**, 2014. Disponível em: <http://www.abed.org.br/hotsite/20-ciaed/pt/anais/pdf/91.pdf>. Acesso em: 18 abr. 2018.

_____. Aprender pelo erro: vantagens da estratégia na educação de jovens e adultos. **ABED – Associação Brasileira de Educação a Distância**, 2015. Disponível em: <http://www.abed.org.br/congresso2015/anais/pdf/BD_34.pdf>. Acesso em: 18 abr. 2018.

MUNHOZ, A. S. et al. Formação permanente e continuada de tutores em educação aberta, **ABED – Associação Brasileira de Educação a Distância**, 2014. Disponível em: <http://www.abed.org.br/hotsite/20-ciaed/pt/anais/pdf/333.pdf>. Acesso em: 18 abr. 2018.

NAGEL, D. Meta-Analysis: is Blended Learning most Effective? **The Journal**, 7 jan. 2009. Disponível em: <http://thejournal.com/articles/2009/07/01/meta-analysis-is-blended-learning-most-effective.aspx>. Acesso em: 18 abr. 2018.

NASSIF, L. E. Tábula rasa: a negação contemporânea da natureza humana. **Revista Psicologia: Teoria e Pesquisa**, v. 21, n. 3, p. 375-376, set./dez. 2005. Resenha. Disponível em: <http://www.scielo.br/pdf/ptp/v21n3/a15v21n3.pdf>. Acesso em: 17 maio 2019.

NOTEBOOK. In: **Dicionário Informal**, 2014. Disponível em: <http://www.dicionarioinformal.com.br/notebook>. Acesso em: 18 abr. 2018.

NOVAK, G. M. et al. **Just-in-Time Teaching**: Blending Active Learning with Web Technology. Upper Saddle River: Prentice Hall, 1999.

O QUE é uma interface responsiva. **Interfaces Responsivas**, 2015. Disponível em: <https://responsividade.wordpress.com/2015/06/01/interface-responsiva/>. Acesso em: 18 abr. 2018.

OLIVEIRA, F. N. de. Jogos educativos: aprender de forma divertida. **Fábrica de Jogos**, 5 nov. 2013. Disponível em: <http://www.fabricadejogos.net/posts/artigo-jogos-educativos-aprender-de-forma-divertida/>. Acesso em: 18 abr. 2018.

OLIVEIRA, J. M. de; AMARAL, J. R. do. O pensamento abstrato. **Cérebro & Mente**, 2001. Disponível em: <http://www.cerebromente.org.br/n12/opiniao/pensamento.html>. Acesso em: 18 abr. 2018.

OLIVEIRA, J. P. M. de. et al. Adaptaweb: um ambiente de ensino-aprendizagem adaptativo na Web. **Educar**, Curitiba, edição especial, p. 175-197, 2003. Disponível em: <http://www.scielo.br/pdf/er/nspe_/nspea09.pdf>. Acesso em: 18 abr. 2018.

OS DIFERENTES tipos de competências. **Portal Educação**. Disponível em: <http://www.portaleducacao.com.br/administracao/artigos/17342/os-diferentes-tipos-de-competencias>. Acesso em: 18 abr. 2018.

PAGLIARO. M. M. **Exemplary Classroom Questioning**: Practices to Promote Thinking and Learning. Lanham: Rowman and Littlefield Education, 2011.

PASIN, L. A. V. Comunicação nas organizações. **Zé Moleza**, 2003. Disponível em: <http://www.zemoleza.com.br/trabalho-academico/humanas/administracao/comunicacao-nas-organizacoes/>. Acesso em: 18 abr. 2018.

PENA, R. F. A. **Era da informação**. Disponível em: <http://mundoeducacao.bol.uol.com.br/geografia/era-nformacao.htm>. Acesso em: 18 abr. 2018.

PRIMEIROS passos com o Hangouts. Disponível em: <https://support.google.com/hangouts/answer/2944865?co=GENIE.Platform%3DDesktop&hl=pt-BR>. Acesso em: 17 maio 2019.

CONCEITO de pensamento crítico. In: **Conceito.de**, 2011 Disponível em: <http://conceito.de/pensamento-critico>. Acesso em: 18 abr. 2018.

PERKINS, D. N.; JAY, E.; TISHMAN, S. New Conceptions of Thinking: from Ontology to Education. **Educational Psychologist**, v. 28, n. 1, p. 67-85, 1993.

PESSOA, A. R.; MAIA. G. G. A leitura e as novas mídias digitais: interações e permanência. **Cultura Midiática**, v. 5, n. 9, jul./dez. 2012. Disponível em: <http://www.periodicos.ufpb.br/ojs/index.php/cm/article/view/14325/8194>. Acesso em: 16 abr. 2018.

PIAGET, J. **A psicologia da inteligência**. Tradução de Joao Guilherme de Freitas Teixeira. São Paulo: Vozes, 2013.

PINHO, E. M. de; FERREIRA, C. A.; LOPES, J. P. As opiniões de professores sobre a aprendizagem cooperativa. **Revista Diálogo Educacional**, v. 13, n. 40, p. 913-937, set./dez. 2013. Disponível em: <https://periodicos.pucpr.br/index.php/dialogoeducacional/article/view/2950>. Acesso em: 14 maio 2019.

PIPKIN, C. How Playing a Game can Help Personalize Learning. **EdSurge**, Apr. 2015. Disponível em: <https://www.edsurge.com/n/2015-04-15-how-playing-a-game-can-help-personalize-learning>. Acesso em: 16 abr. 2018.

PIVEC, M. Play and Learn: Potentials of Game-Based Learning. **British Journal of Educational Technology**, v. 38, n. 3, p. 387-393, May 2007.

PLASTINO, C. E. Teoria do conhecimento. **Arethusa**, 2018. Disponível em: <http://arethusa.fflch.usp.br/node/118>. Acesso em: 16 abr. 2018.

POLIMORFISMO. In: **Dicionário Informal**, 2009. Disponível em: <http://www.dicionarioinformal.com.br/polimorfismo/>. Acesso em: 18 abr. 2018.

POWELL, A.; RAY, B. B. Preparing to Teach With Flipped Classroom in Teacher Preparation Programs. In: KEENGWE, J. et al. (Ed.). **Promoting Active Learning through the Flipped Classroom Model**. Hershey: Information Science Reference, 2014.

PRADA. R. O que é web semântica? **TecMundo**, 2008. Disponível em: <http://www.tecmundo.com.br/web/800-o-que-e-web-semantica-.htm>. Acesso em: 16 abr. 2018.

PRENSKY, M. Computer Games and Learning: Digital Game-Based Learning. **Computers in Entertainment (CIE)**, v. 1, n. 1, Oct. 2003.

_____. **Digital Game-Based Learning**. New York: McGraw-Hill, 2001a.

_____. Digital Natives, Digital Immigrants. **On the Horizon**, v. 9, n. 5, p. 1-6, Sept-Oct 2001b.

_____. **Don't Bother me Mom, I'm Learning!** Saint Paul: Paragon House, 2006.

PROCESSOS cognitivos. **Cérebro e Mente**. Disponível em: <http://cerebroemente.weebly.com/processos-cognitivos.html>. Acesso em: 18 abr. 2018.

RAMOS, R. Brainstorming. **InfoEscola**, 2011. Disponível em: <http://www.infoescola.com/administracao_/brainstorming/>. Acesso em:18 abr. 2018.

REALIDADE virtual. **Tecmundo**. Disponível em: <http://www.tecmundo.com.br/realidade-virtual>. Acesso em: 18 abr. 2018.

RED ORBIT PRESS. **The History of Wearable Technology**: redOrbit Press: a Publication of Science Matters Media LLC. New York: Science Matters Media; redOrbit.com, 2014.

RETTBERG, J. W. **Seeing Ourselves Through Technology**: how we Use Selfies, Blogs and Wearable Devices to See and Shape Ourselves. London: Palgrave Macmillan, 2014.

RICHARDSON J. T. E. Instruments for Obtaining Student Feedback: a Review of the Literature. **Assessment & Evaluation in Higher Education**, v. 30, n. 4, p. 387-415, 2005.

RITCHHART, R.; PERKINS, D. N. Learning to Think: the Challenges of Teaching Thinking. In: HOLYOAK, K. J.; MORRISON, R. G. (Ed.). **The Cambridge Handbook of Thinking and Reasoning**. New York: Cambridge University Press, 2005. p. 775-802.

ROSÁRIO, N. M. do et al. Cultura da tecnofilia e imaginários da tecnofobia: discurso sobre seres artificiais em filmes de ficção científica. In: CONGRESSO BRASILEIRO DE CIÊNCIAS DA COMUNICAÇÃO, 23., 2010, Caxias do Sul. **Anais...** Caxias do Sul: Intercom, 2010. Disponível em: <http://www.intercom.org.br/papers/nacionais/2010/resumos/R5-2724-1.pdf>. Acesso em: 16 abr. 2018.

RUCKER, D. G. **Crowdsourcing Wisdom**: A Guide to Doing Public Meetings that Actually Make your Community Better. New York: Wise Economy Workshop, 2015.

SACHS, J.; PARSELL, M. (Ed.). **Peer Review of Learning and Teaching in Higher Education**: International Perspectives. New York: Springer, 2014.

SALES, M. RPG (Role-Playing Game). **Brasil Escola**. Disponível em <https://brasilescola.uol.com.br/curiosidades/rpg.htm>. Acesso em: 18 abr. 2018.

SALVI, N. C.; MERINO, E. A. D.; FIALHO, F. A. P. Ergonomia e design de emoção no desenvolvimento do vestiário. **ModaPalavra**, v. 9, n. 17, p. 287-298, jan./jun. 2016. Disponível em: <http://www.revistas.udesc.br/index.php/modapalavra/article/view/1982615x09172016287/4775>. Acesso em: 16 abr. 2018.

SANCHES, G. C., FERREIRA, F. M. N. S. Professor/contador de histórias buscando possibilidades para uma aprendizagem lúdica. **Revista Diálogos Interdisciplinares**, Aquidauana, v. 1, n. 1, p. 207-221, out. 2014. Disponível em: <http://seer.ufms.br/index.php/deaint/article/view/587>. Acesso em: 18 abr. 2018.

SANTOS A. I. Educação aberta: histórico, práticas e o contexto dos recursos educacionais abertos. **Aberta**, 2012. Disponível em <http://www.artigos.livrorea.net.br/2012/05/educacao-aberta-historico-praticas-e-o-contexto-dos-recursos-educacionais-abertos/>. Acesso em: 20 dez. 2016.

SANTOS, J. C. F. dos. **Aprendizagem significativa**: modalidades de aprendizagem e o papel do professor. 3. ed. Porto Alegre: Mediação, 2009.

SANTOS, R. V. dos. "Jogos de empresas" aplicados ao processo de ensino e aprendizagem de contabilidade. **Revista Contabilidade & Finanças**, São Paulo, v. 14, n. 31, p. 78-95, jan./abr. 2003. Disponível em: <http://www.scielo.br/scielo.php?script=sci_arttext&pid=S1519-70772003000100006>. Acesso em: 18 abr. 2018.

SCHELL, J. **Instrução pelos colegas para iniciantes**: o que é instrução pelos colegas (Peer Instruction)? Tradução de Maykon Müller. Disponível em: <https://blog.peerinstruction.net/instrucao-pelos-colegas-para-iniciantes-o-que-e-instrucao-pelos-colegas-peer-instruction/>. Acesso em: 18 abr. 2018.

SCHMIDT, R. K.; SMYTH, M. M.; KOWALSKI, V. K. **Teaching the Scientific Literature Review**: Collaborative Lessons for Guided Inquiry. 2. ed. Santa Barbara: Libraries Unlimited, 2014.

SCHNEIDER, E. I.; MEDEIROS L. F. de; URBANETZ, S. T. O aprender e o ensinar em EaD por meio de rotas de aprendizagem. **Abed – Associação Brasileira de Educação a Distância**, 2009. Disponível em: <http://www2.abed.org.br/congresso2009/CD/trabalhos/1552009174534.pdf>. Acesso em: 18 abr. 2018.

SCHUMPETER, J. O fenômeno fundamental do desenvolvimento econômico. In: ____. **A teoria do desenvolvimento econômico**. Tradução de Marias Sílvia Possas. Rio de Janeiro: Nova Cultural, 1985.

SEVERINO, A. J. **Metodologia do trabalho científico**. 21. ed. São Paulo: Cortez, 2000.

SHAPIRO, J. et al. **MindShift**: Guide to Digital Games + Learning. 2014. Disponível em: <http://www.kqed.org/assets/pdf/news/MindShift-GuidetoDigitalGamesandLearning.pdf>. Acesso em: 18 abr. 2018.

SHELDON, L. **The Multiplayer Classroom**: Designing Coursework as a Game. Independence: Course Technology; Cengage Learning, 2012.

SIEMENS, G. Conectivismo: uma teoria de aprendizagem para a idade digital. **Portal da Universidade de Passo Fundo**, p. 1-8, 2004. Disponível em: <http://usuarios.upf.br/~teixeira/livros/conectivismo%5Bsiemens%5D.pdf>. Acesso em: 16 abr. 2018.

SIEMENS, G. Connectivism: a Learning Theory for Digital Age. **International Journal of Instructional Technology and Distance Learning**, Jan. 2005. Disponível em: <http://www.itdl.org/journal/jan_05/article01.htm>. Acesso em: 20 dez. 2018.

SIGNIFICADO de alienação. **Significados**, 2016. Disponível em: <http://www.significados.com.br/alienacao/>. Acesso em: 18 abr. 2018.

SIGNIFICADO de avatar. **Significados**, 2013a. Disponível em: <http://www.significados.com.br/avatar/>. Acesso em: 18 abr. 2018.

SIGNIFICADO de comunidade. **Significados**, 2014a. Disponível em: <http://www.significados.com.br/comunidade/>. Acesso em: 18 abr. 2018.

SIGNIFICADO de criatividade. **Significados**, 2014b. Disponível em: <http://www.significados.com.br/criatividade/>. Acesso em: 18 abr. 2018.

SIGNIFICADO de data mining. **Significados**, 2013b. Disponível em: <https://www.significados.com.br/data-mining/>. Acesso em: 18 maio 2019.

SIGNIFICADO de data warehouse. **Significados**, 2013c. Disponível em: < https://www.significados.com.br/data-warehouse/>. Acesso em: 18 maio 2019.

SIGNIFICADO de estereótipo. **Significados**, 2014c. Disponível em: <http://www.significados.com.br/estereotipo/>. Acesso em: 18 abr. 2018.

SIGNIFICADO de evasão. **Significados**, 2014d. Disponível em: <http://www.significados.com.br/evasao/>. Acesso em: 18 abr. 2018.

SIGNIFICADO de hashtag. **Significados**, 2018a. Disponível em: <http://www.significados.com.br/hashtag/>. Acesso em: 18 abr. 2018.

SIGNIFICADO de inovação. **Significados**, 2015a. Disponível em: <http://www.significados.com.br/inovacao/>. Acesso em: 18 abr. 2018.

SIGNIFICADO de juízo de valor. **Significados**, 2015b. Disponível em: <http://www.significados.com.br/juizo-de-valor/>. Acesso em: 18 abr. 2018.

SIGNIFICADO de just in time. **Significados**, 2015c. Disponível em: <http://www.significados.com.br/just-in-time/>. Acesso em: 18 abr. 2018.

SIGNIFICADO de link. **Significados**, 2014e. Disponível em: <http://www.significados.com.br/link/>. Acesso em: 18 abr. 2018.

SIGNIFICADO de lúdico. **Significados**, 2014f. Disponível em: <http://www.significados.com.br/ludico/>. Acesso em: 18 abr. 2018.

SIGNIFICADO de metáfora. **Significados**, 2019. Disponível em: <http://www.significados.com.br/metafora/>. Acesso em: 14 maio. 2019.

SIGNIFICADO de mnemônico. **Significados**, 2011. Disponível em: <http://www.significados.com.br/menmonico/>. Acesso em: 18 abr. 2018.

SIGNIFICADO de pragmatismo. **Significados**, 2018b. Disponível em: <http://www.significados.com.br/pragmatismo/>. Acesso em: 18 abr. 2018.

SIGNIFICADO de sinergia. **Significados**, 2014g. Disponível em: <http://www.significados.com.br/sinergia/>. Acesso em: 18 abr. 2018.

SIGNIFICADO de skype. **Significados**, 2012. Disponível em: <http://www.significados.com.br/skype/>. Acesso em: 18 abr. 2018.

SIGNIFICADO de startup. **Significados**, 2015d. Disponível em: <http://www.significados.com.br/startup/>. Acesso em: 18 abr. 2018.

SIGNIFICADO de tablet. **Significados**, 2012. Disponível em: <http://www.significados.com.br/tablet/>. Acesso em: 18 abr. 2018.

SIGNIFICADO de Youtube. **Significados**, 2014h. Disponível em: <http://www.significados.com.br/youtube/>. Acesso em: 18 abr. 2018.

SILVA, A. L. da et al. **Aprendizagem autorregulada pelo estudante**: perspectivas psicológicas e educacionais. Porto: Porto Editora, 2004.

SOEK, A. M.; GOMES, D. L. As relações de ensino/aprendizagem na educação a distância e o trabalho do tutor como mediador do conhecimento. **Revista Intersaberes**, ano 3, n. 6, p. 166-176, jul./dez. 2008. Disponível em: <http://uninter.com/intersaberes/index.php/revista/article/viewFile/136/109>. Acesso em: 16 abr. 2018.

SOTILLE, S. S. et al. Repensando o processo de aprendizagem no contexto tecnológico. In: SEMINÁRIO NACIONAL DE INCLUSÃO DIGITAL, 2., 2013, Passo Fundo. **Anais**... Passo Fundo: IFSUL; Imed, 2013. Disponível em: <http://gepid.upf.br/senid/download/senid2013/Artigo_Completo/110742.pdf>. Acesso em: 16 abr. 2018.

STACEY, E. Collaborative Learning in an Online Environment. **Journal of Distance Education/Revue de L'enseignement à Distance**, 1999. Disponível em: <http://web.mit.edu/acs/faq/Online-collaboration/collab-learning_files/stacey.htm>. Acesso em: 16 abr. 2018.

STEINDORF, R. O homem é um ser gregário. **Recanto das Letras**, 2007. Disponível em: <http://www.recantodasletras.com.br/cronicas/611289>. Acesso em: 16 abr. 2018.

STEINER, C. M. et al. Undercover: Non-Invasive, Adaptive Interventions in Educational Games. In: KICKMEIER-RUST, M. D. (Ed.). **Proceedings of the International Open Workshop on Intelligent Personalization and Adaptation in Digital Educational Games**, Graz, Austria, Oct. 2009. p. 55-66.

STERNBERG, R. J. Teaching Critical Thinking: Eight Easy Ways to Fail Before you Begin. **Phi Delta Kappan**, v. 68, n. 6, p. 456-459, Feb. 1987.

_____. Teaching Critical Thinking, Part 1: Are We Making Critical Mistakes? **Phi Delta Kappan**, v. 67, n. 3, p. 194-198, Nov. 1985a.

_____. Teaching Critical Thinking, Part 2: Possible Solutions. **Phi Delta Kappan**. v. 67, n. 4, p. 277-280, Dec. 1985b.

_____. What is an Expert Student? **Educational Researcher**, v. 32, n. 8, p. 5-9, Nov. 2003.

STICKDORN, M.; SCHNEIDER, J. (Org.). **Isto é design thinking de serviços**: fundamentos, ferramentas, casos. Tradução de Mariana Bandarra. São Paulo: Bookman, 2014.

TECNÓFOBO. In: **Dicionário Informal**, 2011. Disponível em: <http://www.dicionarioinformal.com.br/tecn%C3%B3fobo/>. Acesso em: 18 abr. 2018.

TIENKEN, C. H.; GOLDBERG, S.; DIROCCO, D. Questioning the Questions. **Kappa Delta Pi Record**, v. 46, n. 1, p. 39-43, p. 2009.

TISHMAN, S. What Makes a Good Thinker: a Look at Thinking Dispositions. **Harvard Graduate School of Education Alumni Bulletin**, v. 39, n. 1, p. 7-9, Dec. 1994.

TISHMAN, S. Why Teach Habits of Mind? In: COSTA, A. L.; KALLICK, B. **Discovering and Exploring**: Habits of Mind. Melbourne: Hawker Brownlow Education, 2000. p. 41-52.

TOKIO, K. **Há 10 anos, a primeira mostra de games brasileiros se realizava no SESC São Paulo**. 2014. Disponível em: <http://playnbiz.com/2014/06/26/ha-10-anos-a-primeira-mostra-de-games->. Acesso em: 20 dez. 2018.

TONELOTTO, J. M. de F. Aprender como aprender: estratégias metacognitivas como ferramenta do processo de ensino-aprendizagem. **ABMES – Associação Brasileira de Mantenedoras de Ensino Superior**, 2012. Disponível em: <http://blog.abmes.org.br/?p=3735>. Acesso em: 16 abr. 2018.

TREVELIN, A. C. Jogos empresariais: conceitos e fundamentos. **Fundação Universidade Federal de Mato Grosso do Sul**, 2012. Disponível em: <http://cpbo.sites.ufms.br/files/2012/12/conceitos_jogos_de_empresa.pdf>. Acesso em: 20 dez. 2018.

TRIGWELL, K. Relations between Teachers Emotions in Teaching and Their Approaches to Teaching in Higher Education. **Instructional Science**, v. 40, n. 3, p. 607-621, May 2012.

TRIGWELL, K.; ELLIS, R. A.; HAN, F. Relations between Student´s Approaches to Learning Experienced Emotions and Outcomes of Learning. **Studies in Higher Education**, v. 37, n. 7, p. 811-824, Aug. 2012.

UNIVERSITY of Oxford. **Internacional Trends in Higher Education – 2015**. 2015. Disponível em: <https://www.ox.ac.uk/sites/files/oxford/International%20Trends%20in%20Higher%20Education%202015.pdf>. Acesso em: 18 abr. 2018.

VERHAGEN, P. Connectivism: a New Learning Theory? **Bijdrage van Pløn Verhagen** – University of Twente, v. 29, p. 08-12, 2006.

VIANNA, M. et al. **Design thinking**: inovação em negócios. 2. ed. Rio de Janeiro: MJV Press, 2014.

VIDEOCONFERÊNCIA. In: **Dicionário Informal**, 2013. Disponível em: <http://www.dicionarioinformal.com.br/videoconfer%C3%AAncia/>. Acesso em: 18 abr. 2018.

VIGOTSKY, L. S. **Teoria e método em psicologia**. Tradução de Claudia Berliner. São Paulo: M. Fontes, 2004.

WALTON, G. M. et al. Mere Belonging: the Power of Social Connections. **Journal of Personalist and Social Psychology**, v. 102, n. 3, p. 513-132, mar. 2012.

WANGENHEIM, C. G. V.; WANGENHEIM, A. V.; RATEKE, T. 2. ed. **Raciocínio baseado em casos**. Florianópolis: Manole, 2013.

WEBINAR. **Dicionário On-line Infopédia da Língua Portuguesa.** Dicionários Porto Editora. Disponível em: <https://www.infopedia.pt/dicionarios/lingua-portuguesa/webinar>. Acesso em: 18 abr. 2018.

WENGER, E. **Supporting Communities of Practice: a Survey of Community-Oriented Technologies**. 2001. Disponível em: <https://www.researchgate.net/publication/248796186_Supporting_Communities_of_Practice_A_Survey_of_Community_-_Oriented_Technologies>. Acesso em: 20 dez. 2015.

WERBACH, K.; HUNTER, D. **For the Win**: How Game Thinking can Revolutionize your Business. Philadelphia: Wharton Digital, 2012.

_____. **The Gamification Toolkit**: Dynamics, Mechanics, and Components for the Win. Philadelphia: Wharton Digital, 2015.

WERNECK, V. R. Sobre o processo de construção do conhecimento: o papel do ensino e da pesquisa. **Ensaio: Avaliação e Políticas Públicas em Educação**, Rio de Janeiro, v. 14, n. 51, p. 173-196, abr./jun. 2006. Disponível em: <http://www.scielo.br/pdf/ensaio/v14n51/a03v1451.pdf>. Acesso em: 16 abr. 2018.

YARBRO, J. et al. Extension of a Review of Flipped Learning. **Flipped Learning Network**, 2013. Disponível em: <https://flippedlearning.org/wp-content/uploads/2016/07/Extension-of-FLipped-Learning-LIt-Review-June-2014.pdf>. Acesso em: 16 abr. 2018.

ZHU, C. et al. What Core Competencies are Related to Teachers' Innovative Teaching? **Asia-Pacific Journal of Teacher Education**, v. 41, n. 1, p. 9-27, Feb. 2013.

Sobre o autor

Antonio Siemsen Munhoz é doutor em Engenharia de Produção pela Universidade Federal de Santa Catarina (UFSC) e mestre em Mídia e Conhecimento, com ênfase em Educação a Distância (EaD), por essa mesma instituição. Tem especialização em Tecnologias Educacionais pela Sociedade Paranaense de Ensino de Informática (Spei-PR), em Metodologia da Pesquisa Científica pelo Instituto Brasileiro de Pós-Graduação e Extensão (Ibpex-PR) e em Formação de Professores para Educação a Distância (EaD) pela Universidade Federal do Paraná (UFPR) e é bacharel em Engenharia Civil também pela UFPR. Atua como consultor em tecnologias educacionais pelo Grupo Educacional Uninter. Concluiu recentemente especialização em Gestão de Documentos Eletrônicos e Informações e MBA em *Design Thinking*. Atualmente está cursando MBA em *Blockchain*. É autor com 30 obras publicadas.

Impressão:
Junho/2019